# 信用创造

刘成 著

*Credit Creation*

生活·讀書·新知 三联书店

图书在版编目（CIP）数据

信用创造／刘成著. —北京：生活 · 读书 · 新知三联书店，2017.6
ISBN 978－7－108－05917－8

Ⅰ. ①信…　Ⅱ. ①刘…　Ⅲ. ①信用货币－研究
Ⅳ. ① F820.4

中国版本图书馆 CIP 数据核字（2017）第 080177 号

责任编辑　祝晓风
装帧设计　蔡立国
责任印制　宋　家
出版发行　生活 · 讀書 · 新知　三联书店
　　　　　（北京市东城区美术馆东街 22 号 100010）
网　　址　www.sdxjpc.com
经　　销　新华书店
印　　刷　北京隆昌伟业印刷有限公司
版　　次　2017 年 6 月北京第 1 版
　　　　　2017 年 6 月北京第 1 次印刷
开　　本　880 毫米 × 1230 毫米　1/32　印张 13
字　　数　280 千字
印　　数　0,001－5,000 册
定　　价　42.00 元
（印装查询：01064002715；邮购查询：01084010542）

# 目 录

前 言 …………………………………………………………… 1

第一章 引论 ……………………………………………………… 1

一、问题的提出 ………………………………………………… 1

二、研究思路和主要方法 ……………………………………… 5

三、基本框架和主要内容 ……………………………………… 17

第二章 信用创造：货币视角的理论分析 …………………… 23

一、引言 ………………………………………………………… 23

二、信用与信用创造 …………………………………………… 24

三、分析信用创造的不同视角 ………………………………… 32

四、从货币视角对信用创造的再认识 ………………………… 46

五、金融体系信用创造与实体经济货币资金供应 …… 61

六、小结 ………………………………………………………… 71

第三章 中央银行—商业银行的信用创造 …………………… 75
一、引言 …………………………………………………… 75
二、贵金属货币制度下的银行信用创造 ……………… 77
三、贵金属货币制度下银行信用创造和货币资金
供应 …………………………………………………… 94
四、信用货币制度下的银行信用创造 ……………… 101
五、信用货币制度下银行信用创造和货币资金
供应 …………………………………………………… 143
六、小结 …………………………………………………… 160

第四章 非银行金融机构的信用创造………………… 165
一、引言 …………………………………………………… 165
二、银行与非银行金融机构的异同与演化 ………… 167
三、保险公司等非银行金融机构信用活动分析 …… 176
四、财务公司的信用活动分析 ……………………… 183
五、非银行金融机构的信用活动与实体经济资金
供应 …………………………………………………… 191
六、小结 …………………………………………………… 209

第五章 影子银行的信用创造 ………………………… 213
一、引言 …………………………………………………… 213
二、发达国家影子银行体系及信用创造 …………… 215
三、我国的影子银行及其信用创造 ………………… 251
四、影子银行体系与实体经济货币资金供应 ……… 272

五、小结 …… 279

第六章 互联网金融的信用创造 …… 285
一、引言 …… 285
二、互联网金融：一种新的金融模式？…… 287
三、互联网金融中的货币形式 …… 296
四、第三方支付、虚拟账户与信用创造 …… 305
五、互联网货币与实体经济的货币资金供应 …… 322
六、小结 …… 326

第七章 离岸货币市场的信用创造 …… 331
一、引言 …… 331
二、现金跨境流动与离岸货币市场信用创造 …… 333
三、存款货币跨境流动与离岸货币市场信用创造 …… 341
四、跨境资金流动与国内货币资金供应 …… 365
五、小结 …… 373

第八章 结论和启示 …… 377
一、关于信用创造体系问题 …… 377
二、关于实体经济货币资金供应问题 …… 383
三、关于完善货币调控问题 …… 393
四、关于改进金融管理问题 …… 398

# 前 言

这本书是关于信用创造问题的一项专门研究。信用创造问题是经济学特别是金融学的一个基本理论问题，与我国当前金融领域面临的诸多问题也直接相关。本书研究的主要内容是，在信用货币制度下，货币以及类货币高流动性金融工具是如何创造的，与实体经济的货币资金供应存在什么关系。几乎在所有的宏观经济学和货币金融学的著作中，都会涉及信用创造问题，但大都局限于银行体系的货币信用创造。本书拓宽了对这个问题的研究范围，涵盖贵金属货币流通情况下的银行信用创造、信用货币制度下银行体系的信用创造、非银行金融机构的信用创造、影子银行体系的信用创造、互联网金融领域中的信用创造、离岸货币市场上的信用创造，等等。与此相对应，分别研究了金融体系演变中信用创造发生的变化、对实体经济货币资金供应产生的作用，以及货币供应量、社会融资规模的衡量等有关问题。

本书的内容不需要复杂的数学计算，在研究方法上，我借鉴了资金流量核算的基本原理。简单地说，就是任何一项资金活动都必须有来处、有去处，“有借必有贷、借贷必相等”，在抽象出不同经济活动主体的基础上，利用矩阵账户来反映它们之间的资金联系。在20世纪90年代初刚刚接触资金流量分析的时候，我就深感它能把不同经济主体的资金联系揭示清楚，对于分析资金运行特别是各个经济主体之间的资金流动很有价值。本书通过对资金流量分析方法的借鉴和应用，将不同经济主体的资产负债联系起来建立矩阵账户，以反映金融机构的信用创造怎么创造、创造了什么、为谁而创造。事实上，统计核算理论和会计理论像数学一样具有实证的性质，可以使我们对一些现象和事物的认识更加深刻，更加有逻辑性，更加接近事物的本质。

对信用创造问题，国内鲜有专门的研究著作。也可能是我孤陋寡闻，感到研究这个问题可资参考的文献实际上并不多，只散见于一些著作和论文中，且较多彼此相传，有的仅仅是换换例子而已。其实，我们常常就是在深信不疑的彼此相传中失去了提问的勇气。在本书的写作过程中，我阅读了大量著述的相关内容，曾经在大学里讲授有关课程的经历现在发挥出了作用。特别是黄达教授所著的《金融学》和对银行信用创造问题作了深入系统剖析的《宏观调控与货币供给》，刘絜敖所著的《国外货币金融学说》，盛松成所著的《社会融资规模理论与实践》《中央银行与货币供给》，谢平、邹传伟、刘海二所著的《互联网金融手册》，李斌、伍戈所著的《信用创造、货币供求与经济结构》，周莉萍所著的《影子银行体系：自由银行业的回归？》，以及李扬、周莉萍所著《信用创造》、孙国锋所著《信用货币制度下的货币创造和银行运行》和《中国影子银行界定及其规模测算——基于信用货币创造的视角》等论文。国外的文献中，早期研究信用创造问题的著作汗牛充栋，但同样失之重复，且大多与现实特别是我国的实际很有距离。我感到受益显著的是熊彼特在《经济发展理论》中关于信用问题的论述，20世纪80年代初钱德勒所著的《货币银行学》，米什金所著的《货币金融学》，美国学者格利和肖的经典著作《金融理论中的货币》，以及高顿关于影子银行信用创造的一系列论文，等等。他们关于信用创造问题的研究成果和精彩的观点、论断，给了我很大启发。本书事实上也正是近年来一边工作一边学习这些著作、论文基础上的一些思考和体会。虽然信用创造和对实体经济的资金供应是研究金融和宏观经济的基本理论问题，但于此亦有甚多误解和歧义。我在撰写本书的过程中，尤其希望自己能够弄清、深化、细化对一些基本问题的认识，同时大胆并且也是谨慎地提出了自己的观点和意见，以求引起读者的思考。不过由于自己水平能力有限，且研究涉及的内容广泛，有的与实际联系紧密但自己又没有从事过相关具体金融工作，书中的错误和遗漏必然难免，这令我内心不免忐忑。但愿它能够作为一个靶子，如果能够引起对这个重要问题的任何重视和启发，抑或是任何认真的批评和建议，我都会感到无比的欣慰和高兴。

刘成

2016年8月21日

第一章

# 引 论

## 一、问题的提出

金融是现代经济的核心，而信用是现代金融的灵魂。因为，现代经济中使用的货币是信用货币，资金供应和融通主要通过信用活动实现，金融机构经营信用活动并创造各种金融资产，金融宏观调控主要通过调节信用的扩张和收缩完成，整个国民经济表现为信用经济。就金融学科来说，怎么强调信用问题的重要性都不过分。

我们不可能对信用问题在一本书里做全面、系统的研究，只想集中讨论信用创造（credit creation）与实体经济货币资金供应这个基本的问题，以及涉及到的有关金融宏观调控和监管问题。金融体系是信用活动的具体组织形式的总和，信用创造是金融体系扩张信用、融通资金和供应资金的机制，金融宏观调控和监管本质上是对金融体系信用创造机制及规律的运用，以达到服务实体经济和实现金融自身稳定的政策目的。显然，信用创造问题是其中一个核心的也是基本的问题。

以我们过去的眼光看——当然直到现在，主流金融学、货币银行学的内容仍是如此——金融体系虽然日益丰富完善，包含各种各样的金融机构、信用形式、市场组织，但占据中心的始终是中央银行—商业银行体系。信用创造指的就是银行体系的信用创造，金融宏观调控实际上就是银行信用的调节，翻看一下经济学和金融学的辞书、教科书，这些似乎久成定论。熊彼特认为，早在1885年纽科姆就初步分析了银行信用创造机制，论证了原始存款与派生存款的乘数关系。20世纪初由菲利普斯（C. A. Phillips）在其《银行信贷》（*Bank Credit*）一书中提出了比较完整的分析框架。此后，以货币乘数理论为中心的现代货币供给理论就基本形成，以中央银行—商业银行体系为核心的金融宏观调控体系在实践上逐步建立和完善，并取得了积极和明显的成效。这也使银行信用创造理论长时期完全独占了信用创造理论的领地。20世纪50年代以拉德克里夫（Radcliffe）勋爵为首的“货币系统运行研究委员会”（The Committee on the Working of the Monetary System）提出的报告，60年代后格利和肖（John G. Gurley & Edward S. Shaw）对非银行金融机构信用活动的研究，以及此后托宾（Tobin）关于信用的新观点，既有很强的挑战性，又有足够的远见卓识，但长期以来却仍然只能待在西方主流经济学的夹缝里并几乎被遗忘。近二三十年来，延续了自19世纪就已开始的对货币内生还是外生的深入讨论，一度激起了对传统货币创造理论特别是货币乘数理论的挑战。但总的来看，对信用创造问题的研究似乎被银行体系的高楼大厦遮掩，失去了空间，只是作为几乎是最成熟的一个理论在经济学和金融学的教材里来回翻烧饼。

但是，在2007年国际金融危机爆发以来，我们在危机的震颤中仿佛一夜之间惊奇地发现，金融体系远远不是银行体系所能概括的，银行体系被一个与其平行发展的庞大体系包围着。这就是影子银行体系（shadow banking system）。广义的影子银行体系包含了所有的非银行金融机构及金融活动。正是这个影子银行体系出了问题，导致了罕见的国际金融危机。对影子银行问题的研究一下子成为现实急迫的任务，这其中包括对影子银行体系中信用创造机制的研究，使信用创造这个金融学的基本问题再次回到人们的视野。这是可以理解的。因为，要认识影子银行，就要研究影子银行信用创造的规律；要调控影子银行，就要遵循影子银行信用创造的规律。可喜的是，在不是很长的时间里，对影子银行及其信用创造机制问题的研究，国内外学界都取得了丰富的成果。

从我国的情况看，金融体系的变化同样是巨大的。在新中国成立后的很长一段时期，信用活动被限制得几乎只剩下了银行信用，而银行也基本上只剩下集中央银行与商业银行职能于一身的中国人民银行一家。[1]改革开放后，金融体系随着经济体制和金融体制改革迅速发展壮大，金融机构体系逐步建立，金融市场体系逐步形成，金融宏观调控体系不断完善。特别是在2010年后，国内理论界几乎在很短时间里形成了一致的看法，在原有的银行体系之外，我国影子银行体系也正在加快形成，并且在金融体系中发挥着越来越大的作用。一方面，金融体系的活力大大增强了，金融创新源源不断，金融机构多种多样，金融市场深度发展，

1　参见张健华：《中国金融体系》，中国金融出版社2010年版，第3页。

金融产品层出不穷；另一方面，金融体系的变化特别是影子银行的发展极大地改变了金融微观基础运行的状况，而我们对中央银行—商业银行体系之外的信用创造活动同样知之甚少，探讨甚少，对其规律更是认识不足，因而金融宏观调控以及金融监管都面临前所未有的挑战。

比如，在货币供应量快速积累、$M_2$/GDP 屡创新高、各种融资方式加快发展、融资规模持续膨胀的情况下，我们却越来越困惑地感到，实体经济资金紧张，融资难、融资贵的问题突出，金融体系创造的大量资金不知都到哪儿去了。

再如，货币政策调控体系面临困境，货币乘数越来越不稳定，金融创新使货币供应量指标与宏观经济主要指标之间的相关性降低，既有的货币调控机制有效性下降，新的价格型调控机制短期内难以建立起来，现有的货币调控理论和实践面临困境。

又如，作为影子银行体系的金融机构和金融活动，正在日益形成一种游离于传统中央银行—商业银行体制货币供应机制之外的信用创造机制，并且逐步蚕食着银行体系的领地。它们在创造什么？又是怎么创造的？会带来什么样的风险？下一步金融调控和金融监管应当怎样应对这样的变化？

还有，第三方支付、P2P、众筹等互联网金融机构和金融活动方兴未艾，这里可能发生像银行一样的信用创造活动吗？比特币以及类似的互联网货币究竟是金融发展过程中的插曲，还是代表着未来信用创造和货币供应体系变革的方向？

此外，随着人民币国际化加快发展，离岸人民币市场规模不断扩大，信用创造会不会在离岸市场上发生？货币资金的跨境流进流出对实体经济的资金供应有何影响？对中央银行货币调控又有何影响？

类似的问题我们还可以罗列不少。这些问题，应当进行全方位的系统研究，成因十分复杂。但从金融角度可以发现，或多或少、或深或浅、或直接或间接地与金融体系信用创造这个基本问题相关。如果从信用创造这个角度出发，我们可以整理出这样一条思考和研究这一系列问题的路径：既然在信用货币制度下各种资金供应和资金融通都是金融体系信用活动的结果，我们希望弄清楚，在金融体系日益复杂化的今天，是什么样的金融机构和经济主体通过什么样的信用活动，创造了什么、怎么创造以及为谁而创造，对金融运行和宏观经济特别是实体经济货币资金运行会有什么样的影响，在此基础上金融宏观调控及金融监管又该如何改进和实施。

## 二、研究思路和主要方法

上面的问题，如果作一简单回答，可以说，金融体系中的金融机构和金融活动进行了信用创造，“生产”出来各种各样的金融产品或者金融工具。它们之中有的是向实体经济供应资金的形式，有的则是金融体系自身资金融通的形式。而那些关键的对金融运行发挥重要作用，同时又与实体经济运行密切相关的金融产品总量指标，正是金融调控赖以实现货币政策目标的对象。当然，我们所说的金融体系是抽象的结果，它的内涵随着金融发展而变化，这相应引起资金运行、金融调控和货币政策的变化。

信用的本质是资金融通，反映的是债权债务关系。任何信用活动都涉及至少两个经济主体，可以抽象为借方和贷方，有借必有贷，借贷必相等。信用活动的结果，具体表现为市场上形形色色的金融产品或金融工具，对贷出资金的一方是资金的运用，也是持有的资产；而对借入资金的一方是资金的来源，也是承担的债务。[1]信用活动的这个特点，使我们可以用复式记账的方式来记录和表现信用活动以及相应产生的资金运动。例如，储蓄存款是住户与银行之间的一种信用活动形式，对住户这样的经济主体它是一种资产或资金的运用，而对银行来说它是一种负债或资金的来源。对金融工具而言，债权和债务、资产和负债、资金来源和资金运用，就像是一个硬币的两面。我们对任何一种金融工具，都可以从这两个方面进行考察。

为了从经济运行总体层面把握资金关系，我们借鉴资金流量账户（Flow of Funds Accounting）分析方法，把经济金融活动主体简单划分为住户（或个人）、非金融企业（或企业）、政府（或财政）和金融机构（或金融体系）四类，同时考虑到这些经济主体与国外各类经济主体的经济联系，可以把“国外”本身抽象为与上述四类经济主体一样的活动主体，姑且就称之为“国外”。美国经济学家科普兰（M. A. Copeland）早在20世纪40年代即首创资金流量表，以复式记账的方法来刻画上述经济主体之间各种金融活动及其资金往来关系。我国在20世纪90年代开始研究资金流量表的编制，现在国家统计局和中国人民银行也编制和公布了资金流量表。下表是由中国人民银行公布的2013年资金流量表（金融交易部分）。

1 信用活动既可以形成债权关系，也可以形成股权关系。我们一般笼统地将其称为债权债务关系，只有必要时才涉及股权关系的分析。

# 2013 年资金流量表

单位：万元

| 部门 / 交易项目 | 顺序号 | 住户 | | 非金融企业 | | 政府 | | 金融机构 | | 国内合计 | | 国外 | | 总计 | | No. |
|---|---|---|---|---|---|---|---|---|---|---|---|---|---|---|---|---|
| | | 运用 | 来源 | 运用 | 来源 | 运用 | 来源 | 运用 | 来源 | 运用 | 来源 | 运用 | 来源 | 运用 | 来源 | |
| 净金融投资 | 1 | 48913 | | -37421 | | 15809 | | -15838 | | 11463 | | -11463 | | 0 | 0 | 1 |
| 资金运用合计 | 2 | 90763 | | 110701 | | 36402 | | 250782 | | 488649 | | 28411 | | 517060 | 517060 | 2 |
| 资金来源合计 | 3 | | 41850 | | 148122 | | 20593 | | 266620 | | 477185 | | 39874 | | | 3 |
| 通货 | 4 | 3250 | | 321 | | 78 | | 31 | 3915 | 3680 | 3915 | 235 | | 3915 | 3915 | 4 |
| 存款 | 5 | 55888 | | 59271 | | 36597 | | 3932 | 153562 | 155687 | 153562 | 1154 | 3279 | 156841 | 156841 | 5 |
| 活期存款 | 6 | 19804 | | 6879 | | 8769 | | | 35452 | 35452 | 35452 | | | 35452 | 35452 | 6 |
| 定期存款 | 7 | 35621 | | 28110 | | 17508 | | | 81239 | 81239 | 81239 | | | 81239 | 81239 | 7 |
| 财政存款 | 8 | | | | | 5766 | | | 5766 | 5766 | 5766 | | | 5766 | 5766 | 8 |
| 外汇存款 | 9 | 173 | | 4514 | | 64 | | -168 | 1751 | 4583 | 1751 | 446 | 3279 | 5029 | 5029 | 9 |
| 其他存款 | 10 | 289 | | 19769 | | 4489 | | 4100 | 29355 | 28647 | 29355 | 708 | | 29355 | 29355 | 10 |
| 证券公司客户保证金 | 11 | -85 | | -88 | | -58 | | -75 | -310 | -305 | -310 | -5 | | -310 | -310 | 11 |
| 贷款 | 12 | | 41850 | | 103757 | | 29 | 148049 | | 148049 | 145637 | 259 | 2671 | 148308 | 148308 | 12 |
| 短期贷款与票据融资 | 13 | | 17828 | | 26445 | | | 44273 | | 44273 | 44273 | | | 44273 | 44273 | 13 |
| 中长期贷款 | 14 | | 22482 | | 23378 | | | 45860 | | 45860 | 45860 | | | 45860 | 45860 | 14 |
| 外汇贷款 | 15 | | 15 | | 3450 | | -48 | 5764 | | 5764 | 3416 | 259 | 2607 | 6023 | 6023 | 15 |
| 委托贷款 | 16 | | | | 26164 | | | 26164 | | 26164 | 26164 | | | 26164 | 26164 | 16 |
| 其他贷款 | 17 | | 1526 | | 24320 | | 77 | 25987 | | 25987 | 25923 | | 64 | 25987 | 25987 | 17 |
| 未贴现的银行承兑汇票 | 18 | | | 7756 | 7756 | | | 7756 | 7756 | 15511 | 15511 | | | 15511 | 15511 | 18 |
| 保证准备金 | 19 | 13160 | | 841 | | | 7336 | | 6665 | 14001 | 14001 | | | 14001 | 14001 | 19 |
| 金融机构往来 | 20 | | | | | | | 5763 | 18275 | 5763 | 18275 | 8603 | 3908 | 14367 | 14367 | 20 |

续表

| 部门／交易项目 | 顺序号 | 住户 | | 非金融企业 | | 政府 | | 金融机构 | | 国内合计 | | 国外 | | 总计 | | No. |
|---|---|---|---|---|---|---|---|---|---|---|---|---|---|---|---|---|
| | | 运用 | 来源 | 运用 | 来源 | 运用 | 来源 | 运用 | 来源 | 运用 | 来源 | 运用 | 来源 | 运用 | 来源 | |
| 准备金 | 21 | | | | | | | 14302 | 14302 | 14302 | 14302 | | | 14302 | 14302 | 21 |
| 证券 | 22 | 4881 | | 5508 | 22340 | -563 | 12949 | 27701 | 4139 | 37527 | 39428 | 2058 | 156 | 39584 | 39584 | 22 |
| 债券 | 23 | 4117 | | 4559 | 18111 | -1088 | 12949 | 27027 | 3555 | 34615 | 34615 | | | 34615 | 34615 | 23 |
| 国债 | 24 | 3737 | | 410 | | -486 | 12949 | 9288 | | 12949 | 12949 | | | 12949 | 12949 | 24 |
| 金融债券 | 25 | | | 2325 | | -758 | | 9906 | 11473 | 11473 | 11473 | | | 11473 | 11473 | 25 |
| 中央银行债券 | 26 | | | -12 | | -8 | | -7898 | -7918 | -7918 | -7918 | | | -7918 | -7918 | 26 |
| 企业债券 | 27 | 381 | | 1835 | 18111 | 164 | | 15732 | | 18111 | 18111 | | | 18111 | 18111 | 27 |
| 股票 | 28 | 764 | | 949 | 4229 | 525 | | 674 | 584 | 2912 | 4813 | 2058 | 156 | 4969 | 4969 | 28 |
| 证券投资基金份额 | 29 | 369 | | 382 | | 253 | | 325 | 1352 | 1329 | 1352 | 23 | | 1352 | 1352 | 29 |
| 库存现金 | 30 | | | | | | | 442 | 420 | 442 | 420 | | 22 | 442 | 442 | 30 |
| 中央银行贷款 | 31 | | | | | | | 413 | 413 | 413 | 413 | | | 413 | 413 | 31 |
| 其他（净） | 32 | 13300 | | 28318 | | 95 | | 12882 | 54655 | 54595 | 54655 | 60 | | 54655 | 54655 | 32 |
| 直接投资 | 33 | | | 4517 | 15926 | | | | | 4517 | 15926 | 15926 | 4517 | 20443 | 20443 | 33 |
| 其他对外债权债务 | 34 | | | 3875 | 3132 | 0 | 279 | 2656 | 1476 | 6531 | 4886 | 4886 | 6531 | 11417 | 11417 | 34 |
| 国际储备资产 | 35 | | | | | | | 26606 | | 26606 | | | 26606 | 26606 | 26606 | 35 |
| 国际收支错误与遗漏 | 36 | | | | -4788 | | | | | | -4788 | -4788 | | -4788 | -4788 | 36 |

看看这张资金流量表，我们就可以发现，人人都生活在信用关系的网络里，每个经济主体都离不开信用活动，离不开金融产品。资金流量表与其他国民经济核算体系具有内在联系。每个经济主体的收入超过消费的部分形成储蓄，储蓄超过实物投资的部分形成金融投资。[1]从总体来讲，总储蓄等于总投资，但从不同的经济主体来说，总是有的经济主体储蓄大于投资，有的经济主体储蓄小于投资，而从事后看，通过金融活动的作用，总是能够将一些经济主体多余的储蓄配置到那些储蓄不足的经济主体那里。这正是通过从现金、存款到贷款、证券等各种各样的金融产品完成的储蓄资金再配置的过程。

不过，这张表仍然是高度抽象的产物，部门内部经济主体之间的交易都相互抵消了，现实生活中的许多金融活动信息仍然没有反映出来。比如，在住户部门中，张三向李四借款体现不出来了。因为，张三向李四借款对张三来说是债务，对李四来说是资产，当合并为住户部门时，债权和债务就抵消了，所以能够反映出来的都是部门之间的信用关系，如住户部门与非金融企业部门的资金融通关系。再如，金融机构作为一个部门实际上包含着所有的金融中介机构和发挥金融中介机构作用的金融活动，如中央银行、商业银行、信托公司、保险公司、财务公司，等等。这些金融机构之间大量的信用活动、资金往来经合并核算之后，在上述的报表中也没有显现出来。还有，一些信用活动如资产证券化、理财产品等，按照国际通行的做法，只是合并在交易项目中的“其他”项目中，没有提供

1　经济学中所说的储蓄不同于储蓄存款。储蓄是收入用于消费后的剩余，储蓄存款可以是住户或个人储蓄的一种使用方式，或者金融投资的一种方式。

更多的信息。但是，这些问题主要是因研究需要或者因统计基础难以达到而造成的，对理论分析并不构成障碍，而且毕竟我们在这里研究的目的不是怎么编制更加科学实用的资金流量表。

事实上，我们完全可以灵活运用资金流量核算这个工具。在资金流量表中，只要基础条件具备，可以嵌入任何一个金融产品，可以细分任何一个经济主体，并相应考察由此引起的资金运动和资金联系。比如，为了分析金融体系内部的信用活动，我们可以把金融体系的内容打开，专门分析中央银行、商业银行以至各种非银行金融机构之间的信用活动和金融产品。作为经济金融活动的主体，既可以进一步细化，也可以进一步简化。例如，当我们更加关注国内外信用关系时，我们可以把住户、非金融企业、金融机构、政府（财政）合并为国内部门，以集中研究跨境信用活动的情况。

如果回到我们所要研究的主要问题上，从资金流量表中可以得到不少有意义的启迪。其中最重要的恰恰是，通过资金流量表我们能够清晰地看出，哪些经济主体参与了信用活动，参与了什么信用活动，这些信用活动创造了什么样的金融产品，这些金融产品体现了资金从哪里来又流向了哪里，同时也反映了不同经济主体之间的联系。金融产品就是不同经济主体之间建立金融联系的桥梁。比如，我们看到通货即现金作为一种金融产品，是金融机构（实际上是中央银行）的一项负债，由中央银行发行，这一年共增加 3915 亿元，其中住户增加持有 3250 亿元，非金融企业增加持有 321 亿元，政府增加持有 78 亿元，金融机构自身增加持有 31 亿元。这实际上意味着中央银行通过货币发行取得资金来源3915亿元，其中分别由住户、非金融企业和政府部门、其他金融机构提供了相应数额的资金。对其他任何一个金融产品，我们都可以做出类似的说明。

我们当然重视金融与实体经济的关系。住户部门和非金融企业部门是实体经济部门，这是毫无疑义的。政府部门也应当纳入实体经济部门，但在处理政策问题时会有些差异。[1]从资金流量表可以直观地看出，金融活动可以划分为金融体系内部的金融活动、实体经济内部的金融活动，以及金融体系与实体经济部门之间的金融活动。例如，一些金融机构吸收另一些金融机构的同业存款，一些金融机构向另一些金融机构拆借资金，构成金融体系内部的金融活动；非金融企业内部一些企业购买另一些企业的债券，住户购买非金融企业的股票，构成实体经济内部的金融活动；金融体系向实体经济主体提供贷款，实体经济主体将资金存放在金融机构，构成实体经济与金融体系之间的金融活动。显然，金融体系对实体经济领域的支持，可以透过两者之间的信用活动反映出来。需要注意的是，资金流量分析是从最终结果或者说"净"结果角度来衡量信用活动的，我们需要分析实体经济与金融体系的信用关系，但并不是说轻视金融体系内部的金融活动、实体经济内部的金融活动。在实际中，这三类信用活动是相互关联、相互转化并相互支撑的，只是在有显示"净"结果的需要时，它们才

1 政府部门的确是实体经济部门，同时又是实施宏观调控的主体，当侧重于研究其不同的方面时，会产生差异。财政作为政府资金活动的化身，本身也是资金供应主体，在研究中央银行—商业银行信用创造和分析货币供应量指标时，将会进行必要的论述。本书主要研究金融体系对实体经济的资金供应问题，对政府和财政在这个方面的作用从略。

不得不表现出分开了的表象。

信用无疑是这里的主角，但我们并不打算分析所有的信用活动。从金融与实体经济关系角度看，我们把视线再次聚焦，集中在与这个问题直接关联的信用活动和信用创造方面，特别关注的是信用创造机制问题，这与金融宏观调控的需要密切相关。货币数量论简单明了的公式 MV=PT 告诉我们，货币数量（M）与货币流通速度（V）的乘积等于国民收入（PT）。在货币流通速度（V）不变或相对稳定的情况下，如果我们有能力调控货币（M），就能够调控国民收入（PT）乃至物价、就业等主要的经济活动。这是运用货币政策进行宏观调控的基石。所以，我们并不关心所有的信用创造活动，而应当关心那些为实体经济提供货币或类货币的高流动性资产的信用创造活动。由于现代经济是信用经济，所有的货币都是通过信用关系创造的，一种金融工具只要用于支付并具有普遍接受性就可以成为货币，货币与其他金融产品之间的区别实际上是一个模糊地带。所以，我们应当聚焦货币和类货币高流动性资产的创造问题。金融体系向实体经济提供的货币和类货币金融工具正是现代经济下为实体经济创造的货币性资金。金融体系发展到今天，已经不光是传统的银行体系向实体经济供应货币资金，还有其他金融机构和金融活动，甚至一些特殊的非金融机构，都能发挥着类金融的作用，创造着类货币的金融产品，从而大大地改变了我们对货币和金融体系的认识。对实体经济的资金供应不再单纯是银行体系的事情。这些正是我们想要研究的对象。如果借鉴资金流量表方法并将经济活动主体归并，将类金融活动也纳入到金融体系中，我们可以看出要进行研究的内容正是金融体系与实体经济之间的资金关系和金融体系内部的资金关系，用表可表示如下：

| 主要金融产品 | 金融体系 | | | | | | 实体经济（企业、住户、政府） | | 国外 | |
|---|---|---|---|---|---|---|---|---|---|---|
| | 银行体系 | | 非银行机构 | | 类金融中介 | | | | | |
| | 资产 | 负债 | 资产 | 负债 | 资产 | 负债 | 资产 | 负债 | 资产 | 负债 |
| 通货 | | | | | | | | | | |
| 存款 | | | | | | | | | | |
| 证券公司保证金 | | | | | | | | | | |
| 贷款 | | | | | | | | | | |
| 证券 | | | | | | | | | | |
| 基金份额 | | | | | | | | | | |
| 欧洲存款 | | | | | | | | | | |
| 储备资产 | | | | | | | | | | |
| …… | | | | | | | | | | |

从这个思路出发，可以把当前我国金融体系中的信用活动划分为以下五个方面：一是中央银行—商业银行体系的信用活动；二是传统的非银行金融机构的信用活动，包括财务公司、租赁公司、保险公司等非银行中介机构；三是金融市场型机构的信用活动，或我们下面将要研究的狭义影子银行信用活动，如货币市场基金、资产证券化、回购协议，等等；四是互联网金融活动，包括众筹（crowed-funding）、P2P（peer to peer lending）、第三方支付（the third-party payment）等，当然也包括比特币（Bitcoin）等虚拟货币的创造活动；五是离岸市场信用创造机制问题。这是在货币国际化条件下研究信用创造问题从境内向境外自然延伸的必然结果。我们将分析这五个方面的信用活动，探讨在这些信用活动中的货币和类货币金融资产信用创造机制以及由此引起的资

金供应的变化。这样的划分，当然存在标准的不一致性，但基本符合历史发展的脉络。实际上，我们在分析中首先还会涉及到金属货币制度下的信用活动。现实中它已不存在，但的确是研究信用活动历史的起点，也是我们进行理论思考的起点。对我们来说，涉及到金属货币制度时，它就是一个坐标系的原点，但分析的重点已在原点之外的地方。在分析金属货币制度时引入银行制度，进行最简化的货币信用创造机制分析，然后在其基础上引入非银行金融机构、市场型的金融中介机构以及互联网金融活动，或者说广义的影子银行活动，最后分析欧洲货币市场上的信用创造。这样依次分析下来，也基本符合从抽象到具体的逻辑。

如果从金融调控的角度看，我们最关心的是，与金融调控相关的货币数量等金融指标。截至目前，金融宏观调控都不能不分析与宏观经济密切相关的货币、基础货币和货币供应量，即便是金融市场高度发达，金融调控主要依赖于利率的美国、英国，也是如此。同样是伴随着金融体系的发展和信用创造活动的多样化，原有的货币总量指标难以适应金融宏观调控的需要。各国先是试图调整货币供应量的统计范围，随后又出现了流动性、广义流动性、广义信贷等一系列指标。在我国，中国人民银行提出了社会融资规模这一指标，并已经在实践中应用。同时，一些研究也提出应当建立社会信用总量指标。[1] 在现代经济中，通常我们所说的货币资金，都是实体经济主体持有的可以发挥货币作用的对金融

1　在我们看来，社会融资规模问题的研究最早可以追溯到 20 世纪 80 年代对综合信贷计划问题、90 年代对全社会资金问题的研究，核心都是力图厘清对实体经济的资金供应问题。

机构的债权，或者说是金融机构对实体经济主体的货币性负债，如各种货币指标和流动性指标。但与货币指标从负债方衡量资金供应不同，社会融资规模和信用总量等指标试图从资产方来反映金融体系与实体经济的资金供应关系。我们知道，资产和负债是相伴而生的，且在数量上相等。理论上看，既然可以从负债角度来衡量金融体系对实体经济的资金供应，从资产角度来衡量当然也可以做到。从金融体系角度看，以负债表示的对实体经济的资金供应反映了实体经济主体持有什么形态的货币资金，而从资产角度看反映了这些货币资金是以什么形式和通过什么渠道供应给实体经济主体的。我们将在研究中讨论这些指标特别是货币供应量和社会融资规模如何生成以及它们之间的关系，其中以货币供应量代表从负债方进行衡量的对实体经济货币资金供应概念，以社会融资规模代表从资产方衡量的对实体经济货币资金供应概念，其他指标只在必要时进行讨论。[1]

这样，我们就可以把关注的问题和研究的重点集中在以下内容上，即上述五类金融机构和金融市场活动，创造了哪些金融产品特别是是否创造了货币和类货币高流动性产品，创造的机制即怎么创造的，进行创造的具体渠道是什么，对主要的金融宏观调控变量特别是货币供应量和社会融资规模总量会产生哪些影响。我们可以用表表示如下：

1　需要注意的是，货币供应量和社会融资规模都是我国已经使用的衡量金融体系向实体经济供应资金状况的统计指标，我们借用这两个指标名称并加以分析，但在讨论中逐步赋予其不同的内涵，不宜与有关部门发布的统计指标及其内涵简单等同视之。

| 金融机构和信用活动 | 涉及的主要金融产品和金融服务 | 可能对相关金融调控变量的影响 |
|---|---|---|
| 中央银行—商业银行体系 | 现金、金融机构存款、对金融机构贷款、存款、贷款等 | 形成基础货币和不同层次货币供应量 |
| 非银行金融机构 | 信托存款、委托贷款、保险单等 | 扩大货币供应量的统计范围和层次 |
| 金融市场活动 | 理财产品、资产证券化、各种理财计划、证券投资基金、股票、债券等 | 建立社会融资规模、社会信用总量、金融资产总量等新的衡量指标 |
| 互联网金融 | 第三方支付、P2P、众筹、比特币等 | |
| 离岸货币市场 | 离岸人民币 | 纳入货币供应量和社会融资规模 |

需要在此补充指出的是，我们认为资金流量核算不仅是宏观经济特别是资金运行的核算工具，同时也是非常有价值的一种分析工具。在分析不同经济主体之间的资金联系时，其长处尤为突出，而这正是我们所需要的。我们在论述中将通过不同经济主体的资金账户联系来展开分析。顾名思义，资金流量账户是反映某一特定时期内流量的账户，一般是按照资金来源和资金运用来设计部门间资金联系的。由于我们的分析有时涉及流量，有时涉及存量，我们在形式上采取资产负债关系设计部门资金账户，而在矩阵账户方法上借鉴资金流量表。这样使我们既可以分析资金流量，必要时又可以分析资金存量，只是在阅读时需要注意不同时候表示流量和存量之间存在一定的差异。另外，有时为了更加简明，我们将在表述时做一些灵活处理，跳过一些不必要的账户表述。比如，在分析银行机构与非银行机构之间的资金联系时，对银行机构之间的资金往来、商业银行与中央银行之间的资金往来，就可以省略，但实际上这些也都发生，这是读者应当注意的。作

为本书分析的一个特点，我们将特别注重借鉴资金流量分析方法作为分析工具，但多数时候我们并不是直接使用资金流量分析方法。当然，这也不会影响我们采用其他的分析方法。

## 三、基本框架和主要内容

全书除了第一章引论外，由以下几个部分组成：

第二章，对信用和信用创造进行理论分析。我们将分析信用活动包含的很多特质，包括期限转换、流动性转换、信用转换和杠杆化等。从对宏观经济的影响看，信用活动包含信用媒介和信用创造两个完全不同的类型。我们将阐述研究信用创造问题的不同视角，深化认识信用创造的内涵。我们重点关注的是能够创造货币和类货币高流动性金融工具的信用创造活动，是可以提供一般购买力的信用活动。对实体经济的货币资金供应是我们认识信用创造问题的切入点，也是金融宏观调控的理论基础。我们将由此出发对不同性质的信用活动及其影响进行区分和探讨。我们发现，现代金融的发展既存在为实体经济提供资金的信用创造，也产生了为金融体系本身提供资金的信用创造。这改变了传统的资金供给格局，也改变了我们既有的金融宏观调控的理论基础。

第三章，中央银行—商业银行体系的信用创造。这是分析的重点和全书研究的重要基础。信用创造在银行体系中表现得最为直接和明显。我们将从贵金属货币制度下引入最早的信用货币以分析信用创造活动，进而重点论述完全的信用货币制度下银行体系信用创造的特点、过程、条件等。在已有的十分成熟的理论总结基础上，我们区别了从贵金属货币制度下和完全的信用货币制度下认识到的信用创造的不同特点，特别是对信用创造机制和乘数理论做了新的表述，试图改变过去贵金属等实物货币流通情况下信用创造理论对我们的影响，并指出了中央银行支付清算体系对信用创造发挥的重要作用，分析了单个银行和银行体系信用创造功能及其区别这个富有争议的话题，引入了资本监管等对信用创造机制的约束。我们还将说明，银行体系的信用创造形成了货币和货币供应量，银行的供应货币的资产形式之和构成了社会融资规模。在只有银行信用的条件下，从资产方衡量社会融资规模等于从负债方衡量货币供应量。

第四章，非银行金融机构的信用创造。在我国非银行机构包括财务公司、信托公司、租赁公司、保险公司等各种中介机构。我们将从传统业务范围角度分析这些机构的信用活动。非银行金融机构有的可以创造货币性的金融工具，有的创造非货币性的金融工具。一般情况下，传统的保险公司、信托公司和租赁公司等主要发挥媒介资金的作用，不具有明显的货币信用创造功能。或者如格利和肖所分析的，从长期看亦具有进行信用创造的可能。我国财务公司的信用活动具有货币信用创造的特点，但财务公司信用创造的基础与银行信用具有不同的特征。特别是我们发现，在我国特殊的制度设计下，财务公司因为实行法定存款准备金制度，在基础货币既定的情况下，具有替代银行信用的特征，由此可能产生并加剧资金结构性矛盾。在考虑了非银行金融机构的情况下，货币供应量的统计应当从银行体系扩大到非银行金融机构，从资产方统计的社会融资规模也会发生相应的变化。

第五章，影子银行的信用创造。广义的影子银行包括了所有的非银行金融机构和金融活动。我们这里以美国等发达国家金融市场为基础，研究狭义的影子银行如资产证券化、货币市场基金等金融市场型的信用活动。这些活动创造了多种多样的金融工具，但是把这些单独的信用活动联系起来作为一个整体时，就可以发现信用创造机制正在形成，而且能够以不同的高流动性的资产为中心开展信用创造活动，与银行体系的货币创造存在直接联系。各种信用活动实际上与货币供应体系密切相关。这些信用创造活动主要为金融体系的活动提供类货币高流动性金融资产，它们在为实体经济提供资金融通时需要占用货币资金，并且需要更高比例的高流动性资产。我国的影子银行也在加快发展，也在形成新的信用创造机制，特别是理财产品的发展尤为引人注意。在影子银行具有一定规模的情况下，货币供应量不能反映金融市场信用活动，而且将更难以显示它所包含的结构性矛盾，社会融资规模如何反映对实体经济的资金供应也面临困难。

第六章，互联网金融中的信用创造。我们认为，互联网金融潜力无穷，目前虽种类繁多，但主要的是对现有金融形式的翻版。在目前的监管体制下，各种互联网金融活动多数不具有货币信用创造的功能。但在一些方面，如第三方支付虚拟账户的出现，客观上已经具有了信用创造的各种必要条件。而一些以互联网货币为基础的信用活动，则出现了脱离现有银行体系进行信用创造的可能，使货币创造的主体更加多元化。在我们看来，独立的互联网金融模式最可能出现在互联网货币和第三方支付领域。互联网货币的出现和使用可以在一定程度上增加实体经济中类货币产品。互联网金融活动增加了货币供应量和社会融资规模覆盖对实体经济资金供应的难度。

第七章，离岸货币市场的信用创造。离岸人民币市场已经具有一定的规模。我们将借鉴欧洲美元市场的分析，研究人民币离岸市场的信用创造机制问题。资金在在岸市场和离岸市场之间的流动对金融体系、银行体系和实体经济有不同的影响。我们在已有研究基础上，对清算行模式、代理行模式和NRA（Non-Resident Account）账户等条件下的资金跨境流动进行了具体分析。我们的分析表明，资金的跨境流动影响到实体经济的资金供应，离岸市场的信用创造在既定条件下不会对境内产生货币数量影响，但会在利率和汇率等方面产生影响。这进而需要更深入地研究由此产生的对中央银行货币政策调控体系的影响。随着离岸市场的发展，对离岸货币如何纳入货币供应量统计也需要进行研究，如何主导离岸市场人民币利率和汇率是我们面临的重要问题。

第八章，结论与启示。我们的分析表明，我国经济中的信用创造机制至少包括银行信用创造、财务公司等机构的信用创造、影子银行体系中金融市场机构信用创造、比特币等互联网货币创造以及离岸市场信用创造等不同形式。这些信用创造形式的产生，越来越不依赖于银行信用的货币创造，形成了多元化、多样化的货币和类货币高流动性金融资产的创造格局，由此导致价格型调控尚未建立条件下金融宏观调控面临的困境。我们不仅要关注货币供应量，改进货币供应量的统计范围，而且必须关注社会融资规模、社会信用总量等金融变量。然而，一旦货币政策关注的目标扩大，便越来越远离实体经济本身。因为，新的指标更多地反映并增加了金融体系创造的各种金融产品，甚至不断引入来自实体经济的内部货币。金融越发展，融资活动的链条越长，金融产品中的中间产品越来越多，最终产品即服务实体经济的部分占金融产品的比重越来越小，数量型货币调控面临的矛盾越来越突出。金融宏观调控机制、货币政策框架体系和金融业需要回归服务实体经济的根本，打破禁忌，寻求突破，从实际出发进行重新构造。

**参考文献：**

黄达：《金融学》，中国人民大学出版社 2012 年版。

杜金富：《货币与金融统计学》，中国金融出版社 2013 年版。

饶余庆：《现代货币银行学》，中国社会科学出版社 1983 年版。

盛松成：《社会融资规模理论与实践》，中国金融出版社 2014 年版。

张健华：《中国金融体系》，中国金融出版社 2010 年版。

刘成:《资金流量分析方法及其在宏观经济管理中的应用》,载《中央财政金融学院学报》，1996 年第 7 期。

约瑟夫·熊彼特：《经济分析史（第三卷）》，商务印书馆 2009 年版。

贝尔纳德·列特尔：《货币的未来》，新华出版社 2003 年版。

中国人民银行：《中国人民银行统计季报 2016—1》，中国金融出版社 2016 年版。

国家统计局国民经济核算司、中国人民银行调查统计司编：《中国资金流量核算与分析》，中国统计出版社 1996 年版。

John Sloman, *Essentials of Economics*, Pretice Hall Europe, 1998.

第二章

# 信用创造：货币视角的理论分析

## 一、引言

信用创造是一个历史范畴，是经济发展到一定历史阶段的产物，并且随着金融本身的发展而不断发展变化。在人类历史的长河里，不论从理论上看还是从实践上看，信用创造纳入人们的视野都是后来的事情。从理论上看，信用创造论者和信用媒介论者已经进行了旷日持久的争论。而在实践中，生生不息的经济生活推动着金融体系的演进和创新。对于信用创造活动来说，以银行为代表的金融中介机构的出现具有决定性的意义。金融中介改变了金融的过程，创造了双重的资金索取权，改变了最终资金借贷双方的关系，使金融活动大大复杂化了。也正是由于金融中介的活动，使信用不再局限于发挥媒介资金融通的作用，而且发挥创造信用、创造资金的作用。然而，在越来越多的金融创新之下，金融市场的活动与金融中介的活动紧密地结合在了一起。这一方面使金融中介的许多职能外化在金融市场中，另一方面也使金融市场机构越来越多地承担金融中介机构的作用。最终的结果是，金融市场出现许多具有不同功能的机构。现在很多学者都认为，这些机构从单个类别看，可能只具有金融中介的一些或个别职能，然而在市场上，它们整合为一体，具有传统金融中介机构完整的功能，使信用创造不断获得新的形式。金融体系的不断丰富和发展改变了信用创造的性质，信用创造活动不仅为实体经济提供资金供应，而且为金融经济本身的发展提供资金供应。

本章我们着重对信用和信用创造的几个基本问题进行讨论和分析。第二部分，论述信用活动的特点。信用活动的发生和消解需要一定的条件，信用创造活动当然要遵循信用活动的一般要求和规律。第三部分，回顾和整理信用创造论和信用媒介论的有关研究和争论的内容。我们从中归纳为资本视角、储蓄投资视角、可贷资金视角、货币视角四个角度，对信用媒介论和信用创造论的观点进行了对比分析。第四部分，从货币视角对信用创造问题做进一步的理论分析，研究货币信用创造的演变，以及信用创造期限转换、流动性转换、信用转换等内在属性。第五部分，从金融体系的变化分析信用创造性质的变化。信用创造首先是对实体经济的信用创造和资金供给，然而金融体系的复杂化、融资链条的不断拉长，扩大了信用创造供给资金的范围。最后，我们将对本章做出简要的小结。

## 二、信用与信用创造

信用一词在我们的生活中有许多不同的含义，古今中外都是如此，并且基本上都与信任、诚信、相信等相关。而作为经济范畴，信用是一个与货币和价值等一样古老的概念，更是经济学研究中的一个古老而长青的问题。在18世纪和19世纪，经济学的兴起带动了对信用问题的研究。这个时期实际上也是历史上对信用问题研究最为集中的一个时期。然而，人们在最初对于信用的定义却似乎都难以做出科学的界定。熊彼特（J. Schumpter）就曾说过："当时的著作家在给信用下定义时遇到了困难，并且因此这个名词自始至终使用得很不严格。"[1]在现代市场经济中，对于信用更有多角度的解释，如制度经济学、行为经济学、经济心理学等都做出了不同的界定。我们仍然采用现代经济学、金融学中通常的定义来认识信用现象和信用问题。黄达指出："信用这个范畴是指借贷行为。这种经济行为的形式特征是以收回为条件的付出，或以归还为义务的取得；而且贷者之所以贷出，是因为有权取得利息（interest），借者之所以可能借入，是因为承担了支付利息的义务。"[2]可见，一个完整的信用活动，包括信用关系的建立、信用或债务的转移以及信用关系的消解三个环节。我们可以用这个定义为基础首先来了解一下信用活动的一般性特征和基本规律。显然，信用创造活动应当符合这些一般性特征和基本的规律。

### （一）信用是一种权利义务关系

信用活动的发生必然涉及借贷双方，而且双方在借贷关系中有不同的权利和义务。信用形成了债权债务关系，从债权人角度看，这种义务是信用的贷予关系，权利是将来对别人偿付的要求

1 熊彼特：《经济分析史》第二卷，商务印书馆1996年版，第511页注4。

2 黄达：《金融学》，中国人民大学出版社2012年版，第76页。

权；从债务人的角度看，是一种债务关系，将来必须履行偿还的义务，且具有强迫性。债务和信用实际上是一回事，就好比是一枚硬币的两面。债务是将来还款的义务，而信用是将来收款的权利。[1]信用作为债权债务关系的约定，既可以是口头方式，也可以是记账方式，也可以是书面的契约，其本质并无不同。现在绝大多数信用活动都采用了书面契约的形式，以之确定双方的权利义务关系。由这些形成债权债务关系的不同方式发展出不同的信用产品和金融工具。作为信用活动的对象，包括产品、财物、劳务，等等，不完全是货币，债务人偿还时可以采取同一形式，也可以采取别的形式，均由契约事先约定，古今中外都是如此。但由于货币成为普遍使用的延期支付的标准，所以信用的数量就可以用货币来计算和测定。对单个经济主体而言，在没有信用发生的情况下，所有的交易都需要货币。在贵金属货币制度下，信用的发生代替了货币，间接地补充了货币，并提高了货币的流通速度。在信用货币制度下，货币由信用活动产生和创造，信用同样可以在信用货币基础上展开。从宏观经济角度看，信用和债务的数量和作用与货币的数量与作用密切相关。所以，**信用与货币问题有着天然的联系**。这正是本书研究的核心问题之一，我们在后面将要重点加以分析。

### （二）信用发生需要一定约束性的条件

信用是将现在有价值的东西，用来给别人使用，以期在未来

1　参见饶余庆：《现代货币银行学》，中国社会科学出版社 1983 年版，第 25 页。

得到更大的回报。由债务人所做出的偿还本息的承诺是信用关系发生的基础。但债务人的承诺是建立在债权人对债务人充分的信任和信心基础上的，即信任债务人在未来有支付能力和意愿。“信用只有在对被授信一方的诚实和价值具有信任和信心的条件下才会被授予。”[1]所以，无论信用发生在个人、企业还是政府之间，都必须以“信用”为基础，以博取授信人的信任。有人说，信用首先是人类个体的一种心理现象，其心理学特征就是信任和安全感。从经济行为学的角度看，这显然是正确的。如果我们失去了信心和信任，信用活动就不可能发生。

信用的发生需要债权人对债务人的充分的信任，而这种信任又源于债权人对债务人信用状况进行准确的判断。许多金融专家和银行家对此曾经进行总结。在早些时候，对信用的判断是基于三个方面：品德（character）、资本（capital）、能力（capacity），因其英文第一个字母均为C而被称为3C要素。这三个方面被认为是信用的三大要素。后来美国经济学家博斯特在1910年发表《关于信用的四大要素》一文，提出了构成企业信用的四个要素，在品德、能力、资本基础上又增加了“担保品”（collateral），称为4C要素。后来美国银行家基又提出了判断信用的5C要素，在上面四个要素基础上增加了“企业可持续经营情况”（continuity）。从银行向企业贷款的角度看，美国银行放款及信用调查人员协会又将这五个要素归纳为三个要素：品德与能力为人的因素，资本与资产为财务因素，企业状况为经济要素。德拉

1　彼德·纽曼、墨里·米尔盖特、约翰·伊特维尔：《新帕尔格雷夫货币金融大辞典》（第一卷），经济科学出版社2000年版，第506页。

科提出，可以将人的因素称为管理因素，所以现代金融企业的信用要素又可以概括为管理、财务和经济状况三个方面。其中财务和管理是内部因素，而经济状况则是外部因素。现在发达国家流行的为银行贷款提供依据的征信分析，也主要从以上五个方面为调查准绳。这些虽然很早都已经提出，但现在依然是实际操作中所遵循的基本原则。在近些年流行甚广的美国经济学家米什金所著《货币金融学》的最新版本之中，这些仍然是讲述的内容。[1]

需要指出的是，我们需要对信用发生时的抵押担保品问题更多地加以重视。在早些时候的文献中，人们一般认为担保品的影响相对较小。因为担保品的状况不足以改变借款人的信用，授信者都希望企业能正常归还贷款，没有人借出时就希望以处理担保品的办法来收回贷款。有的经济学家甚至认为，担保品并非贷款的必要条件。我们认为，担保品对于信用的发生可能比这些文献所说的要大，事实上担保品对于信用发生的作用也因时而异。在古代的熟人社会里，信用的发生建立在人们的相互了解基础上。不熟悉的人们之间很难发生信用关系，有的时候信用的发生就依赖抵押品来促成。而在现代经济生活中，国家信用、银行信用取得了主导地位，人们都生活在信用网络里，国家信用、银行信用因其信用毋庸置疑以及独占性和强制性而无处不在，在这里很多时候看不到担保品的作用。即使企业和个人之间的信用，银行与企业、个人之间的信用，很多都建立在信用调查基础上，实际上在很多国家征信都是很重要的活动，对信用活动产生了支持作用，

1　参见米什金：《货币金融学》，中国人民大学出版社 2011 年版，第 218 页。

担保品只是发挥了附属支持作用。在互联网上，借助于大数据提供的信息，出于对借款人的行为特征的充分把握，信用关系也可以发生。这些也促使导致信用发生的要素不断变化。了解越多、信用越深，则不需抵押；反之则相反。如果其他四个要素良好，担保品就可以从宽少取；反之，才要求提供足够价值的担保品，以弥补信用之不足。但如果我们放宽视野，把企业的资本、财务状况、经营状况，管理者的才能乃至道德品行，等等，作为一种广义的担保品，对信用的发生似乎更容易理解。归根结底，信用的发生源自于信心和信任，能够维系信心和信任的，可以是直接的抵押担保品，也可以是其他非物质、非货币性的东西。由此我们更易于理解，为什么在有的情况下授信人似乎在不考虑条件地发放贷款，而在另一些条件下即使债务人资本雄厚、信用卓著，获得授信仍然需要抵押担保品来提供支持。在前者如利用大数据取得支撑的网上借贷，而在后者则常见于金融机构之间的批发性融资。这些实际上说明，信用发生时抵押担保品发挥了调节杠杆的作用，当别的条件能够更好地满足的时候，担保品的要求相对较低；而当别的条件不能很好满足需要的时候，担保品就成为信用发生的最重要的条件。

从社会角度看，信用作为一个普遍现象和一种对宏观经济能够产生巨大影响的经济活动，有赖于经济主体对经济社会发展的信心。我们所通常观察到和感受到的现象就是，当经济景气之时，信心充足，信用随之扩张；而当经济萧条之际，信心匮乏，信用继之萎缩。信用量的扩张与收缩与经济周期密切相关，两者相互作用、相互强化，由信用周期研究经济周期也是宏观经济学的一个重要方面。但信用问题实际上远不止从经济循环角度能够充分理解其重要性，如果从社会学的角度讲，诚如制度经济学创导者之一的康芒斯（J.R.Commons）曾经讲过的："债务和所有权都不是财富。它们是制度。"[1]信用不仅仅是心理现象，不仅仅是一种经济活动。信用作为一种制度，弥漫于经济社会生活之中，是市场经济活动赖以存在的环境，就像阳光、空气和水一样，信用对于人类是不可或缺的。我们只有在缺水的时候才觉得水的重要。实际上，我们也只有在信用缺失的时候，才更加感到信用的重要性。

### （三）信用消解于资金按约定条件的回流

信用是价值运动的特殊形式，即它是价值的有条件的、单方面的、暂时的让渡。当信用发生的时候，就决定了信用结束时的条件，即在约定条件满足时，作为信用对象的资金就要回流。大卫·格雷伯在其著作《债》一书中描述了许多非常有意思的信用活动，特别是古代的信用活动。[2]在没有货币的年代，人们并不像我们想象的那样"易货"，而是以互相馈赠、进贡、送礼的方式建立了复杂的信用体系。即使在现代社会，特殊的信用活动也不鲜见。比如，一家人孩子结婚，周围邻居都送彩礼，似乎是没有看到当下的所谓的"回流"，但作为一种信用现象，送彩礼的人知道，当自己的孩子结婚时，送出去的彩礼终究是要回流的。马克思是把信用活动放在资本再生产过程中分析的。他深刻地指出，

1 参见康芒斯：《制度经济学》（下册），商务印书馆 1981 年版，第 14 页。
2 参见大卫·格雷伯：《债》，中信出版社 2012 年版。

借贷资本有“双重支付、双重回流”的特征。[1]用公式表述就是：

$$\underset{}{G}\xrightarrow{\text{第一重支出}}G\xrightarrow{\text{第二重支出}}W\xrightarrow[\text{第一重回流}]{}G\xrightarrow[\text{第二重回流}]{}G$$

马克思所说的第一重支付，即贷者把一定价值的货币额支付给借者；第二重支付，是借者为生产流转垫支货币；第一重回流，是货币回流到原来的垫支者手里；第二重回流，是借者将贷款本金和利息归还给贷者。通过双重支付、双重回流，借贷资本完成了一个完整的循环，当资金随同利息回归到贷者的时候，信用关系结束。在马克思看来，借贷资本能够正常循环回流，关键在于资本参与了社会再生产过程，资本带来了新的价值，形成了更大的价值回流。这实际上是在社会资本再生产的框架下引入了信用问题的分析。

马克思分析的是信用作为资本的运动现象。除了这样一种形式外，信用活动也可以为提供货币而发生，即提供借款人用于作为流通手段或支付手段，如消费者的信用卡透支；信用活动也可以作为“商品”的信用而发生，即用于支持借款人购买信用产品如股票债券。不论信用参与了哪个环节的经济活动，最终都需要资金按约定条件的回流。

由上面的分析，使我们知道了信用发生和信用消解的基本条件。在我们看来，信用创造是信用活动的特殊现象。作为信用活

1　参见马克思：《资本论》第三卷，人民出版社 1975 年版，第 380–390 页。

动的一般条件，这些也同样是信用创造的基础和条件。没有基本的诚信和信心，信用和信用创造将不会发生；由于信用形成的债权债务关系可以转让流转，使信用工具的货币化成为可能；信用活动发生的条件，正是信用创造的微观约束条件；资金在借出后要按照约定利率偿还本息，正是保证信用创造从根本上与经济发展需要相适应的内在要求；信用关系按照条件消解，使通过信用约束控制信用风险成为可能。我们在下文中不以分析这些问题为主要内容，但认识到这些基本条件是信用创造活动的条件，则是我们全部研究的前提和起点。

## 三、分析信用创造的不同视角

对信用创造问题最初的探索是从对信用的作用特别是银行信用作用的认识开始的，其中尤其关系到信用与资本的关系、信用与货币的关系、信用与物价的关系、信用与经济周期的关系，等等。在这些问题上，经济学家长期存在信用媒介论和信用创造论两派对立的学说，且各自阵容庞大，长期以来争论不休，可以说迄今未已。信用媒介论产生于 18 世纪，盛行于 19 世纪，主要代表包括亚当·斯密（A. Smith）、李嘉图（D. Ricardo）、约翰·穆勒（J. Mill）以及近现代学者利夫（W. Leaf）、兰普（A. Lampe）、曼斯塔特（H. Mannstaedt）等，当代学者中特别是主流经济学家中仍不乏其人。他们的主要观点是，银行的功能主要是作为信用媒介，银行只有在收受存款的基础上才能放款与人，所以银行的受信业务即负债业务要先于授信业务即资产业务。银行通过信用媒介的作用，能够转移和再分配社会现实的资本，以使其发挥充分的作用。信用创造论基本上与信用媒介论相伴而生，其先驱是 18 世纪的约翰 · 劳（John Law），而正式创始于 19 世纪末叶，至今依然盛行。主要代表人物包括麦克鲁德（Henry Dunning Macleod）、熊彼特、哈恩（Albert Hahn）等，现代经济学的创始人凯恩斯（M. Keynes），奥地利经济学派、货币学派、后凯恩斯主义经济学派等也都是信用创造论者。他们的主要观点是，银行的功能在为社会创造信用，银行能超过其所收受存款以放款与人，且能先放款，再创造出存款。所以银行的授信业务先于受信业务，并决定着受信业务。银行通过信用的创造能为社会创造出新的资本，并推动经济的发展。这些论争涉及面广，十分庞杂，我们难以一一详细论及。这里想着重归纳探讨一下对信用创造进行分析的不同视角和框架；即使对这个问题，也集中在什么是信用创造、怎么创造、创造了什么这个基本点上。在我们看来，在研究信用创造的问题上，至少有以下几个不同且十分重要的分析视角。

### （一）资本视角

经济学家们关于信用和信用创造问题的研究自始至终都与资本有关，迄今从资本形成角度研究信用和信用创造问题仍然是一个热点。通常也都认为，信用媒介论者和信用创造论者两个不同学派之间在此问题上存在很大的分歧。

信用媒介论的代表人物亚当 · 斯密、李嘉图都认为，信用是将资本从一个人转让于另一个人，以资有效利用的手段。李嘉图还从这个角度出发，开创性地论证了信用在促进利润率平均化过程中发挥的作用。另一个代表人物约翰·穆勒就曾说过，信用不可能无中生有地创造任何物质财富，信用的基本功能是转移现有的沉淀资本，促进资本的再分配，增加社会的可用资本。在他的经典著作《政治经济学原理》中，他曾明确地指出："信用具有巨大的力量，但并非如多数人所想象的那样，具有不可思议的力量。信用绝不可能从无中创出任何物质。人们常谓信用的扩张等于资本的创造，或谓信用在实际上，俨然就是资本。但信用则实不过为使用他人资本的许可，通过信用，并不能使生产资料有任何增加，而不过使其从一人移转于他人而已。"[1] 现代学者瓦什（Walsh）、米什金（Mishkin）、埃金斯（Eakins）等也有类似观点。

我们认为，从信用创造论者而言，所谓信用创造资本，似乎并非一些著作中所说，信用本身能创造资本，而更多地是指信用发挥作用的过程和结果形成了资本。比如，信用创造论的集大成者麦克鲁德认为，信用就是资本，而且是生产资本。凡可以获取利润之物均为资本，银行信用与货币一样为银行赚取利润，所以信用就是资本。但他这里所言资本显然与穆勒等所言资本含义不同，它实际上是把能够带来利润的借贷资本与实物资本、生产资本混淆了。信用创造论的开山鼻祖约翰·劳就认为，一个国家要想富裕，必须使货币丰富。这些本来与一般的重商主义论调无甚区别，但一般的重商主义者认为货币是金银，而他认为货币就是纸币，纸币是由银行信用方式提供的。货币的功能实际上就是银行信用的功能。他说，信用是必要的而且是有用的，信用量的增

---

1 约翰·穆勒：《政治经济学原理》，商务印书馆 1995 年版，第 461 页。

加与货币量的增加有同样的效果，即它能产出财富，兴盛商业。他还说，通过银行所进行的信用创造，能在一年之内比从事十年贸易所增加的货币量多得多。银行通过信用的提供，就能提供丰富的货币，给经济界以最初的冲击，依靠这种冲击，使经济繁荣，国家富庶。所以，银行提供信用就是创造货币、创造财富、创造资本。我们可以看出，他们所谓的信用创造资本，实乃通过货币和信用的扩张导致投资扩大并形成资本的结果。[1]熊彼特在其著名的《经济发展理论》中专门分析了信用与资本形成的关系，把信用创造理论与其创新理论相结合，认为信用扩张创造资本，促进了创新。德国学者哈恩是近代经济学家中持信用创造论的重要人物，他认为，资本形成不是储蓄的结果，而是信用创造的结果。信用不等于资本，信用能促进资本的形成。信用创造是资本形成的第一要素，社会存在技术进步和劳动后备军，通过信用的扩张可以促进资本的形成和生产的扩大。他的这个观点，应当说更准确地表达了信用创造对于资本作用的本意。

早期经济学因处于起步阶段，许多概念尚难以形成一致的内涵。我们现在回过头来看，他们之间的分歧可能并不明显。比如关于资本，有时指实物资本，有时指货币资本，有时指借贷资本，而且对于实物资本、货币资本的内涵认识也不一致。两个学派的分歧似乎主要在于，信用媒介论者更强调资本是过去已经形成的实物资本，“信用”是对已经存在的资本的更有效的配置和利用；而信用创造论者更强调信用的冲击作用，能够促进资本的形成。

1　现代经济学家凯恩斯关于扩张信用促进就业的理论，熊彼特关于经济发展、经济周期的理论，很大程度上受此货币和信用冲击理论的影响。

用现代经济学的眼光看，前者看重的是信用对事前已经形成的资本的作用，而后者更看重的是对事后资本形成的作用。

### （二）储蓄—投资视角

从储蓄—投资视角研究信用问题早已有之，与最初的信用媒介论实际上关联很深。因为在当时储蓄和资本都被视为实物的概念，甚至被认为完全是一回事。传统的信用媒介论的观点就是，储蓄是消费的剩余，只有储蓄才能用于投资形成资本。信用和银行的功能无非是将这些储蓄从资金富余的人手里转移到资金不足的人那里。银行就是从储蓄者那里吸收储蓄，再向借款的人们分配储蓄，所以信用不过是分配储蓄的工具。

信用创造论则认为，银行的功能是创造信用，有能力依托吸收存款的规模来扩大贷款，为实体经济提供新的资本来源。奥地利学派的代表人物米塞斯（Ludwig von Mises）认为，金融中介就是将储蓄者与投资者联系起来的信用创造主体。他把银行的信用活动分为商品信用和流通信用，前者指银行以存款人的存款和自有资金发放的贷款，后者指不以存款人和自有资金为基础新创造的信用。银行通过创造信用来创造货币，新创造的信用突破了储蓄的界限。德国学者哈恩也有类似的划分，他把信用活动区分为媒介的信用和创造的信用两类。媒介的信用来源于储蓄，创造的信用不以储蓄为基础，只有创造的信用才能促进投资和资本的形成。他进而指出，现实中存在两类银行：一类可以推动信用扩张，称信用创造银行，其业务以不受存款限制的信用创造业务为主；一类是信用媒介，称信用表现银行，不以提供信用为主营业务。

许多经济学家更进一步，相应分析了信用创造过程与储蓄的关系。比如，哈耶克（V. Hayek）和凯恩斯虽然观点相异，但都看到了在信用创造过程中，当银行用派生存款发放贷款时，并没有真正的储蓄介入。哈耶克从动态的分析中指出，信用创造活动并非没有储蓄支持，而是形成了一种强制储蓄，但强制储蓄从长期看不仅不会促进经济增长，反而会引致并加剧经济波动。当代学者塞林（Selgin，1998，1996）认为，当信用独立于任何自愿的、货币持有者支出的节欲时（实际上就是经济学家所说的自愿储蓄），才能发生信用创造。信用媒介（fiduciary media）的创造与持有信用的中介的意愿相匹配的部分，不属于信用创造，而是金融中介，其功能仅仅是将储蓄转化为投资。如果银行发行的信用媒介和信用超过了实体经济的需要，信用创造就发生了。[1] 实际上，从长期来看，信用创造论者大多同意贷款及其支撑的投资最终受制于储蓄的规模，但他们认为，在一个现实的经济中，这种制约关系只有在长期动态的意义上才存在。从这个角度看，信用创造论和信用媒介论在长期分析中观点也并非截然对立，而是可以统一的。

从储蓄—投资视角分析信用创造，似乎可以对信用创造给出清晰的界定。例如，饶余庆在分析直接融资和间接融资关系时，也曾指出，储蓄可以直接投资的方式转移用于实质投资，也可以通过金融市场买卖直接证券的方式转移储蓄用于投资。这两种都是直接融资方式。同时还有间接融资的方式，即盈余单位将储蓄

1　这里的信用媒介是米塞斯使用的概念，意指没有货币作为准备金的货币凭证或者货币替代品。也有人将之译为流通媒介。

先购进金融中介的间接证券，金融中介机构再将资金用于购买直接证券。金融中介机构在上述活动之外，还可以发挥信用创造的职能，即不等待储蓄的转移就可以直接购入证券。[1] 这样我们可以清楚地区分信用媒介作用和信用创造作用的界限。用图表的形式可以直观地表示如下：

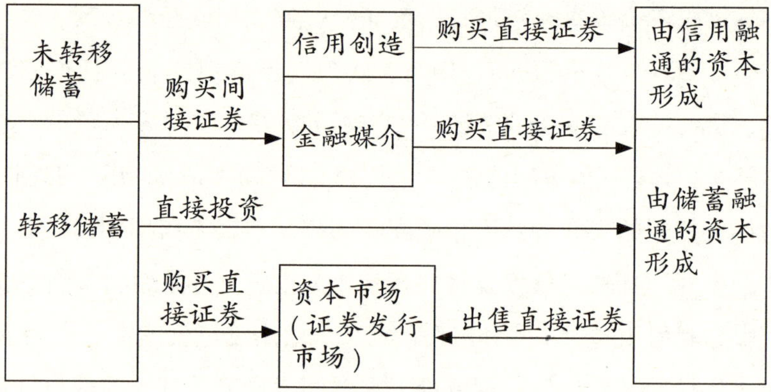


## （三）可贷资金视角

可贷资金（Loanable-Funds）的概念是英国经济学家罗伯逊（Robertson）以及瑞典经济学家俄林（Ohlin）等提出的。可贷资金理论是重要的利率理论之一，其要旨在于将决定资金供求的实际因素和货币因素结合在一起。根据罗伯逊的论述，可贷资金的供给包括当前储蓄、出售固定资产所得、窖藏现金的利用、银行体系所创造的新的货币量；可贷资金的需求则包括当前投资、固定资本的折旧与重置、现金的新增积累和窖藏。可贷资金的供求

1 参见饶余庆：《现代货币银行学》，中国社会科学出版社 1983 年，第 35–36 页。

决定了利率水平。

美国经济学家格利和肖在研究非银行机构信用创造能力时，虽然也是从储蓄—投资角度进行研究的，但他们在这个框架下从可贷资金的角度对信用创造问题提出了新的观点。在他们的经典著作《金融理论中的货币》一书中，根据罗伯逊对可贷资金的定义，详细阐述了这个问题。他们将金融机构对储蓄—投资过程的介入称为“储蓄与投资的机构化”（insititutionalization of saving and investment），货币性的金融中介机构和非货币性的金融中介机构都具有信用创造的功能，只不过前者创造的是货币，后者创造的是非货币间接金融资产。他们明确地指出：“货币系统和非货币的中介机构在这方面的区别，并不在于哪个创造了和哪个没创造，而在于各自创造了独特的债务。”[1] 在他们的分析中，可能是受米塞斯、哈恩等人的启发，还提出了金融机构创造业务和转换业务的区别。[2]

格利和肖在研究中假定，储蓄和投资是由不同的支出单位进行的，由是则有：

可贷资金的供给量 = 支出单位的计划储蓄 + 货币存量的增加 − 经济中货币需求的增加（窖藏）

根据他们的分析，支出单位的计划储蓄是对初级证券、货币

1　格利和肖：《金融理论中的货币》，上海三联书店、上海人民出版社 1994 年版，第 172 页。

2　同上书，第 189–192 页。

和非货币的间接金融资产的需求增加，假定它们不偿还债务，经济中对货币需求的增量减去支出单位对货币需求的增量，就是非货币的中介机构对货币需求的增量需求。根据这些定义，上述等式就转化为：

可贷资金供应量 = 支出单位增加的对初级证券需求 + 支出单位增加的对非货币间接资产需求 + 货币存量增加 − 非货币的中介机构增加的对货币的需求

由于支出单位增加的对非货币的间接资产需求，等于非货币的中介机构增加的对货币和初级证券的需求；货币存量的增加，等于货币系统增加的对初级证券的需求，则有：

可贷资金供应量 = 支出单位增加的对初级证券需求 + 非货币中介机构增加的对初级证券的需求 + 货币系统对初级证券的需求

由此可见，可贷资金的供给取决于支出主体、货币系统和非货币金融机构对原始证券需求的增加。非货币的中介机构可以通过需求初级证券来增加可贷资金的供应量，这与银行信用具有相同的特点。这就是格利和肖眼中的信用创造能力。按照他们的说法，信用创造可以增加可贷资金供应。

可贷资金的视角在理论上似乎不被一些学者重视，或者被放在储蓄—投资视角中被忽视。我们之所以重视这个视角，是因为在信用与资本的关系、信用与储蓄—投资的关系的分析，几乎都摆脱不了实物资本和实物储蓄的束缚。可贷资金的视角是从重视货币资金的角度、金融的角度分析的结果。在这里，实物的资本、储蓄和货币的融通结合在了一起。

### （四）货币视角

我们如果从信用与资本的关系考察，信用媒介论者和信用创造论者仿佛水火不容，因为两者对于资本的认识存在天壤之别；但如果从信用与货币的关系看，两个学派简直很难看出明显的区别，区别仅在于对货币的界定上的不同。瑞典经济学家维克赛尔（Wicksell）曾指出，货币分析有两个维度，一个是现金通货维度，一个是流通速度维度。信用显然具有可以促进第二个维度变化的能力，但在其所谓的纯粹的信用经济中，高度发达的银行体系带来信贷可得性的变化并最终导致货币量的变化。总体看，从货币视角分析信用创造，其他经济学家的分析一般都没有能够超出这两个维度的范围。

信用能够节约流通费用、加快货币流通，这是经济学家的一致认识，尤以信用媒介论者论证充分。亚当·斯密认为，银行信用可以节约流通费用。他分析指出，在没有银行信用的时候，企业主不得不在手头占压一笔资金以备经营活动之需，而信用活动可以使这种资金占用减少到最低限度。李嘉图说：“以纸币代替黄金，就是用最廉的媒介，代替最昂贵的媒介。”“假如某一国家，没有发现金矿而创设如英格兰银行那样具有发行纸币（流通媒介）权限的银行。这银行创设以后，就可以通过贷款给商人和政府的方法，以发行巨额的纸币。这样，全国的通货就得到显著的增加，而与发现金矿所产生的结果一样。”他认为，信用的本质是促进资本转让，提高利用效率。

在信用创造与货币数量关系上，信用创造论者与信用媒介论者观察问题似不在一个平台上。我们可以看到，许多经济学家眼里只有贵金属才是货币，贵金属以外发挥货币作用的都是货币的替代物。所以，像亚当·斯密、李嘉图等古典经济学家以及长盛不衰的奥地利经济学派都是如此，他们认为信用能够以货币的替代物发挥作用，从而节约货币和流通费用，但真正的货币只能是黄金等贵金属。由此他们也认为，信用总量以及贵金属替代物的总量不能超过流通中所需要的贵金属的数量。这也说明，他们似乎认为信用不可能带来维克赛尔所说的货币数量维度上的变化。

然而，大多数的信用创造论者都认为，信用和货币在一定意义上是等同的。这与货币的本质观是联系在一起的。约翰·劳就认为，无论货币的形态如何，其本质都是商品购买券，基本用途就在于购买商品。所以货币的形态不必问，制造货币的材料也不必是金银，只要它具有价值尺度和交换媒介的职能，它就是货币。银行信用就具有上述功能，所以信用就是货币，银行供应信用就能提供丰富的货币，创造财富并使社会富裕。18 世纪末，汉弥尔顿（Alexander Hamilton）等也论述过信用创造，并指出银行通过创设转账存款的方式创造信用，其意义更较发行银行券为大。到了 19 世纪后半叶，麦克鲁德于 1872 年发表《信用的理论》一书，力倡信用创造理论。这时，资本主义信用制度已经有很大的发展，商业银行普遍确立，支票流通和存款转账的办法广泛流行，而且支票流通额已经大于银行券的数额。正因为如此，他特别着重于创设转账存款的信用创造方式。他指出，信用就是货币，货币就是信用。银行的本质是信用的创造和发行。银行信用提供以后，就在社会上流通，担负着货币的职能，所以银行绝不是借贷资本的店铺，而是信用的制造厂。银行不是货币的买卖人，不是贷放货币的人，不是借款人与贷款人的媒介，而是信用的创造和发行者。他说："人们以生产物及劳务与人交换，而换得货币，此货币既不能用以饱腹，也不能用以蔽体，然而人们却乐于以其生产物和劳务换取货币，这是为什么呢？就是因为换得货币以后，可在需要之时凭以换取所需之物的缘故。所以，货币的本质不过是向他人要求生产物与劳务的权利或符号，从而实为一种信用。"他还引用贝克莱（George Berkeley）的话说："银行就是金矿。"并进而说，金银货币也可以正确地称为金属信用，货币是信用中较高级别的形态。他也提出了银行创造信用的限度，即主要取决于习惯的存款准备金率。可以说，早期的信用创造理论，就其内容而言，实际上看到了银行创造货币的作用，即银行信用货币可以和金属货币一样发挥货币的职能，金属货币是资本，银行创造的信用货币也可以作为资本。银行信用是银行创造的，所以通过银行可以创造出较实际存在的金属资本更多的货币资本。

在货币与信用及信用创造的关系上，当代经济学家仍然在进行深入的研究。汉森（Hansen，1983）曾说，凡是人们所信任的东西全可以用作货币。这似乎已经成为共识。熊彼特曾经从货币与信用、货币供给和信用创造关系角度提出两种不同的分析思路，一种是信用的货币理论，一种是货币的信用理论。信用的货币理论认为，货币先于信用而存在，定义信用应当以定义货币为前提。只有从货币的定义出发，考察经济过程中商品流与货币流的关系，才能逐步理清货币、准货币、信用等范畴之间的区别和联系。货币的信用理论则持相反的见解。他们认为，应当先定义信用再定义货币，用信用来解释和分析货币。现代经济学家似乎更倾向于从信用来看货币，较多支持货币的信用理论。

值得注意的是，我国经济学家对信用创造与货币的关系也提出不少非常有价值的观点。例如，尚明、吴晓灵、罗兰波曾经区分过货币创造的两种不同情况：一种是初始创造，一种是融资性的再创造。他们指出，在不兑现信用货币条件下，货币的初始创造是通过对最终产品流通提供的商业贷款实现的。假设在某一时点上货币量与商品量达到均衡，如果再有新生产出来的产品，且货币流通速度不变，就需要投入新的货币。信用货币制度下，就是通过银行发放商业性贷款或者是票据贴现来实现。商业企业得到贷款用于产品收购，产品出售者得到货币收入，流通中的货币量增加。这就是货币的初始创造。当贷款转变为生产部门的收入后，有些货币将在流通中发挥流通手段、支付手段的作用，有些则转化为闲置资金，以准货币的形式储存起来。如果暂时抛开物资储备问题，假定社会全部产品都需要当年进入流通和消费，由闲置货币转化成潜在货币所引起的现实货币的减少，就需要银行再创造现实货币来弥补。这就是银行融资性再创造。这种从再生产循环角度的分析很有特点。[1] 再如，孙国茂、范跃进则提出狭义

1 参见尚明、吴晓灵、罗兰波：《银行信用管理与货币供应》，中国人民大学出版社 1992 年版，第 24–26 页。

信用创造与广义信用创造的观点，狭义信用创造职能是指在信用中介与支付中介的职能基础上产生的职能，通常都是指商业银行的特殊职能。广义的信用创造除了包括商业银行的信用创造职能外，还包括中央银行的创造货币功能，以及大型金融机构创造金融产品和金融衍生工具的功能。[1] 孙国锋、贾君怡提出，从微观主体的角度看，货币创造型融资和货币转移型融资对经济个体是一样的，而从货币、信用与宏观经济变量的相关性看，通过货币创造实现的信用与通过货币转移实现的信用是不同的。[2] 他们的观点实际上是说有的信用活动媒介货币，有的信用活动创造货币，类似于哈恩将信用活动区分为媒介的信用和创造的信用。而李扬、周莉萍在分析货币与信用关系时也曾指出信用创造的两种情况，一种情况是信用创造直接造成货币流量和存量同时增加。在这种情况下，信用创造了货币。另一种情况是，信用创造并不改变货币存量，但加速货币的流通，从而增加了货币的流量。[3] 这一观点让我们看到了对维克赛尔分析信用两个维度思想的继承和发展，也是我们看到的关于信用创造的一种直接明了的答案。他们除了分析金融中介机构的信用创造外，对金融市场中影子银行的信用创造功能和机制也给出了非常明确的说明。李斌和伍戈也分析过信用创造与货币的关系，他们在论证我国目前的银行理财业务时指出，理财业务没有形成新的货币供应，因而不构成信用创造的

1　参见孙国茂、范跃进：《金融中心的本质、功能与路径选择》，载《管理世界》，2013 年第 11 期。

2　参见孙国锋、贾君怡：《中国影子银行的界定及其规模测算——基于信用货币创造的视角》，载《中国社会科学》，2015 年第 11 期。

3　参见李扬、周莉萍：《信用创造》，载《金融评论》，2014 年第 1 期。

内容。这间接体现了他们对于货币和信用创造关系的认识。[1]

## 四、从货币视角对信用创造的再认识

对信用创造认识的分歧伴随着对信用与资本、储蓄、货币、价格、周期等关系认识上的纠结，但如果用历史的眼光审视这些不同的观点及其演进，就会发现各种不同视角、不同学派的相近之处。在完全的信用货币制度下，信用创造的过程正是货币资金供给的过程，货币是特殊的金融资产，信用创造的过程与货币供给的过程合二为一是我们认识的一个基点。

### （一）从信用创造看货币的历史演变

我们从利用货币数量论 MV=PT 公式进行金融宏观调控的需要出发，把信用创造聚焦在对货币或者类货币的高流动性金融资产的创造上，因为这些金融产品将构成货币（M）的内容。我们要研究的应当集中在维克赛尔和李扬、周莉萍等所说的创造了货币、增加了货币供应的那种信用活动，或者如哈恩和孙国锋、贾君怡所说的通过货币创造而实现的信用，而不单是那些仅仅以货币为媒介，表现为货币转移的信用活动。

所有的货币信用活动都是货币的运动，表现为货币流量的增加，货币流通的加快。发行股票、银行贷款乃至个人之间的借贷，都是如此。所以，单纯货币流量的创造尚不足以说明信用创造的

---

1 参见李斌、伍戈：《信用创造、货币供求与经济结构》，中国金融出版社 2014 年版，第 87 页。

特点。正如马克思所说的："几乎每种信用形式都不时地执行货币的职能；不管这种形式是银行券，是汇票，还是支票，过程本质上都是一样的，结果本质上也是一样的。"[1]信用发挥媒介作用同样能够促进货币流通加快，增加实际货币流量，既然如此，信用媒介的作用与信用创造的作用又有什么区别呢？如果单纯把增加货币流量就作为信用创造的特质，对信用创造的研究就转变为对一般的信用量的研究，因为所有的信用活动形成的货币流量构成了信用总量。我们固然也重视信用总量问题，但我们重视的信用总量是增加实体经济货币资金供应的信用总量，如果把能够增加货币资金的信用活动与媒介和转移货币资金的信用活动混为一谈，这与我们研究信用创造问题的目的已经越走越远了。

按照前面的分析，信用创造了资本、创造了可贷资金，促进了储蓄向投资的转换，发挥了货币和信用对经济发展的"冲击作用"，不论是哪种观点，最终都要以信用创造货币、形成购买力为前提和条件。在我们看来，他们所说的资本，实际上大多指的是货币资本；他们所说的信用创造资本，实际上是说信用增加了货币资本；他们所说的增加可贷资金，实际上是讲信用增加了以货币为运动形式的借贷资本；他们所说的储蓄向投资的转换，实际上是以货币信用活动实现的储蓄向投资转化的过程。如果我们撇开资本、储蓄、可贷资金等不同范畴在不同阶段认识上的差异，与信用媒介功能相比，创造货币才是我们所说的信用创造所特有的属性。所以，从理论继承性上对信用活动可以粗略地划分为媒

1　马克思：《资本论》第三卷，人民出版社 1975 年版，第 455 页。

介货币的信用活动和创造货币的信用活动两大类。

但是，什么是货币本身就是一个难以回答的问题。前面的分析使我们已经认识到，不同经济学家所处的历史阶段不同，他们在理论研究中所使用的经济范畴的内涵也有巨大的差异，不同经济学派更进一步强化了这种差异化的语境。就如同研究问题的参照系不同，如何能够形成一致的认识？我们可以拿货币这个范畴来做一个例子进行简单的历史分析。经过整理，我们结合研究信用创造问题的需要，把货币演变的历程粗略归纳如下表：

| | 被社会认可的货币 | 货币替代品 | 实际货币总量 |
|---|---|---|---|
| 贵金属货币制度（Ⅰ） | 贵金属 | 无 | $M_0$（贵金属量） |
| 贵金属货币制度（Ⅱ） | 贵金属 | 银行券等 | $M_0$（银行券＋贵金属） |
| 贵金属货币制度（Ⅲ） | 贵金属、银行券（$M_0$） | 银行活期存款 | $M_1$（$M_0$+活期存款） |
| 不兑现信用货币制度（Ⅰ） | 银行券＋活期存款（$M_1$） | 各种定期存款等间接金融债务 | $M_2$（$M_1$+准货币） |
| 不兑现信用货币制度（Ⅱ） | 银行券＋活期存款＋定期存款等准货币（$M_2$） | 货币市场基金、回购协议、短期票据、欧洲货币等 | $M_3$（$M_2$+基金份额、回购协议、欧洲货币等） |

对上表，我们做一简单解释。

在贵金属货币制度（Ⅰ）阶段，贵金属作为一般等价物发挥货币的作用。此前的货币发展历程与我们研究的主题相关性不大，暂且存而不论。在奥地利学派的米塞斯、哈耶克等来看，这是一个类似于他们所说的私人货币的时代。贵金属作为货币后，一定也会有各种信用形式。特别是在资本主义经济已经得到一定发展的时候，商业信用十分活跃。商业信用活动产生许多信用工具，实际上也在一定范围替代并发挥货币的作用，马克思称之为“商业货币”。但它们不具有普遍接受性，并不被社会认同是货币，贵金属的数量决定货币的数量。[1]

在贵金属货币制度（Ⅱ）阶段，人们所认可的货币仍然仅仅是黄金、白银等贵金属，银行信用崭露头角，银行券等货币替代品出现了，但没有人把它们作为“真正的”货币，它们被认为是黄金、白银的代用品，并且终归要换成黄金、白银。银行信用的活动，包括对黄金等贵金属的借贷，当然也包括对其代用品的“创造”。我们讲过，这个时期的亚当·斯密曾说，银行券不过是黄金的代用品而不是货币，而被认为是疯子的约翰·劳则认为，银行券就是黄金，就是货币，就是财富。而以我们现在的眼光看，贵金属和银行券都是我们今天所说的货币，而且都是所谓的“现金”货币（$M_0$）。

在贵金属货币制度（Ⅲ）阶段，最大的特征是银行体系已经迅速发展起来，中央银行制度建立，中央银行发行的银行券已经成为人们所认为的货币的自然组成部分。商业银行信用活动以贵金属和银行券为基础，它们不仅进行媒介业务，也开展创造业务，并创造了银行存款这个新的交易工具。活期存款事实上在 19 世纪 40 年代前就成为货币的主体。不过，不要忘记，尽管哈恩、菲利普斯等在 20 世纪初甚至更早时期通货论争中的图克和后来的麦克鲁德就已经对存款就是货币做出了论证，但把存款作为货币并纳入一国货币供应量统计则是后来的事了。美国从 1914 年

1　孙国锋也曾指出：“在实物货币制度下信用与货币是分开的，货币仅仅是信用的载体，信用行为本身不能创造货币，不能改变货币量。”参见孙国锋：《信用货币制度下的货币创造和银行运行》，载《经济研究》，2001 年第 2 期。

开始公布存款总额数据，但对存款纳入货币供应量的完整数据统计始于1959年1月，此后多层次货币供应量体系逐步建立。[1]在我国，直到20世纪80年代还在讨论存款到底是不是货币。[2]

在不兑现信用货币制度（Ⅰ）阶段，已经是完全的信用货币阶段。不仅原有的银行机构参与信用创造，非银行金融中介机构也迅速发展。这时，银行券和银行活期存款被人们认为是“真正的”货币。金融体系的作用不仅创造了现金和活期存款，还创造了准货币（quasi money）或者近似货币（near money）。定期存款等准货币伴随着非银行中介机构的发展不断增大，实际上也发挥了货币的功能，只不过它们很大程度上如弗里德曼所说的是“坐下来”的货币，或者如黄达所说的是“潜在的货币”。准货币只是在很长一段时间后才被纳入货币供应量统计，形成货币供应量（$M_2$）的组成部分。在1974年出版的《美国货币政策与金融制度》一书中，作者保罗·M.霍维慈提出，虽然定期存款等金融资产属于近似货币，但仍然有理由坚持关于货币供应量的原来定义，即只有通货和活期存款可以用作支付手段，才属于货币供应量的范围。[3]

在不兑现信用货币制度（Ⅱ）阶段，人们已经完全接受银行券、活期存款和各种定期存款等准货币都是货币，但信用活动的发展和金融产品的创新继续前进，货币市场基金、回购协议和短期票据正在成为新内涵下的货币的替代品。在美国等一些国家，这些

---

1 参见刘前进：《货币定义、金融创新与我国货币统计制度改进》，载《经济问题》，2013年第12期。

2 参见黄达：《财政信贷综合平衡导论》，中国金融出版社1984年版，第10–18页。

3 参见保罗·M.霍维慈：《美国货币政策与金融制度》，中国财政经济出版社1980年版，第17–18页。

货币替代品已经被作为“货币”纳入了货币供应量的统计。而在大多数国家，例如我国，尽管其作用和功能类似，但它们还没有被接受并成为“货币”。当然我们还相信，随着金融体系的发展，新的“货币”还将不断地被创造出来。

我们可以往下设想，当我们把现在的货币替代品纳入货币范围时，刚刚建立的货币范畴将面临新的货币替代品的产生。这也是我们认识信用创造的矛盾所在。在任何一个时点上，我们都可以说信用创造活动创造了货币，但总有已经成为货币替代品并发挥货币职能的东西被创造出来但在当时又还没有被作为货币，使“信用创造的结果是货币”的论断难以自圆其说。这实际上是货币的历史性与现实性之间的矛盾造成的。美国经济学家古德哈特曾经提出“古德哈特法则”（Goodhart's Law），用于描述这种状况。[1] 他发现，一旦透明地宣布将货币供应量设定为货币政策的中介目标，市场将采取行动避免被货币政策调控，货币政策的有效性将随着时间弱化。这意味着一旦中央银行把某个金融资产范围确定为货币，市场就会产生一种力量来打破这个范围，产生新的与货币功能类似的金融产品，使原有的对货币范围的界定及货币数量的监测失效。

为了解决这个矛盾，我们认为，可以用一般购买力资产这个概念来表示我们所说的信用创造的结果。在信用货币时代，包括货币在内的所有能够形成一般购买力的东西都是信用创造的产物。已经“被”认为是货币的金融产品固然是一般购买力的主要

1 古德哈特法则由 Charles Goodhart 于 1975 年提出，其含义从一般的角度讲，意味着任何一个经济变量成为政策目标，市场将针对该目标改变自身经营行为。

组成部分，但那些可以发挥货币购买力作用但尚未被纳入货币范畴的信用活动的产物，同样是我们所关注的对象。这样就使信用创造本身成为一个历史范畴，它在历史的不同阶段都有不同的具体内容，也就是说能够成为一般购买力的东西在不同时期是不一样的。但作为抽象的结果，信用创造的结果就是一般购买力资产本身。一种金融工具作为一般购买力的能力和适用范围决定了它的货币属性的强弱。我们后面的分析将表明，这决定了一种金融工具是否应当纳入货币的范围以及应当放在货币范围中的什么层次中体现。

把信用创造与一般购买力资产的形成联系起来并非是我们的独创。实际上，各经济学派在这一点上基本是一致的，马克思关于货币是一般等价物的观点更在我国学界广为接受。信用媒介论的代表人物穆勒说，凡是用各种信用形式所行的一切购买，也恰如用现金购买一样；信用虽然不是生产力，但却是一种购买力。他更从一般的角度讲，人们所能使用的购买力数量为其手头所有的或即将所有的货币与其一切信用所构成。穆勒可能是首先提出信用与物价关系的人，后来的经济学家费雪（Irving Fisher）、凯恩斯都是受他影响在货币数量论中纳入了信用因素的影响。至于信用创造论者，则无不把信用创造与货币创造和购买力的形成联系起来。熊彼特就明确说过：“所有的信用形式（从银行券到账面信贷）在本质上都是相同的事物，在所有这些形式里，信用都增加了支付手段的数量。”也正是在这个认识基础上，信用与货币同物价和经济周期联系起来，并被纳入到宏观经济的视野中。

信用创造的结果必然是金融工具，对我们而言，是那些能够发挥一般购买力作用的金融工具，是能够作为货币或类货币（即将要成为货币）的高流动性金融工具。作为信用活动的结果，金融资产种类繁多，从流动性最强的已经被认可作为货币的金融资产，到不可流通、不可赎回的股权证书甚至实物资产，可以说是一个连续的产品谱系。能够成为一般购买力资产的金融资产，正是这个谱系中流动性最强以及与其最接近的部分。我们之所以重视能够成为一般购买力这样的高流动性资产，不只是由于这是从理论发展考察中得出的一个结论，而且还基于以下两个方面的原因：一方面是因为这部分资产自身已经能够发挥与货币一样的作用，从而增加了货币“以外”的资金供应；另一方面是因为这部分资产可能成为新的基础资产，在其基础上将会创造出新的高流动性资产，就像我们考察货币发展历史所看到的那样。离开这个部分越远的金融工具，固然也是信用活动的产物，但其流动性也越低，黏性越强，难以对经济金融运行产生短期冲击，在 MV=PT 的等式中找不到它们发挥作用的因素，我们暂且不将其纳入信用创造考察的对象。

我们还想指出的是，信用创造活动总是以一定的金融工具为基础进行创造的。就像上面我们已经看到的，以贵金属为基础产生了银行券，以银行券为基础产生了存款，以银行券和存款为基础产生了各种各样的非银行金融机构资产。相对于原来的基础资产而言，信用创造活动总是创造出另一种金融资产，并扩大了基础资产活动的“领地”，表现为基础资产的一定倍数。在具体形式上一般表现为以基础资产为准备金并与基础资产可赎回兑换。原因在于，新的信用创造需要借助于原有的货币的信用，为自身信用提供担保或保证，这是货币信用创造的一个基本特征。同时也说明，一般情况下，信用创造是存在乘数和杠杆机制的。正是由于存在这种乘数和杠杆机制，信用创造活动对资金运行、金融运行影响巨大。掌握信用创造的乘数和杠杆机制，也正是我们进行研究的重要目的。

### （二）信用创造的内涵与高流动性资产的不断产生

正如前面已经论述的，作为货币的金融资产的界限不断被打破，纳入一般购买力资产范畴的部分在金融产品谱系中不断扩大。是什么因素驱动信用创造活动的不断变化并导致高流动性资产的不断产生？我们认为，产生这种现象的根源，至少来自于两个不可分割的方面：一个是市场经济的发展不断产生对高度流动性资产的内在需求，一个是金融体系的发展具有不断创造高度流动性资产的能力。

首先，经济具有对高流动性资产的内在需求。格利和肖曾经说过："积聚金融资产是支出单位在一个争斗性的经济社会中的防御措施，好比积聚武器是国家在一个敌对争斗的世界里的防卫措施。"[1]这句话用在我们这里也再贴切不过。经济主体需要金融资产，原因在于每个经济主体都希望使自己在未来时期的支出流量不一定完全依赖于自己的收入流量。但在市场经济这个充满不确定性的世界里，维持这两个流量之间的基本平衡并不是一件容

1 格利和肖：《金融理论中的货币》，上海三联书店、上海人民出版社 1994 年版，第 163 页。

易的事，并且需要投入巨大的成本。解决问题的一个办法就是通过持有和积累具有流动性的金融资产来避免。在实际生活中，消费者面临的这个问题十分突出。而从企业看，情况更是如此，因为企业经营活动十分复杂，经常面临货币收支流量不一致的威胁，一旦企业的现金流量不能保持平衡，就会陷入经营困难，持续的不平衡甚至导致企业破产倒闭。金融资产种类繁多，货币固然是最高流动性的资产，但其收益率为零或者很低，在一定条件下甚至具有额外成本，所以经济主体无不希望持有那些既具有高流动性，又具有比已经成为货币的金融资产有更高收益率的金融资产。这刺激了在已经成为货币的金融资产与其最接近的金融资产之间发生金融创新的驱动力。一旦一种金融产品属性的组合优于现有货币属性组合的时候，这种金融产品就会形成与货币的竞争，占领其发挥作用的领地。事实上，在最近的几十年里，金融产品方面最重要的创新几乎都发生在这个区间里，其中最典型的例子就包括货币市场共同基金和回购协议。而在我国，近年来发生的最有意思的事件是支付宝联手天弘基金对货币的竞争，这实际上已经成为我们在货币调控中无法回避的问题。

其次，金融体系具有不断创造高流动性资产的能力。这是我们想重点说明的内容。前面讲过，信用活动并不都能够创造具有近似货币那样的高流动性的资产，或者说并非所有的信用活动都能形成货币或类货币资产的创造。这需要我们进一步从信用活动的特性以及信用创造的特性来加以分析。

不少学者都直接或间接论述过信用创造的特征和特性，这是与分析金融的属性和金融中介的功能分不开的。博迪和莫顿

（Bodie & Merton，1995）曾强调，金融系统具有六项基本的核心功能，即在不同的时间、地区和行业之间提供经济资源转移的途径；提供风险管理的方法；提供清算和结算支付的路径以完成交易；为储备资源和在不同的企业中分割所有权提供有关机制；提供价格信息，帮助协调不同部门的决策；当交易一方拥有另一方没有的信息，或一方为另一方的代理人时，提供解决激励的方法。信用创造活动与这六项核心功能都存在直接或者间接的联系。英格兰银行在分析影子银行时指出，金融的本质功能是提供流动性转换、期限转换、信用转换和提高杠杆，影子银行就是通过一系列制度安排，在不同程度上替代商业银行核心功能的各类工具、结构和市场。这些关于金融中介、金融活动本质的论述，同时也是信用活动、信用创造属性的更集中的描述。而李扬、周莉萍则进一步指出，作为信用创造的金融安排，本质上都是信用中介。信用创造机制的共同影响是加速货币流通，增加货币流量，其原因在于信用创造实现了期限转换和流动性转换。他们认为，期限转换和流动性转换是信用创造的本质特征和核心功能，正是通过期限转换、流动性转换的功能，创造了信用、创造了货币。还有不少学者在论述信用、信用中介、金融中介时也都研究过这个问题。

需要指出的是，既然货币和类货币高流动性资产的创造是信用创造的结果，创造出什么产品既表现为信用创造功能期限转换、流动性转换等的结果，同时也是一种信用创造活动与另一种信用创造活动相互区别的属性。邹传伟曾经对债权融资活动提出一个富有启发意义的分析框架。他指出债权融资的两种主要模式和六个关键维度，由此量化主要债权融资形态在经济内涵上的差异，这一分析对于认识信用和信用创造活动的特性具有借鉴意义。他所谓的资金融通的两种主要模式：第一种是信用中介模式。在这里，最终债权人没有承担最终债务人的信用风险，因为两者之间存在一个信用中介，从信用风险转移的角度看，信用中介首先承担最终债务人的信用风险，经过一定转换后再转移给最终债权人。第二种是非信用中介模式。这种模式的明显特征是最终债权人直接承担最终债务人的信用风险。包括直接投资形式，最终债权人直接管理自己的风险敞口，如个人直接持有国债或者公司债。还包括委托管理模式，最终债权人委托第三方机构即代理人管理自己的风险敞口，代理人并不承担风险，如货币市场基金和债券型基金。刻画信用活动特性的六个维度是：是否有信用转换；是否存在期限转换；是否存在流动性转换；是否存在短期批发性融资；是否存在货币创造；是否具有外部流动性和信用支持。通过衡量不同融资模式在这六个维度方面的差异，反映这些融资模式的特征和差异度，并用下图来表示：

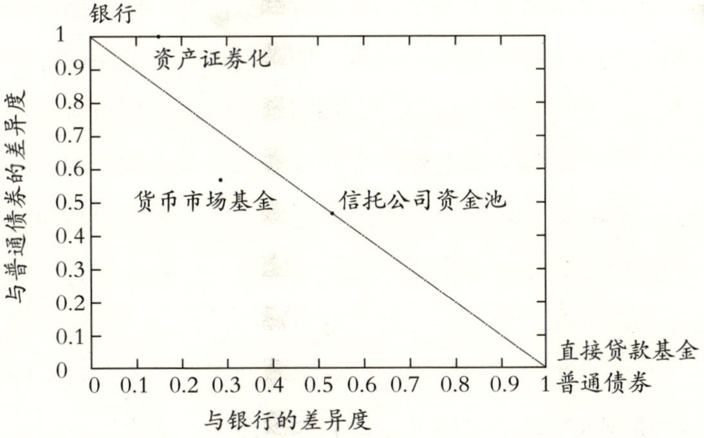

这个图形清楚地表明，银行作为信用中介模式，由于具有信用转换、期限转换、流动性转换、外部流动性支持和信用支持、短期批发性融资的特征，当然更重要的是具有货币信用创造的功能；而普通债券都不具备这些功能，是典型的直接融资模式，两者因此形成完全不同的信用活动模式，两者的差异度为最大，达到的值为1。其他形式的融资，如货币市场基金、资产证券化等，具备期限转换、信用转换、流动性转换等特征，它们接近于银行，能够创造类货币高流动性信用工具。我们看到，对于信用创造必然涉及期限转换、流动性转换、信用转换、风险转换以及杠杆化等的认识则是基本一致的。这些正是信用创造过程所必有的质的规定性。每一个金融产品，不过是这些特性和维度的不同组合。但是，如果仅仅具有期限转换、信用转换、流动性转换，并不一定构成货币或类货币的高流动性资产的信用创造。我们关注的是与银行相近并具有类似功能的信用活动机制和产品。我们在这里仅以期限转换在信用创造中的作用为例作一个说明。

金融体系具有天生的套利的动机，寻求在不同的期限之间的套利机会是金融活动的重要内容。期限转换正是信用中介的核心功能之一，就商业银行来说，它指的是商业银行借短贷长进行负债经营，实现短期与长期资产之间的转换，在存款人的存款合约到期期限和贷款合约到期期限之间实现平衡。但期限转换实际上是一种功能，许多金融中介和信用活动在一定条件组合下也会形成这个功能。在一个完全有效率的市场中，给定一个年利率或者给定一个隔夜利率，我们都能计算出其他各档次不存在期限套利机会的利率水平，不论是考虑复利因素还是不考虑复利因素，都不影响结论，利率期限结构正是这样形成的。如果一个市场具有足够的效率，期限套利机会将被金融体系的信用活动全部利用，利率结构将趋于均衡。但在实际中，市场并非是完全有效的，套利机会仍然无处不在，技术的进步也使金融中介期限转换的能力不断强化。期限转换功能是金融机构的竞争优势所在。

特别需要引起我们注意的是，金融体系进行期限套利会产生一个促使金融资产流动性不断强化的内在过程。原因在于，要消除因期限不同可能存在的套利机会，金融机构将倾向于不断创造期限越来越短、流动性越来越强、功能越来越类似于货币的金融资产。詹姆斯·托宾、斯蒂芬·S. 戈卢布曾经指出，在金融中介机构出现以后，经济中出现一种"资本货币化"的现象。他们所说的资本货币化，就是银行等中介机构的出现，使那些愿意冒险进行投资的人可以获得贷款，同时让那些提供资金的人可以获得符合其保守偏好的资产，这些资产具有较低的风险、较大的流动性以及可转换性、可逆性，而具备这些特征的金融资产正是他们所说的类货币高流动性金融资产。[1]

我们可以举一个例子进行简单的说明。不考虑其他成本因素，假定 1 年期贷款利率为 12%，只要存款利率稍低于 12%，金融机构就有利可为。正常情况下，金融机构应当有 1 年期限的存款资金来源。但如果每月的债券利率 10%，而且金融机构如果确信自己每月都能得到相同金额和期限的资金，就会倾向于采用更短期限的发债资金来源来发放这笔为期一年的贷款。这样，金融机构

1　参见詹姆斯·托宾、斯蒂芬·S. 戈卢布：《货币、信贷与资本》，东北财经大学出版社 2000 年版，第 136 页。

就会创造为期一个月的债券来实现套期套利的需要。依此类推，另一些金融机构可能会发现，他们可以以每周为期限的资金来源来支持需要一个月资金来源的金融机构，而每周为期限自然可以通过每天隔夜获取资金来支持。我们可以设想，假设一个人每天都能借到100万元在手，相当于其拥有100万元的资金可以持续贷出去使用。在存在期限套利情况下，由于期限短的资金总比期限长的资金成本低，金融市场倾向于不断创造期限短的产品来支持期限长的资金运用。

金融市场上期限套利的机会很多。正是金融机构的这种作用，能够提高金融市场的效率。但这种作用往往与经济循环的过程结合，产生正反馈效应。在一定条件下，也导致整个金融资产的流动性增强，金融资产倾向于短期化，由过度的期限转换导致的期限错配问题会更突出，金融运行的脆弱性会愈益明显，使金融体系在一定条件下倾向处于一种脆弱平衡的状态。熊彼特曾经就信用对于实体经济的作用说过，期限转换和流动性转换是企业家创新的推动器。而明斯基则从对金融市场影响的角度指出，信用的期限转换和流动性转换促进了泡沫的产生和内在不稳定机制的形成。在经济循环中，随着信用创造到一定程度，金融市场将接近于一个关键时刻或临界状态，流动性已经多到不能再多，稍有风吹草动，就可能引起市场上的汹涌波涛。金融运行在宏观层面的狂风暴雨恰恰孕育在看似不经意的细节之中。

期限转换的功能说明，信用创造的实质是对资金时间价值的挖掘和利用。各种信用方式归根结底是对资金时间价值的利用方式的综合。我们之所以重视一般购买力资产，就是因为一种金融资产一旦成为一般购买力资产，它的时间价值就其本身已经可以随时利用并加以充分挖掘，从而可以作为一种基础资产为新的信用创造提供条件。那些仍然可以继续进行期限转换、流动性转换、信用转换的金融产品，其实说明它们的时间价值还没有得到最大程度的利用，仍然有继续挖掘的空间。从整个金融体系来讲，当它已经难以再进行新的信用创造活动的时候，就是各种转换机会可能全部利用的时候，也是这个体系效率达到最高的时候。当然，这是就金融本身而言的。由于信用创造了购买力，创造了高流动性金融资产，而高流动性资产直接形成了影响宏观经济运行的现实需求，结合宏观经济加以分析，我们在必要时将会论及。

根据以上分析，信用创造作为一种创造货币等一般购买力这样的高流动性金融资产的功能，期限转换、流动性转换、信用转换、风险转换以及杠杆化等是形成这一功能的必要条件。我们将在随后的研究中着重探寻和研究那些我们所说的能够创造货币和类货币高流动性资产的金融活动。当然我们也会关注形成货币和类货币资产的信用总量以及社会融资规模问题，研究与之相关的信用活动。

## 五、金融体系信用创造与实体经济货币资金供应

在现代经济中，信用创造活动创造信用，提供高流动性金融资产，就是满足经济运行对货币资金的需要。[1] 一种资产被认为具有一般购买力，并被社会广泛接受，对持有者而言就是货币。货

1　货币和资金在我国曾经是从理论上严格区分的两个范畴。我们对此不作评论。在我们的研究中把货币等同于货币资金。

币性的资产主要是由金融体系创造和供应的，当然也是适应经济发展、实体经济与金融经济融合的结果。那些实体经济中原来不被作为金融体系内容看待的金融活动，如果形成的金融资产从内部货币转化为社会一般购买力，具有普遍的接受性，也可以抽象并纳入金融体系进行考察。随着金融体系的日益复杂化，资金融通链条从短变长，金融中介机构的功能与金融市场的功能出现交叉重合，信用创造活动不仅为实体经济供应货币资金，同时也为金融体系自身供应货币资金。

### （一）金融中介机构与金融体系的复杂化

经济运行中的不同主体可以划分为三大类：第一类是收支恰巧相等的单位，它们既没有形成储蓄，也没有形成债务；第二类是收入大于支出的单位，又可以称为盈余单位，其盈余可以对外直接进行实物投资，也可以进行金融投资，即增加持有金融资产；第三类是支出大于收入的单位，又可以称为赤字单位、亏绌单位或不敷单位，为了满足支出的需要，他们必须增加负债。不同收支状况单位的存在，是促进信用活动发展的基本动力。

货币资金怎样从盈余单位流向赤字单位？最主要的渠道就是通过发行和购买金融资产的方式，我们在下面的内容中只研究这一种方式。[1]那些购买或持有金融资产的单位得到了金融资产，付出了货币资金；而那些发行金融资产的单位承担了约定的债务和给付利息、股息的义务，但现在就得到了可运用的货币资金。对此，

1　经济单位除了采用发行金融工具融通资金外，还可以采用出售资产、馈赠或转移等方式，这些方式在古代社会曾经发挥一定作用，但在现代经济中的作用已微乎其微。

我们在前面已经作了类似的阐述。

金融资产从经济功能划分，可以按其发行者的性质划分为直接证券和间接证券两大类。直接证券是非金融单位如政府、非金融企业乃至个人所发行的，如政府发行国债，企业发行股票，个人签发借据等，以直接证券进行资金融通就是直接融资。比如，盈余单位和赤字单位之间直接签订协议，由前者购进后者发行的股票和债券。这种方式使最终提供资金者和最终需要资金者直接建立了联系。间接证券是金融中介机构发行的，以间接证券实现的资金融通就是间接金融方式。金融中介机构出售间接证券如银行存款、人寿保单、合作社股份等给盈余单位，获得资金后再把资金以贷款方式，或者购进这些机构发行的初级证券的方式，为赤字单位提供资金。可以看出，直接金融方式与间接金融方式的划分，与前面所说的邹传伟所作的有信用中介的融资活动和无信用中介的融资活动的划分，实际上是类似的。但直接融资和间接融资的划分，现在更多是从借款人与贷款人之间的信用关系而言的，并不完全说明是否有中介的作用。最典型的如资产证券化，很多时候被纳入直接融资，但事实上存在特殊目的公司（SPV）的中介作用。从这一点看，采用信用中介模式和非信用中介模式划分更有针对性。从信用创造的角度看，我们可以举例说明如下。

假设甲企业有剩余资金现金 100 万元，且估计一段时间不会使用，对于该企业来说，这笔剩余资金在其资产负债表上表现为资产项目。如若该企业将其直接购买了 A 企业的债券，则甲企业的 100 万元现金资产转化为债券投资 100 万元；而 A 企业得到了 100 万元现金资产，并形成对甲企业的 100 万元的债务。这项交易的结果就是甲企业的 100 万元资金直接转移到了 A 企业的账户上，债券发行犹如将资金从甲企业转移到 A 企业的通道一样。用下表可以表示这一项交易：

单位：万元

| | 工具 | 甲企业 | | A 企业 | |
|---|---|---|---|---|---|
| | | 资产 | 负债 | 资产 | 负债 |
| 交易前 | 现金 | 100 | | | |
| 交易后 | 现金<br>债券 | <br>100 | | 100<br> | <br>100 |

现在假设甲企业把资金的 100 万元现金（我们先不管这现金是什么和是谁发行的）存在了一家新开张的银行那里，它的 100 万元现金资产转化为 100 万元的存款资产。该银行现在有 100 万元存款负债和 100 万元现金资产。如果刚好有 A 企业需要资金，在符合条件的情况下，该银行将 100 万元现金贷给 A 企业使用，A 企业增加了 100 万元的现金，同时增加了 100 万元银行贷款的债务。我们可以看到，通过银行的中介作用甲企业的 100 万元现金转移到了 A 企业那里。

单位：万元

| | 工具 | 甲企业 | | 银行 | | A 企业 | |
|---|---|---|---|---|---|---|---|
| | | 资产 | 负债 | 资产 | 负债 | 资产 | 负债 |
| 交易前 | 现金 | 100 | | | | | |
| 交易 1 | 现金<br>存款 | <br>100 | | 100<br> | <br>100 | | |
| 交易 2 | 现金<br>存款<br>贷款 | <br>100<br> | | <br><br>100 万 | <br>100<br> | 100<br><br> | <br><br>100 |

我们可以看出，由于存在银行这样的金融中介机构，原来由甲企业直接向 A 企业融通资金的过程变成了两个过程，即甲企业先将资金融通给银行，再由银行融通给 A 企业，甲企业作为资金最终借

出人与 A 企业这个资金最终借入人没有发生直接的资金借贷关系。相对于直接融资方式来说，金融中介的参与拉长了资金融通的链条。

我们尤其需要注意的是，按照现在关于货币的定义，存款和现金都是企业的货币资金。我们看到，在采用直接融资方式的时候，甲企业将资金融通给 A 企业，两个企业在发生信用关系之前和发生信用关系之后，货币资金总量都是 100 万元，没有发生数量的变化。但是在采用银行信用中介融资方式的时候，最终资金融通的结果是：甲企业在银行有 100 万元存款，而 A 企业拥有 100 万元现金，由此计算两个企业的资金总量就是 200 万元。这里出现了信用创造活动。显然，上述直接融资就是媒介货币的信用，而银行间接融资则是创造货币的信用。银行信用创造了双重的货币索取权并导致了货币量的增加，这是我们下一章节需要研究的主要内容。长期以来，绝大多数经济学家们都认为只有银行有信用创造的能力，后来发现有的非银行金融机构和不少市场型金融机构也有信用创造能力，这些非银行金融机构和市场型机构也能像银行一样提供货币等高流动性资产。从这个角度看，我们研究信用创造活动就是要研究银行和类银行机构以及能够发挥银行职能的那些机构的信用活动，一般的直接融资活动如实体经济主体之间发行股票和债券不可能增加实体经济的货币资金，也不可能转化为货币，将不属于我们研究的范畴。

我们想说明的一个问题是，在信用货币时代，作为货币流通的是特殊的金融工具。正如前面已经讲到的，金融工具是债权债务关系的证书。对不同的经济部门或经济主体而言，处于这个金融工具是债权人还是债务人的两端，同一个金融工具对这两个关系人的意义是完全不同的。比如，存款是企业的债权，是一项金融资产，或者资金占用，是企业可用的“钱”；而对银行来说，存款是一项债务或是可提供资金的渠道或来源。反过来，贷款是银行的债权，是银行的资产或资金占用，是银行用出也可以收回的“钱”；对企业来讲，贷款则是一项债务，是取得可用资金的渠道和来源。我们依此类推，其实每个经济主体自己可用的资金都在其资产负债表的资产方，在自己资产方的一些项目才是自己可用的货币资金或“钱”，而不可能出现在负债方。当然，对每个经济主体而言，其可支配的货币资金或“钱”，含义也是完全不同的。这是在今后的分析中需要注意的一个问题。金融体系为实体经济主体提供货币资金，对于实体经济主体而言货币资金总是表现为持有的对金融体系的某种形式的债权，现金是，活期存款是，存单也是。从宏观层面，我们分析金融体系固然既可以从资产角度又可以从负债角度，但对于企业和个人等实体经济主体而言，持有的对金融机构的资产才可能是货币资金，对金融机构的负债只能是获取货币资金的来源渠道。

回过来我们再看，现实中经济主体之间的资金融通活动较之上面讲的要复杂得多，金融中介机构的活动与经济主体通过金融市场进行的融资活动是相互交融的。比如上面的例子，可能甲企业融通给一家银行，银行贷给了 A 企业，但 A 企业可能并不是最终需要资金的企业，它也会把资金以直接融资或间接融资的方式继续融通出去，最后资金链条将会被进一步拉长。从理论上说，这个链条可以无限拉长。例如，可能存在以下图示的一次融资活动，经历了多次金融中介机构的作用，资金才最后从最初融出者手里转移到最终使用者手里。

| 甲 | 乙 | 丙 | 丁 | 戊 | 己 | 庚 |
|---|---|---|---|---|---|---|
| 最终贷款人 | 金融中介（1） | 借款人$_1$ | 金融中介（2） | 借款人$_2$（贷款人） | 金融中介（3） | 借款人$_3$（最终借款人） |

实际上，在现代市场经济中，金融体系高度发达，直接融资方式和间接融资方式结合在一起，并且经过多次转移才实现资金从最初融出者转移到最终使用者手里，这种情况比比皆是。实际生活中当然还有融资活动依然采取了最简单、最直接的交易方式，但更多的是长链条的融资活动。这些融资活动，很多就是现在经常谈到的影子银行的融资活动。国际货币基金组织的工作人员曾经用下图来表示这种复杂的融资状况。[1]

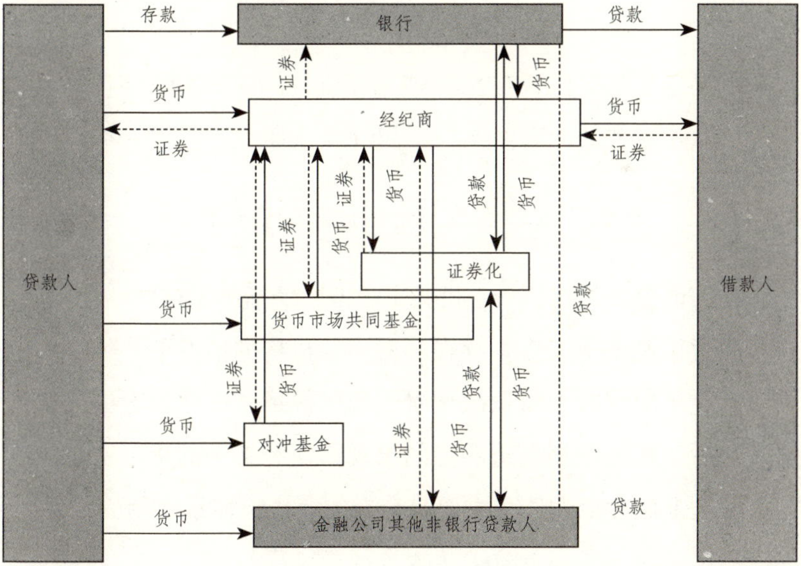


1　引自国际货币基金组织：《全球金融稳定报告》，2014 年第 10 期，中国金融出版社，第 71 页。

我们所特别关注的是，金融体系的变化使信用创造活动也更加复杂化了。由于不同的直接融资方式和间接融资方式结合在一起，许多融资活动过程中伴随着金融中介机构的作用，同时金融中介机构的职能被不同的金融机构解构和承担。这种状况，使原来被认为是只有金融中介机构才有的信用创造功能，也可能在金融体系中那些过去认为不可能存在信用创造的金融市场体系中出现。特别重要的是，在金融体系简单、融资链条短的情况下，完成对实体经济的资金供应只需要创造较少的金融资产，随着金融体系的复杂化、金融链条不断拉长、直接融资与间接融资交织，完成同样的一笔资金融通，就需要比原来创造多得多的金融资产才能实现。我们由此也看到，在经济金融发展过程中，金融资产的积累有加速增长的趋势，所以金融资产存量与一国国内生产总值的比重上升是必然的。这最终又很大程度地改变了整个经济资金环流的性质和状况以及金融体系与实体经济之间的关系。这也是我们后面将要分析的一个重点。

### （二）实体经济与金融体系的资金供应

在前面分析的过程中，我们实际上已经指出了这样一个问题。在金属货币制度下，在不存在金融中介机构的情况下，经济中的货币资金供应实际上就取决于贵金属的数量。而在金融中介机构出现之后，由于信用创造功能的出现，使经济中的货币资金供应很大程度上成为金融体系主要是金融中介机构体系作用的结果。[1]

1 关于内生货币与外生货币的划分十分重要，尤其涉及到货币政策和金融调控的有效性问题。我们主要研究信用创造机制，但在必要时也将涉及内生货币与外生货币问题，这两个问题实际上也是分不开的。

在长链条融资方式较少使用，金融体系还不像现在那么复杂的情况下，信用创造活动实际上就是金融体系为实体经济提供货币资金的过程，金融体系与实体经济之间的界线清楚明白。我们在前面曾经指出过，信用活动本来就可以划分为实体经济主体之间的信用活动，金融体系内部的信用活动，金融体系与实体经济之间的信用活动。可以说，实体经济之间的信用活动属于直接融资活动，不会创造出新的货币资金；而金融机构之间的信用活动不仅规模小，而且主要是因金融体系服务实体经济所需要的；金融体系与实体经济之间的信用活动是金融的主体，金融体系发挥了“货币工厂”的作用，为实体经济发展创造源源不断的货币。李扬、周莉萍曾经指出，理论上所称的信用创造过程，就是金融机构对实体经济提供融资支持的过程。如果从金融体系与实体经济关系角度而言固然如此。然而，从金融体系内部看，在银行体系外出现了非银行金融机构，随后又在非银行金融机构之外出现一个规模庞大的所谓“平行银行体系”的时候，信用创造活动本身开始发生了变化。[1] 为金融机构自身提供货币等高流动性资产，成为另一些金融机构的主业。就金融机构来说，资金投入到实体经济领域和投入在金融体系内部，形成了事实上的竞争。沃纳（Werner，2009，2011）曾经对信用创造进行了区分。他认为，信用创造包括两个大类：有真实目的的信用创造和投机交易的信用创造。前者又包括消费性信用创造和生产性信用创造，其中，消费性信用

1　平行银行体系是对影子银行体系的又一个说法。我们认为，影子银行体系的说法强调了该类金融机构或金融活动没有得到应有的监管；而平行银行体系的说法，则更多地强调了这些机构和活动具有与银行体系一样的功能。

创造会导致没有增长的通货膨胀，生产性信用创造会导致没有通货膨胀的增长，而投机交易的信用创造即发生在金融交易中的信用创造，会导致资产泡沫。显然，这一观点是有远见的。正是由于信用创造改变了过去主要为实体经济发展提供资金的根本特点，金融领域里出现了自我循环的创造，而且这种循环的比重不断增大，导致了金融资产的倒金字塔形状，改变了实体经济与金融经济的关系，凸现了传统的金融调控理论的缺陷。

回到我们前面曾经论述过的，信用创造归根结底是对各种套利机会的利用，对时间价值的挖掘。在金融体系与实体经济的对比中，金融体系内的套利机会更多，更容易发现，也更容易实现，这是导致金融体系日益复杂、规模逐步增大、内部信用创造活动不断增加的一个重要原因。如果相对实体经济领域来讲，金融体系套利的风险收益对比要优于实体经济领域。因此，最终在金融经济领域里信用创造和金融产品创新的活跃度要远远高于金融对实体经济创新的活跃度。这种现象实际上已经颠覆了我们过去认为的金融部门专门为实体经济创造货币资金的概念。大量的货币和类货币的金融资产被创造出来，实际上并没有直接为实体经济的发展服务。当然，金融领域的信用创造和产品创新通常也会有利于支持实体经济发展，这也可以说是一种更加迂回的向实体经济提供资金的方式。而在一定条件下，情况则会相反。金融体系具有偏离为实体经济服务的动力和能力，陷于自我循环、自娱自乐的迷途。2008 年国际金融危机，正是让我们看到了金融体系发生变化后信用创造的这一面。

## 六、小结

我们在本章对信用创造问题作了历史考察和理论分析，希望能够对整个研究提供支撑。简要地说，主要阐述了以下几个观点。

一是信用创造首先是一种信用活动。信用活动是一种债权债务关系，它的产生和结束都需要满足一定的条件。信任和信心是信用活动发生的基本要素，而信任和信心又源于我们所说的广义的担保品，对担保品的需要成为调节对信任高低的砝码。信用活动包括信用媒介活动和信用创造活动，信用媒介活动是货币资金的转移，信用创造活动是货币的创造，两者同样要遵循信用活动的一般要求和基本规律。

二是信用创造能够创造出额外的货币资金。货币随着历史演变而发展，与高流动性的金融资产的界限不断被打破。信用创造是对能够发挥一般购买力作用的高流动性资产的创造。单纯以货币流量的增加、货币流通速度的提高并不能说明信用创造的特点。我们重视高流动性资产的创造，一方面是由于发挥一般购买力作用的高流动性资产，本身能够成为实际上对经济运行增加的资金供应；另一方面高流动性的金融资产有可能发展成为新的信用创造活动的基础资产。由于信用创造总是在特定的基础资产上创造，相对于基础资产，信用创造总是具有杠杆性的特点。了解这些高流动性资产的创造机理，正是我们下一步要研究的主要内容。

三是信用创造本质上是对资金时间价值的充分挖掘。充满不确定性的市场经济使经济主体希望得到那些既具有高流动性又具有收益的金融资产。信用创造过程伴随着各种各样的期限转换、流动性转换、信用转换、风险转换等。只要存在这样的机会，信用创造新的高流动性资产的动力就会持续存在。

四是信用创造主体的变化改变资金供应的性质。信用创造曾被认为是金融中介机构的特有功能，是为实体经济提供资金的方式。随着金融体系的发展，金融活动从短链条向长链条转化，金融中介机构和金融市场的功能重合，信用创造不仅为实体经济创造资金，也为金融体系本身的发展创造资金。一定时点上的货币资金总量，我们对其究竟有多少是在为实体经济服务的界限很难把握，这对货币调控机制提出了挑战。

**参考文献：**

马克思：《资本论》（第1—3卷），人民出版社1975年版。

黄达：《金融学》，中国人民大学出版社2012年版。

黄达：《财政信贷综合平衡导论》，中国金融出版社1984年版。

刘絜敖：《国外货币金融学说》，中国展望出版社1983年版。

饶余庆：《现代货币银行学》，中国社会科学出版社1982年版。

骆玉鼎：《信用经济中的金融控制》，上海财经大学出版社2000年版。

尚明、吴晓灵、罗兰波：《银行信用管理与货币供应》，中国人民大学出版社1992年版。

邹传伟：《影子银行与多层次债权融资》，《中国金融》，2015年第17期。

孙杰：《货币与金融——金融制度的国际比较》，社会科学文献出版社 1998 年版。

李扬、周莉萍：《信用创造》，《金融评论》，2014 年第 1 期。

孙国茂、范跃进：《金融中心的本质、功能与路径选择》，《管理世界》，2013 年第 11 期。

孙国锋、贾君怡：《中国影子银行界定及其规模测算——基于信用货币创造的视角》，载《中国社会科学》，2015 年第 11 期。

国际货币基金组织：《全球金融稳定报告》，2014 年第 10 期，中国金融出版社 2014 年版。

凯恩斯：《货币论》，商务印书馆 1986 年版。

兹维·博迪，罗伯特·C. 莫顿：《金融学》，中国人民大学出版社 2000 年版。

Joseph W. Conard, *An Introduction to The Theroy of Interest*, University of California Press, Second Printing, 1963.

Stephen King, *Monetary Transmission:Through Bank Loans or Bank Liabilities*?, Journal of Money, Credit , and Banking, August, 1986, pp. 290-303.

Susanne von der Becke, Didier Sornette, *Toward a Unified Framework of Credit Creation*, Swiss Finance Institute Research Paper no.14-07.

Wilson, J.S.G, *Banking Policy and Structure-A Comparative Analysis*, London and Sydney: Croom Helm.

第三章

# 中央银行—商业银行的信用创造

## 一、引言

信用货币制度下银行信用创造理论是最为成熟的信用创造理论。早在1872年，英国经济学家麦克鲁德在其《信用的理论》一书中，就探讨过银行存款创造与存款准备金率之间的关系，以及银行信用创造的限度等问题。熊彼特认为，1885年纽科姆就分析了银行信用创造的过程。美国经济学家C. A. 菲利普斯（C. A. Phillips）1926年出版《银行信贷》一书，比较系统地描述了银行货币供给机制，现在关于货币供给的诸多术语及分析框架也多滥觞于他的著作。此后，凯恩斯、哈恩、米德（J. E. Meade）、弗里德曼（M. Friedman）、梅尔泽（Allan Meltzer）等一大批经济学家对此进行了深入研究，陆续丰富和完善了货币创造理论。特别是货币主义学派盛行一时，货币乘数理论成为经济学尤其是宏观经济调控理论的重要组成部分，几乎所有的宏观经济学著作都论述这一部分内容，更不用说以研究货币和信用为中心的金融学和货币银行学论著了。

我们无意于对这些做理论史的全面分析，但在对这些理论的一番浏览后就可以发现，我们所由其掌握的信用创造理论、存款派生乘数理论与今天活生生的现实颇有一些距离。由于银行信用创造、存款派生理论的产生距今已经100多年了，而其核心内容并没有太多的变化，使人常常忽视它与现实生活的差距，并在实际中产生一些似是而非甚至是不准确的认识。通常，分析的起点上，经济中就存在现金，认为古老的金匠铺把吸存金币的一部分贷放出去就产生信用创造，银行吸收存款并使用所吸收的那笔存款创造新的存款，贷款是对存款资金的使用，存款创造乘数只适用于银行体系而不适用于单个银行，等等，这些在贵金属货币流通下产生的论断仍然“活”在我们的教科书里和观念里。但在今天完全的信用货币制度下，如若一经品味，便觉得条件发生变化，结论有待商榷。顺着现实中完全的信用货币制度的框架思考，我们发现对银行信用创造理论的一些内容需要做出新的表述，一些内容和结论需要做必要的修正。当然，还有显而易见需要充实的地方，比如今天的商业银行受到存款准备金制度的约束，有关讨论已经十分充分，而资本充足率以及相关监管要求对信用创造的制约现实并重要，但却似乎少有人论及。我们如果深入一步，就会在这些看似熟悉的领域里有新的发现。

本章我们将在贵金属货币流通、贵金属货币与信用货币共同流通和完全的信用货币流通的对比中，重新述说银行信用创造理论的基本内容。我们还把中央银行的信用活动与商业银行的信用活动结合在一起进行考察，以有别于以往仅仅把商业银行信用活动和信用创造作为中心，中央银行的信用创造反而设定为外部已经存在的因素。全章实际上主要研究两个问题。第二、第三部分研究贵金属货币流通中出现信用货币后的信用创造如何发生，银行运行有何特点以及贵金属货币和信用货币共同流通下对实体经济的货币供给问题。第四、第五部分研究完全信用货币制度下中央银行、商业银行的信用创造活动，对完全信用货币制度下的中央银行、商业银行活动和存款乘数理论进行论述，并对中央银行—商业银行体系向实体经济的货币供应进行分析，以求深化对银行信用创造理论的认识。我们希望能有所收获。

## 二、贵金属货币制度下的银行信用创造

我们首先从贵金属货币流通入手，以便从历史逻辑上引入对信用创造问题的理论分析，为后面进入完全信用货币制度下信用创造的分析提供基础。在这里，实例较之抽象的理论更有说服力。需要指出的是，我们的分析重在把握历史的脉络和基本史实，而不苛求于对具体历史过程真实的完全对应。

### （一）对贵金属货币制度下信用活动的不同认识

根据西方学者的研究，银行是一个非常古老的行业。有人甚至说，早在古巴比伦王朝时期，特别是在古罗马帝国时期，就已经存在银行了。我国历史上因白银在币制上更为突出和重要，“银”字往往就代表着货币，一些地方民间一直把纸币称为“银纸”，唐代出现了金银行，后来又有银钱业，康熙年间出现银行会馆的称呼，后来银行即指办理存款、放款、汇兑、储蓄等业务的新式

信用机构。[1] 但一般认为，现代意义的银行产生于文艺复兴时期的意大利，当时那里的银行家除了进行外国通货的买卖外，就已经开始吸收存款，包括活期存款和定期存款。当然，那时还不会有支票，存款人一般都是自己上门找到银行家并以口头形式通知对存款进行过户。这些银行家一般是坐在长板凳或桌子后面进行交易，现在使用的"破产"（bankruptcy）一词就来源于打坏那些无力向债权人偿还欠款的银行家使用的长凳的意大利俗语。[2] 在英国，很多人都认为银行业产生于金匠为顾客保管金银的习俗。金匠们在长期的业务中发现，他们可以把别人保管在自己那里的贵金属铸币在留足了合适比例的兑付准备金数量之后，将剩余的部分贷放出去。对此，生活在 19 世纪的约翰·穆勒曾这样论述：

> 随着信用赖以建立的信任的扩张，每一个人必须随身保持以备紧急之需的小额资本，现在都可利用于生产的用途。为着这样一个目的而兴设起来的主要工具就是存款银行。假如没有存款银行，则一个谨慎的人就必须备而不用地保持足够的金额于身边，以应付每一个临时的需要。但当人们习惯于保持其准备金于银行而不保持于自己的箱内时，许多本来是呆滞着的微小金额，现在便大部积聚于银行之内。而银行则基于其业务经验，知道在一定时期内存户需要提取的比例大约为几何，并知道纵使一个存户的提取数额，可能多于平

1 参见徐迎冰：《也谈"银行"一词的来历》，载《金融研究》，1981 年第 1 期。

2 参见 T. 梅耶、J. S. 杜森贝里、R. Z. 阿利伯：《货币、银行与经济》，上海三联出版社 1989 年版，第 40 页。

均比例，但另一存户的提取数额，则可能少于平均比例。因此，银行就能放心将平均比例以外的金额也就是将其所收存款的绝大部分贷放于生产者和商人。这样，虽然并未真正增加了现有资本的数额，但却增加了运用资本的数额；由于运用资本数额的增加，就促成了社会生产总额的相应的增加。[1]

而在20世纪90年代彼得·纽曼等所著《新帕尔格雷夫货币金融大辞典》（第一卷）关于信用创造的部分中，也有两段非常类似但又十分简明的论述：

由于相信自己手上所持有的硬币和现金总比委托人将要提取的数量多，一些有实力的人（如17世纪英国伦敦的金匠，或比他们更早的欧洲地中海地区富有而有名望的商人）将别人委托给他们保管的硬币或现金（起初还要收保险费）的一部分借贷出去，这样就产生了信用创造。

根据这个一般性的经验，银行家开始认识到，只要顾客对他在必要时立即兑现银行存款的能力有信心，他就可以经常保持着一定规模的存款而没有突然被要求兑现的风险。然而，为了应付潜在的现金要求，而且这种潜在的兑付要求常常是不可预见的，保持充足的现金储备是必须的。或者就要保持能够迅速变现并且没有被迫出售风险的其他流动资产。所需储备的资金和流动资产的数量主要取决于长期的经验决

1　转引自刘絜敖：《国外货币金融学说》，中国展望出版社1983年版，第93页。

定，有时是惯例，最终取决于法定的比例。[1]

我们看到，两者描述的是贵金属货币流通中发生的同一现象和过程。但非常有意思的是，对于这样同一的现象和过程，在属于信用媒介论者代表人物的约翰·穆勒看来，银行只发挥了媒介资金的作用，没有产生新的货币资金（资本）；而在彼得·纽曼等看来，则产生了信用创造活动，增加了货币资金供应。简直是完全对立的观点！与此同时，我们还可以看出，他们对于这个过程还有两个共同的看法，一个是他们都认为银行或金匠将其所吸收存款的一部分拿去“用”于向他人贷款，另一个是了解储户的提款需要并进而确定经验的兑付准备金的比例，对于其能发放多少贷款至关重要。

贵金属货币制度源远流长。就金本位制这样的贵金属货币制度而言，我们首先关注的是那段过渡时期，一方面铸币仍然是主要的货币形式，另一方面信用货币和信用创造活动已经产生；具有现代意义的银行在这个阶段开始出现，但中央银行制度尚未建立。中央银行体制建立后的金块本位制、金汇兑本位制下的信用创造与现代信用货币制度下信用创造的机理基本类似，只在源头上有所不同，我们后面将会论及这个问题。下面，我们将举一个简单的例子，用现在的叙述方法来还原当时金匠铺或银行的贷款活动并加以说明。

1 彼得·纽曼、墨里·米尔盖特、约翰·伊特维尔：《新帕尔格雷夫货币金融大辞典》（第一卷），经济科学出版社 2000 年版，第 506 页。

## （二）从贵金属货币借贷向信用货币借贷的转变

我们假设在英国的某个地方，老约翰的金匠铺很受邻居信任，方圆百里的居民都将自己的金币寄存在他这里，他收到寄存的金币平均下来有100万元之多。老约翰一一为其开具欠条（或收据），邻居们拿着老约翰打的欠条也都心安理得，反正什么时候找老约翰都能凭他开出的欠条拿回自己的金币，免得自己费心保管。长期的经营使老约翰认识到，虽然邻居们你存他取，寄存在自己这里的金币数量不断变化，但总会有一部分似乎常年不动，老约翰不得不雇人严加看管，为此甚至有提高收取寄存费的念头。适逢邻居老彼得擅长经营，正有一桩买卖需要筹集10万元金币，想向老约翰借款10万元暂时周转一下，并愿意给老约翰10%的利息。老约翰想到现有100万元金币在自己这里一直看管着，其中有一部分还常年不动，反正邻居们不会一下子全来提款，拿出10万元金币先给老彼得临时用用还是有把握的，更何况还可以坐收10%的利息，这可比收取保管费来钱省事，何乐而不为。于是他们这笔生意顺利成交！

如果我们借鉴前面所讲的资金流量表复式记账方法对这个过程加以反映，则如下表所示：

单位：万元

| | 老约翰 | | 老彼得 | |
|---|---|---|---|---|
| **贷款前** | **资产** | **负债** | **资产** | **负债** |
| 金币<br>欠条<br>总计 | 100<br><br>100 | <br>100<br>100 | | |
| **贷款后** | | | | |
| 金币<br>欠条<br>贷款<br>总计 | 90<br><br>10<br>100 | <br>100<br><br>100 | 10<br><br><br>10 | <br><br>10<br>10 |

我们不必管当时是否已经产生了复式记账法或者资金流量表，对其中反映的事实相信是存在的。在发生贷款前，老约翰接受大家寄存的金币，给寄存人打出欠条，欠条形成负债，收存的金币形成资产，从前述内容可知均为 100 万元。贷款后会发生什么情况呢？在这个时期，流通中只有贵金属在发挥货币的作用，人们买卖东西、缴纳税费、支付债务等都需要直接使用金币，在观念中和实际中都不接受其他东西作为货币。货币的流通实际上是特定的实物资产的流通，或者像马克思所说的，货币流通是能够充当一般等价物的那种商品的流通，诸如黄金、白银等。我们看到，在老约翰那里，流通的货币只能是金币，如果老约翰向老彼得提供贷款，就需要拿出 10 万元黄灿灿的金币给老彼得背走。老约翰原来保管 100 万元金币，贷款后只剩下 90 万元金币，那另外的 10 万元金币老彼得拿去了。老约翰现在的负债仍然是 100 万元的欠条，他的资产从 100 万元的金币变为 90 万元的金币加上 10 万元的贷款。老彼得以负债 10 万元的贷款获取了 10 万元的金币，这 10 万元的金币成为老彼得持有的资产。用我们现在的术语说，老约翰给老彼得贷款前这个地方的货币供应量是 100 万元金币，贷款后还是 100 万元金币。按照这样的做法，每贷出一笔款，老约翰手头的金币就会等额减少，老约翰就是把 100 万元金币全部贷放出去，也不会创造出 1 元金币来！

信用创造发生在故事的第二阶段，即在贵金属流通基础上产生信用货币的时候。在上个阶段，我们做出了假定，一切交易包括买卖、纳税、借贷等都使用贵金属货币。现在我们设想，老约翰由于信誉卓著，经营有方，邻居们觉得相互支付时都到老约翰那里反复取存金币实在太不方便。既然老约翰开出的欠条随时可以换成金币，何不就使用老约翰开出的欠条进行支付呢？老彼得如果把老约翰开出的欠条支付给别人，任何人都可以找老约翰兑取金币，那与直接支付金币又有什么区别！历史上也确实存在这样的情况。为了便于支付，金匠铺开始发行小额整数的欠条以方便人们交易支付使用。[1]我们要注意，这里发生的一个需要重视的重大改变是，人们可以不再使用自己的实物资产（如金币）作为交易和支付中介，而采用一个有信誉的人或机构的债务凭证（欠条）作为交易和支付中介。这些债务凭证是持有人对金匠铺在需要时候兑换成贵金属货币的要求权，如果做不到这一点，就没有人接受金匠铺的债务凭证。最初，它们可能只是贵金属货币的偶尔的替身，随着这种情况逐步增加，人们在交易活动中逐步接受，它们进而取代贵金属货币直接发挥货币作用。在金匠铺寄存的那些金币就开始发挥特殊时候兑付和对外支付准备金的作用，一般情况下就待在老约翰的金库里“睡大觉”，事实上这时已经退出流通，一般不再作为货币使用。经历了这个转变，老约翰的金匠铺正在加速向具有货币发行功能的商业银行转变，而货币制度正在向信用货币制度转变。

如果老约翰是个谨慎的人，他收到邻居存在他那里的金币有多少，就向邻居打出多少欠条，那他的欠条就是有“十足准备”的欠条。现在邻居们不再使用金币进行交易支付，老约翰的 100 万元欠条在流通中发挥货币的作用。这些欠条就是银行券的前身，

---

1　参见 T. 梅耶、J. S. 杜森贝里、R. Z. 阿利伯：《货币、银行与经济》，上海三联出版社 1989 年版，第 40 页。

他的这种做法就类似于我们后来所说的100%的发行准备制度。显然，在这种制度下，金匠铺或银行有多少贵金属货币才能发行相应数量的欠条。老约翰不会在手头吸收100万元金币的情况下，发行超过100万元的欠条。如果一直这样的话，老约翰的欠条最终只不过是十足的代金券，信用创造显然还没有发生。

接着出现的问题是，在新的情况下，老约翰如何向老彼得贷款。仍然是上述的情况，既然流通中不必使用金币，老约翰就可以不必像原来那样拿出黄灿灿的金币给老彼得，而只用给老彼得开出10万元的欠条即可。老彼得拿着这10万元老约翰开出的欠条照样可以买东西、支付工资，与使用金币没有区别。仍然是上面一样的贷款过程，这时候情况却发生了变化。上表应调整为：

单位：万元

| | 老约翰 | | 老彼得 | |
|---|---|---|---|---|
| **贷款前** | **资产** | **负债** | **资产** | **负债** |
| 金币<br>欠条<br>总计 | 100<br><br>100 | <br>100<br>100 | | |
| **贷款后** | | | | |
| 金币<br>欠条<br>贷款<br>总计 | 100<br><br>10<br>110 | <br>100+10<br><br>110 | <br>10<br><br>10 | <br><br>10<br>10 |

现在我们要再次提醒一下，老约翰的欠条在流通中发挥着像货币一样的作用，就像金币一样。对比前表我们可以发现，发生贷款后老约翰库房里的金币一分未动，但他开出的欠条增加了10万元。老约翰向老彼得贷款10万元金币，这10万元“欠条”就

是老彼得因为向老约翰贷款而取得的资金！这与完全贵金属货币制度下必须使用吸存的金币确乎不同。当然，老约翰必须向老彼得做出承诺，无论何时何地，他的欠条都能无条件地兑换为金币，这样老彼得在使用时拿金币与拿老约翰的欠条才能没什么区别。由于老约翰的欠条在发挥货币的作用，在向老彼得贷款前，发挥货币作用的欠条是 100 万元，而现在变成了 110 万元，他已不再按照 100% 的发行准备制度办事了。老约翰把 100 万元的金币变成了 110 万元的金币（欠条）！这就是信用创造！[1]按照约翰·穆勒的理解，金币数量没有变，仍然是 100 万元，金匠铺什么也没有创造出来。而按照我们现在的理解，信用创造实实在在地发生了，流通中的货币（欠条）的确增加了，或者用我们前面的话说，具有一般购买力的金融资产增加了。

现在我们看到，老约翰的金匠铺已经转化为一个部分准备制的银行了。他收存的金币就如同支持他发行的准备金，他发行的欠条就是银行券。[2]他现在有 100 万元的金币，但发行了 110 万元的银行券，发行银行券的数量超过了持有金币的数量，这符合部分准备制银行的特征。

---

1　孙国锋认为，信用创造在贷款创造存款的同时就已经发生了，这并不涉及其他过程。参见孙国锋：《信用货币制度下的货币创造和银行运行》，载《经济研究》，2001 年第 2 期。

2　银行信用工具成为货币是在与其他信用工具竞争中形成的。银行较之企业具有更高的信用，银行签发的不定期的随时可以兑付贵金属货币的票据更为人们所欢迎。马克思说："银行券无非是向银行家开出的、持票人随时可以兑现的、由银行家代替私人汇票的一种汇票。"参见《马克思恩格斯全集》，中文版第 25 卷，人民出版社 1974 年版，第 454 页。

单位：万元

| | 老约翰 | | 老彼得 | |
|---|---|---|---|---|
| 贷款前 | 资产 | 负债 | 资产 | 负债 |
| 金币 | 100 | | | |
| 银行券 | | 100 | | |
| 总计 | 100 | 100 | | |
| 贷款后 | | | | |
| 金币 | 100 | | | |
| 银行券 | | 100+10 | 10 | |
| 贷款 | 10 | | | 10 |
| 总计 | 110 | 110 | 10 | 10 |

其实，与这个过程相伴随的是，银行开始给自己的客户开立户头，吸收活期存款，并进行转账结算。我们无法考证到底银行券和存款哪个先产生，能够肯定的是，它们都逐步成为人们向银行存放金币可以选择的接受方式。存款最初就是客户将自己的贵金属货币存放银行而取得的凭证，依之存款人拥有开出支付命令随时提取和动用的权利。对于老彼得等邻居们来说，假如有金币需要存放在老约翰的银行里，持有其发行的银行券或者存款凭证只是形式上的区别，对这里的其他人也一样。有关研究表明，早在17世纪时，英国就已经出现存款并开始使用支票。19世纪初期，在英国通过1844年银行法案之前，存款和支票的使用大大增加，存款在当时就已经成为英国最主要的货币形式。[1]我们可以设想，既然大家都在老约翰这里存放了金币，而资金收付又很大部分发生在他们彼此相互之间，通过老约翰进行账户划拨显然是更方便、更有效率的做法。客户把金币存在银行可以选择持有存款，也可

1 汉森认为，英国在当时要求发行银行券要实行100%的黄金准备制度，限制了银行券的发行数量，而工业经济的发展要求货币的增加，从而刺激了当时存款货币的使用和扩大。参见J. L. 汉森：《货币理论与实践》，中国金融出版社1988年版，第9页。

以选择持有银行券。当选择存款时，客户通过开出支票进行支付与使用银行券也一样方便。假设人们向老约翰寄存金币时形成的存款和银行券各占 50%，上表就变化为：

单位：万元

| | 老约翰 | | 老彼得 | |
|---|---|---|---|---|
| 贷款前 | 资产 | 负债 | 资产 | 负债 |
| 金币 | 100 | | | |
| 银行券 | | 50 | | |
| 存款 | | 50 | | |
| 总计 | 100 | 100 | | |
| 贷款后 | | | | |
| 金币 | 100 | | | |
| 银行券 | | 50+10 | 10 | |
| 贷款 | 10 | | | 10 |
| 存款 | | 50 | | |
| 总计 | 110 | 110 | 10 | 10 |

老约翰向老彼得贷款如此容易，生财如此简单，我们相信他不会就此打住，而会继续向其他人发放贷款，使流通中可以发挥货币作用的存款、银行券进一步增加。正如约翰·穆勒和彼得·纽曼等指出的，老约翰将在持续不断的存取贷放过程中不断总结经验，逐步摸索发行银行券和存款需要实物金币支持的比例，以保证自己在客户需要兑付金币时不至于失信于人。这个准备金既需要满足存款人兑付金币的需要，也需要满足对其他银行支付金币的需要。但假定他知道每发行 100 万元银行券或存款只需要 20 万元的金币作为兑付的保证就够了，他就一定可以放心地继续扩大贷款并创造银行券和存款了，因为他现在发行的银行券和存款只有 110 万元，而他手头的金币是 100 万元。假设他又向邻居米德发放贷款 10 万元，而米德又全部采取了存款的形式。我们又有下表：

单位：万元

| | 老约翰 | | 老彼得 | | 米德 | |
|---|---|---|---|---|---|---|
| **贷款前** | **资产** | **负债** | **资产** | **负债** | **资产** | **负债** |
| 金币 | 100 | | | | | |
| 银行券 | | 50 | | | | |
| 存款 | | 50 | | | | |
| 总计 | 100 | 100 | | | | |
| **贷款后** | | | | | | |
| 金币 | 100 | | | | | |
| 银行券 | | 50+10 | 10 | | | |
| 存款 | | 50+10 | | | 10 | |
| 贷款 | 10+10 | | | 10 | | 10 |
| 总计 | 120 | 120 | 10 | 10 | 10 | 10 |

显然，只要老约翰对未来向客户兑现有足够的保证，如果有新的需要资金的人，老约翰还将会继续发放贷款，并相应增加银行券或存款。讲到这里，我们不禁要问，对当时的情况而言，现代银行货币创造乘数理论能够适用于这个时期的银行吗？我们的答案是肯定的。有关内容在下面的章节里还将涉及。这里我们只需要记住，信用创造就是以特定的资产为基础（在这里就是金币），按照一定的倍数创造出与基础资产一样发挥货币功能的信用工具。当然，我们也可以设想，相反的过程也会发生，当银行收缩自己的贷款时，银行券和存款就会减少，货币资金供应量就会相应减少。当他们保存的作为准备金的金币不得不减少时，他们就只能按照一定的倍数来收缩贷款，以保证发行的银行券和存款能够与准备金保持一个合适的比例。

这里特别重要的一个问题是，老约翰等开办银行的人们怎样从经验中确定自己保存的金币与发放的银行券和存款之间合适的比例？前面引述的约翰·穆勒和彼得·纽曼的观点都提出了这个问题。从上面的论述中，我们首先看到，能否兑换金币是决定性的因素。一般情况下，老约翰的客户都使用他发行的银行券或存款进行交易。但有时候可能是客户出于需要如转换银行等非要换回金币不可，有时是出于对于金匠铺或银行的不信任而要求兑回金币，有时则是银行的银行券流通范围小不被人们广泛接受而要求持有金币，银行经营者都要充分考虑这些需要。同时还要注意，我们上面分析一直都假设只有老约翰一家银行，而实际上当时成立的银行很多。各银行都有自己的客户群，吸存金币并发行自己的银行券和存款。如果老约翰的客户要把资金支付给其他银行的客户，银行券的使用和存款的转账都受到限制，甚至根本不被接受，这时也只有金币能够派上用场。任何一家银行对于客户兑换金币和支付清算使用金币都不敢小视，往往市场上客户不能兑换金币或支付清算金币头寸不足的一句传言，在当时就足以搞垮一家银行。所以，保留足够的金币准备金不仅是银行获取经营利润的基础，更是银行得以存在的生命线。

### （三）贵金属货币制度下银行信用创造涉及的几个问题

我们在上面的论述中说明了这样一个事实，在完全的贵金属流通情况下，信用创造是不会发生的。这时候，信用的发生只能转移购买力而不能增加购买力，只能够转移货币而不能创造货币。如同上面已经分析的，完全贵金属流通情况下的借贷，使用的是贵金属货币本身。作为货币的金银被贷放后，借款人要取走相应的实物货币。货币对于借款人和贷款人来说是一样的，都必须是实物金币。金匠铺要对别人贷款，确实要拿出寄存在自己金库里的金币来。从这一点看，约翰·穆勒并没有错。而且他还正确地看到，通过银行的作用，使发挥机能的货币资本比没有银行的时候增多了，这也的确如此。而彼得·纽曼等的论述似乎并不准确，因为在他论述的过程里还没有引入信用货币，所以不可能发生货币信用创造。

我们发现，在引入信用货币之后，货币和借贷的内涵发生了变化。货币可以不再是实物贵金属，贵金属可以不再是货币借贷的直接对象。在信用货币条件下，借款人得到的“货币”是一种债权凭证，不论存款或是银行券都是借款人取得的对银行的债权证书。这种债权凭证能够像货币一样发挥作用，实际上是一种资金（最初就是贵金属货币）索取权的凭证。当我们在信用货币制度下讲到货币的流动和转移时，实际上是说这种资金索取权凭证所确定的债权债务关系的流动和转移。对银行来说，贷款是向客户授予资金索取权的方式；存款和银行券是向客户取得资金索取权的方式。对客户来讲，存款和银行券是向银行授予资金索取权的方式，而贷款是从银行获取资金索取权的方式。如果老彼得把自己在老约翰那里的银行券或存款支付给邻居米德 10 万元，就是老彼得把自己向老约翰索取 10 万元金币的权利转让给了米德。显然，银行固然不能改变金币的数量，但却完全可以创造出更多数量的索取金币的权利！

我们还看到，在这种货币制度下，银行券、存款这些信用货币产生之时，贵金属货币即成为创造这些信用货币的基础资产，银行券和存款都可以成为信用创造的对象，而不只是存款。因为这个时候的银行都既吸收存款又发行银行券。老约翰在向老彼得贷款前已经有客户向他存放了金币，这些金币是老约翰敢于放款的基础和保证。但老约翰在贷款时，原来收存的金币并没有动用，原来发放的银行券并没有减少，他贷款的同时直接就为老彼得提供了10万元的存款，或者是银行券。贷款的出现与存款、银行券的出现就像一枚硬币的两面，必定相伴而生、同时出现，并没有伴随着原来吸存的金币以及存款、银行券的变化。这与前文所说彼得·纽曼等论述的，以及直到现在我们很多人观念中所理解的，要"用"掉此前的存款资金去发放贷款不同。[1]彼得·纽曼等所说的这种情况，只在完全的金属货币制度下存在，就像我们前面所指出的那样。银行贷款给客户形成存款或银行券，实际上是银行通过以赋予客户向自己提取资金的权利（存款或银行券），来取得向客户收取资金的权利（贷款）。所以，信用创造是银行新创造出的对银行自身的资金权利，只要他确信自己有能力兑付这些资金权利，他就可以持续提供这样的资金权利，与原来吸收金币和存款并已经形成的那些资金权利并没有直接制约关系。他所要做的最重要的事是，保证金币与其存款之间维持一个低成本并且合理和安全的比例。

按我们现在的观点来看，银行作为信用中介具有创造双重资金索取权的能力。本来邻居存放给老约翰的金币100万元，他发放100万元银行券或存款，这是对最初存放这100万元金币的人

1　孙国锋指出，我们的存款贷款概念中隐含着"用存款发放贷款"的理念，如贷款是指银行将剩余的存款以高于活期存款的利率贷给借款人这样的说法，仿佛存款、贷款都是实物的货币。参见孙国锋：《信用货币制度下的货币创造和银行运行》，载《经济研究》，2001年第2期。

给予的资金索取权。但当他向老彼得贷款时，还是那100万元金币，他却多创造出额外的资金索取权来了。我们认为，这种情况只有在信用货币制度下产生。在完全的金币流通情况下，我们固然以现在的眼光也可以说，原来存放金币的人并不知道老约翰把10万元金币贷放给老彼得了，这些人心目中仍然认为他们有100万元金币，而老彼得也实实在在拿到了10万元金币，所以信用创造也产生了。但事实上，这种情况只会以现在的眼光在想象中存在。因为在人们观念上和实践中都不接受存款或银行券这样的债务凭证是货币的时候，存放在金匠铺的金币是存放人实实在在要随时支付使用的货币，持有的银行券或存款是他们支用自己金币的凭据而不能直接发挥货币的作用。这些人是不会接受金匠铺拿他们的金币去贷放的。当他们发现老约翰用他们的金币贷款时，他们会担心自己的金币不能收回并迅速取出自己的金币，使老约翰的贷款难以继续下去，信用创造也就不可能发生。

从现在所谓期限转换的角度看，我们设想人们把金币存放在老约翰那里，老约翰借以创造银行券和存款。这都要以存放金币的人不动用这些金币为前提。老约翰只能在金币不动用提供的时间区间里发放贷款，创造信用，为需要资金的人融资。但这种观点还不是完全地从信用创造角度做出的理解。我们也可以反过来理解，老约翰通过给别人提供银行券和存款这类见票即付的短期信用工具，换取了存放金币的人长期不动用这些金币，所以这些金币才能长期待在金库里——实际上后来永远都待在金库里了。他通过创造银行券和存款这样即期或短期的债务，为发放贷款这样长期的资金运用进行资金的期限转换，实现资金的融通，而这种即期或短期的债务凭证具有转化为货币的天然属性。这才正是信用创造本身的特性。

我们还注意到，如果银行采取100%的准备金制度，银行券和存款只是贵金属货币原原本本的替身，信用创造不会产生。同时要注意，如果借款人非要100%地使用金币而不接受银行券或存款，信用创造也不会产生。这实际上是一个问题。我们在讲述老约翰向老彼得贷款时产生信用创造的特定前提，即假设人们都接受银行券和存款作为贷款的对象。如果老彼得实在不愿接受新的事物，他对存款和银行券都不信任，也许因为这些纸做的凭证不是他喜欢的金币，他非要金币不可，那信用创造也无法形成。这时的情况就又回到了完全的贵金属流通制度！就像我们前面描述的一样。当然，只要他接受银行券或存款，哪怕他只接受1元的银行券或存款，信用创造就会产生。

在我们所说的这种货币制度下，对于不同的经济主体，货币的含义开始发生变化。毫无疑问，在完全贵金属货币制度下，只有金币，不论对于个人、企业还是金匠铺，都是货币。现在由于金币和信用货币一起流通，对于企业和个人来说，除了金币以外，在金币基础上创造出来的银行券或者存款也是他们的货币，甚至到后来金币逐步脱离了他们的生活。而对于银行来讲，只有吸存的金币才是他们持有的货币，它发行的银行券、存款都是自己的债务凭证，支付给其他银行往往是不被接受的。银行在经营中吸存的金币，既要用来作为客户兑现的需要，又要用来对外清算支付的需要。他知道，一旦失信于人，人们将要求把存款和银行券兑换为金币，而他发行的银行券和存款数量早超过了他手头的金币数量。挤兑是他们面对的最可怕的刚性风险，保证兑现和对外支付，是银行得以持续经营的硬约束！

信用货币的产生改变了社会资金运动和循环的基本方式。在贵金属货币流通的情况下，贵金属数量发挥着关键的作用，拥有贵金属就拥有资金，只有增加贵金属才能够向流通中注入新的资金。不论西方的金匠铺还是我国古代的银钱业机构，在贵金属流通情况下，都只是资金融通的中介。它们只有在先吸收贵金属货币的前提下，才能发放贷款，把资金融通给最终需要资金的人。而在信用货币出现之后，银行自己可以创造以信用货币为形式的资金，并可以主动向流通中注入这种资金。银行只要确信具有足够的兑付准备金，理论上就可以以贷款等方式向社会提供发挥货币作用的银行券或存款，并不直接和完全受原来吸收贵金属货币存款数量的制约。资金的循环在一定程度上可以是由银行等金融机构主动推动的循环，而不再是被动的资金中介。这个革命性的变化正是我们重视银行信用创造在货币供给中的作用、利用银行进行宏观调控的根本原因所在。

## 三、贵金属货币制度下银行信用创造和货币资金供应

在单纯贵金属货币流通的情况下，货币供应取决于贵金属数量。银行信用创造改变了实际中货币供应的这种状况。我们用现在货币供应量和社会融资规模的概念来回放一下贵金属货币与信用货币共同流通情况下实体经济的货币资金情况，以及贵金属货币怎样最终退出了流通。

## （一）银行信用创造与实体经济资金供应的变化

在自由铸造的货币制度下，金币的数量取决于贵金属本身的数量，实际流通的货币应当扣除发挥储藏手段的贵金属货币。信用货币进入流通改变了这个格局。我们的分析表明，贵金属货币制度下信用创造的基础资产是金币。所以，作为信用创造的基础资产的来源是由贵金属本身的数量或者说金币的数量外在地决定了的。实际流通的货币包括了贵金属货币和信用货币。

对单个银行来说，取得足够的金币具有至关重要的作用。银行不能控制流通中金币的多少，也不能控制自己对外支付金币的多少，也不能控制到底会有多少人持有银行券或存款来兑现。他们必须小心翼翼地把握自己持有的金币数量与发行的银行券、存款以及客户可能对外支付的需要量的关系。所以，银行之间必须进行激烈的竞争，努力争取获得足够的金币数量，尽可能让金币留存在自己手里，为自己的经营提供有力保障。

但我们讲过，从金融运行角度看，信用货币流通一旦出现，作为其发行基础的那部分贵金属货币实际上就退出了流通。这里的意思是讲，这些金币积存在银行，不再作为个人和企业交易、支付的手段，而仅仅在银行的金库里以备兑现支付之用。也许人们甚至银行也都仍然认为它们是货币，但它们只在必要的时候在银行之间流动，所以转变为银行之间的“货币”。它们也在必要的时候回到流通中来，就像前面指出的那样，如果客户在需要金币的时候，他们会到银行将持有的银行券和存款兑换为金币。

我们先假设，经济中原本有 1000 万元金币流通。现在出现一家银行，吸收100万元金币，流通中还有900万元金币发挥货币作用。这家银行吸收的100万元金币发挥着货币发行准备的作用，根据经营的经验每吸收100元金币，银行可以额外投放50元的银行券和存款，那么这家银行的存款和银行券总规模将为150万元。我们可以设想，如果这些金币也要发挥货币的作用，就需要存入人拿银行券或存款兑现，兑现的过程中银行券或存款减少了，流通中的金币增加了，显然作为兑付准备金的金币要进入流通发挥货币的作用是以银行券或存款的退出流通为前提的。如果简单套用我们现在货币供应的概念，没有银行之前，发挥货币职能的金币数量是1000万元；这家银行出现后，银行吸存的100万元金币退出了流通，实际流通中发挥货币作用的除了900万元金币外还有这家银行形成的150万元银行券和存款，其中通过信用创造形成的货币正是额外形成的那50万元银行券和存款。所以，可以表述如下：

货币供应量＝金币总量－银行吸存金币＋银行券＋银行存款
＝实际流通金币＋银行券＋银行存款
=1000-100+150
=1050（万元）

显然，当有银行发挥作用时，信用创造导致经济运行中的货币较之原来增加了50万元。

我们可以确信，经济中不会只有一家银行，而会有很多家银行。这些银行通过竞争吸收金币，并分别在自己收存贵金属货币的基础上创造信用货币，包括发行银行券和提供存款。同时，我们假定，银行创造的这些信用工具都是流通所需要的。[1] 对于名气较小、资本不足的小银行来说，大银行的银行券因为兑付保证性更强，社会公众信任，有时也会作为其进行信用创造的基础资产。小银行会相信，持有大银行发行的银行券就像持有实实在在的金币一样。但为了分析简单，我们暂时忽略这一点。现在假定经济中有三家银行，分别吸收 100 万元、200 万元、300 万元金币，并按照前面所述每吸存 100 元金币可以额外创造 50 元存款和银行券的比例进行信用创造活动，创造信用都采取贷款的方式，存款和银行券的比例为 1∶1。我们可以整理得到下表：

单位：万元

| 项目 | 银行$_1$ | | 银行$_2$ | | 银行$_3$ | | 合计 |
|---|---|---|---|---|---|---|---|
| | 资产 | 负债 | 资产 | 负债 | 资产 | 负债 | |
| 金币 | 100 | | 200 | | 300 | | 600 |
| 贷款 | 50 | | 100 | | 150 | | 300 |
| 银行券 | | 75 | | 150 | | 225 | 450 |
| 存款 | | 75 | | 150 | | 225 | 450 |
| 合计 | 150 | 150 | 300 | 300 | 450 | 450 | |

在这种情况下，流通中 1000 万元的金币有 600 万元流入了银行的金库，成为银行信用创造的基础资产。三家银行按照同样的比例分别形成了 150 万元、300 万元和 450 万元的银行券和存款，共计 900 万元。其中除了代替金币流通的 600 万元外，还额外创造了 300 万元的货币。所以，这时的货币供应量为：

1　在完全的贵金属货币下，流通中货币只能取决于贵金属数量，信用货币的产生使货币的数量打破了贵金属数量的约束。只要流通需要，银行体系就可以创造出所需要的货币。这是信用货币制度优于金属货币制度的地方。

货币供应量＝金币总量－银行吸存金币＋银行券＋银行存款
＝实际流通金币＋银行券＋银行存款
=1000−600+450+450
=1300（万元）

可见，在我们设计的这个模型中，一般地有：

货币供应量＝金币总量－银行吸存金币＋各银行发行的银行券＋各银行的银行存款
＝实际流通金币＋各银行发行的银行券＋各银行的银行存款

我们上面的分析中没有涉及其他信用活动，只有银行作为信用中介发挥作用。事实上，经济中存在多种多样的信用形式，如发行股票、债券、商业票据等。如果米德购买了老彼得的股票，或者购买了另一个人如华莱士的债券，等等，从老彼得或华莱士的角度看，固然解决了他们的资金需要，但当我们把企业和个人作为实体经济总体来看，这些信用活动都不会增加对实体经济的货币资金供应。银行这种金融中介机构的出现则不同，它的贷款活动为经济注入了新的类货币金融资产，对实体经济主体而言就是货币资金。我们从上面的例子可以看出，银行贷款的规模就是新增的货币供应量的规模。在上述第一个例子中银行贷款为50万元，经济中新增的货币资金就是50万元；在上述第二个例子中银行贷款总计为300万元，经济中新增的货币资金就是300万元。所以，如果我们从资产角度或者信用角度衡量对实体经济资金供应，银行贷款规模本身就是社会融资规模，不论从流量上还是存量上看都是如此。所以，在现在我们分析的这个模型中，由于银行只有贷款这种供应资金的形式，有以下等式：

社会融资规模 = 银行贷款规模

### （二）银行信用货币对贵金属货币的彻底取代

我们可以设想，在上述贵金属货币和信用货币共同流通的货币制度下，流通中的金币就如同一个有着固定数量具有魔力的资产，各家银行相互竞争，从中争取客户的信任并获取金币，以便金币能够保存——最好是持续保存在自己的金库里。在同等情况下，谁吸存的金币多，谁就可以发放更多的贷款而获利，同时他的存款和银行券就越受到信任和欢迎，反过来又会增加其吸引力，将更多的金币吸存到他这里来。银行吸存的金币越多，真正在流通中的金币就越少，同时银行就有能力发放更多的银行券或存款来代替金币。

如果从银行体系总体看，这些金币不断地从流通中流到银行的金库里，又不断地从银行的金库里回到流通中去。最初，各个银行都有自己的客户群，银行券和存款在各个银行间不能直接被接受。客户就更多地需要根据不同情况兑换金币。在银行刚刚出现的时候，客户肯定兑换金币的频率极高，金币几乎很难停留在银行的金库里。随着银行券和存款被接受的程度不断提高，客户群的不断扩大，先是在银行自己的客户群里支付基本上不用动用金币，只有在特殊情况下客户才会将银行券和存款兑换成金币，兑换频率大大下降，银行吸存的金币的稳定性大大提高。而后，随着存款使用的不断扩大，越来越多的企业和个人在银行开立存款账户并委托银行为其货币收付服务。比如，人们会委托自己的开户银行对收进的支票收款。最初是接受委托的银行持支票向应对该支票付款的银行收取金属货币或信誉高的银行发行的银行券，这种逐笔业务的收付免不了直接运用金属货币或银行券的繁琐和低效，也增加了银行管理作为信用创造基础和信用货币兑付保证的贵金属货币的难度。随后，业务的扩大使每个银行都既有收入的款项，又有付出的款项。在这种情况下，先是两个银行之间只支付或收入应收应付的差额，继之各个银行之间都产生这样共同的需要，每个银行都计算对其他银行的应收应付差额，进而结清各银行之间的全部应收应付款项。银行之间的支付清算体系以票据交换所的成立为标志产生和形成，各银行通过相互的同业往来账户或在清算中心开立的账户都可以结算应收应付差额，以至最后中央银行成为支付清算体系的核心，银行之间的收支都通过中央银行的账户转账实现。正是由于存款业务的发展，推动了清算体系的建立，分别就每一个银行来说，虽然扩大贷款并创造存款增加了兑付和支付的义务，但同时又有应收款项流入本行，从而抵消贵金属货币的使用，提高了存款的兑付保证能力。到这个时候，我们可以想象，除了个别的需要必须动用金币外，其他收支都通过银行券和存款的划拨来实现，绝大多数金币会被吸收到银行体系里。这些金币支撑整个银行券和存款的创造，同时主要作为银行之间最终的支付清算手段使用，而不再在企业和个人收付中发挥作用。不管是通过什么途径，当金币完全被银行体系吸收后，流通中就只有银行发行的银行券和存款作为货币，完全的信用货币制度就开启了。

历史与我们描述的情况大体一致，信用货币与贵金属货币的流通有交集的时期。在我国唐、宋时期金属货币流通的同时，就有交子和飞钱的流通。在欧洲，随着现代银行的发展，规范的银行券出现了，规范的存款货币也逐步出现，其结果是除了原来不依存于信用而流通的贵金属货币外，还出现了依存于信用活动的信用工具的流通，这正是19世纪以至20世纪初货币制度的突出特征。中央银行作为专门的发行银行后，银行券的发行和创造与存款的创造分离开来。此时流通中的贵金属铸币逐步减少，大量的贵金属货币被集中于中央银行成为货币发行的基础和币值稳定的保证。到第一次世界大战之后，发达工业化国家贵金属铸币基本上全部退出流通，到30年代则全部停止了信用货币与贵金属货币的兑换，贵金属实际上已经退出了历史舞台，完全的不兑换的信用货币制度逐步建立。20世纪70年代布雷顿森林体系完全崩溃，标志着贵金属与货币体系在世界范围内失去了最后的联系。

## 四、信用货币制度下的银行信用创造

现在各国都建立了信用货币制度，虽然仍各有特点，但运作的原理大体上一致。信用货币制度下的信用创造是我们研究的重点。为了便于分析，我们这里先假定不存在非银行金融中介机构，集中分析中央银行、商业银行信用创造，随后我们将专门分析银行体系以外金融中介机构的信用活动。

## （一）信用货币制度下银行体系的变化

有了前面对贵金属货币流通信用创造问题的描述和分析，以其为参照物，我们现在可以先看看完全的信用货币制度有些什么值得注意的特点。

在我们现在所说的银行体系中，存在一个中央银行和众多的商业银行。中央银行是国家的银行、发行的银行、银行的银行，承担货币稳定和金融稳定的职责。假设一般情况下，中央银行只与商业银行和财政发生直接的业务联系，这是由其职能所决定的。当然，作为发行的银行，它与所有的经济主体都会存在债权债务关系。商业银行与中央银行、财政、企业和个人各种经济主体都发生业务联系。中央银行垄断银行券的发行，商业银行一般不再承担发行银行的职能。[1]各家商业银行都参加中央银行组织的支付清算体系，建立了法定存款准备金制度。可以用图来表示它们之间的关系：

在贵金属货币和信用货币一起流通的情况下，我们所说的现金是指贵金属货币本身。这时人们所说的兑现，是指将银行券和

1　在有的国家，例如美国，财政部具有发行权。我们不考虑这种情况，而且与我们要研究的内容并不矛盾。在有的国家或地区，商业银行仍然是发行银行。例如，在香港，货币发行是由中国银行、汇丰银行和渣打银行三家商业银行承担的。

存款兑付为贵金属货币，就如上面所说的金币。而在信用货币制度下，我们所说的现金是中央银行发行的银行券（在我国就是人民银行发行的人民币钞票和铸币），我们所说的兑现就是把存款转化为现金，即转化为中央银行发行的银行券。如果发生了商业银行挤兑，就是人们争相把存款提现。[1]由于商业银行不能发行银行券，只有中央银行能够发行银行券，所以中央银行理论上可以持续地发行银行券来为已经发行的银行券“兑现”，因而具有无限的兑现能力。当然，我们知道，在特殊情况下，当银行券发行超过流通的需要，出现通货膨胀，老百姓会采取自己的“兑现”方式，即迅速把拥有的货币转化为商品或其他资产，把越来越不值钱的货币兑换为实物资产或其他资产。银行券的发行自有其客观的界限。

在贵金属货币制度下，一家银行要进行经营和信用创造，必须先拥有贵金属货币作为兑现的保证金，银行信用的创造以实物的商品货币为基础和依托。对此，我们前面已经进行了描述。而在我们现在所说的信用货币制度下，商业银行要进行信用创造需要持有在中央银行的债权，既可以是现金，也可以是在中央银行的存款，这两者加起来就是我们所说的基础货币。如果一家银行在中央银行有存款，它有权要求随时把自己的存款转化为现金。当自己的客户需要“兑现”时，商业银行通过自己拥有的现金和在中央银行的存款来为客户提供“兑现”的保证。对商业银行来说，兑现的刚性特征则都是一样的。在贵金属货币制度下，商业银行

1　我们在后面的分析中还将分析其他形式的挤兑，如金融市场上信用创造中对回购协议的挤兑。那是借用了这里挤兑的含义。

必须有足够的金币；在完全的信用货币制度下，必须有足够的中央银行基础货币。否则，商业银行将面临贵金属货币制度下一样的兑付和支付不足的窘境而难以维持下去。由此可以看出，在新的条件下，商业银行信用不再以贵金属为保证，而是以中央银行的国家信用为后盾和依托的。基础货币是商业银行的货币，银行之间的资金流动都必须通过基础货币的转移来实现。在贵金属货币制度下，直到后期才出现中央银行和商业银行间的支付清算系统，最后形成由中央银行组织各商业银行之间的清算系统。因为完全的信用货币制度以存款为货币的主要形式，存款的流转必须以中央银行和商业银行完善的支付清算制度为基础。各个商业银行都在中央银行开立账户，汇划往来，商业银行之间的货币收支通过在中央银行的账户来实现。在我们分析完全的信用货币制度时，这一点则成为前提条件。一切货币，除了企业和个人等持有的现金外，都始终留存在银行系统。[1]

在贵金属货币流通情况下，商业银行主要凭经验确定存款和准备金的比例，后来变为通行的惯例，最后在中央银行建立后成为法定的要求。在完全的信用货币制度下，法定存款准备金制度成为货币制度的内在要求。掌握发行收入、控制货币供应、维护货币稳定的巨大利益和好处，客观上需要在国家信用和商业银行信用之间建立这样的机制和联系。从商业银行经营运转来看，它们在中央银行账户上的资金和库存的现金即其持有的基础货币，

1　现金作为负债凭证在实体经济主体手中，但作为负债和形成负债的资产也仍然在银行系统中。从这一点看，所有的货币都在银行系统中。由于现金是中央银行的负债，也可以说现金是流出于商业银行系统的货币资金。

既包括商业银行为防止客户提现而准备的资金，也包括商业银行准备向其他银行支付的资金，也可能是商业银行暂时闲置不用的资金。从中央银行管理和分析信用创造的角度看，这些资金可以粗略地划分为两个部分：法定存款准备金和超额存款准备金。法定存款准备金是中央银行要求的商业银行持有的准备金与其存款的比例，商业银行在考核期应无条件地达到这一要求。在大多数国家，法定准备金包括在中央银行的存款和自身持有的现金，但现金的比例很小，绝大部分都是在中央银行的存款。法定准备金最初的确也是出于防止商业银行无力兑现和支付的需要，但随着商业银行经营制度的完善和国家监管制度的完善，法定准备金逐渐转向出于调节货币供给的需要。超额准备金指超过法定存款准备金以外的部分，主要是商业银行在经营中因主动因素或被动因素而形成的。可见，商业银行准备金就是商业银行所拥有的基础货币。作为法定准备金的部分被锁定，它们成为已创造出的那些存款的保证物。[1]而超额准备金尚未派上用场，以其为基础，商业银行可以继续创造信用，是商业银行的可用资金。因为储存超额准备金会产生成本，理论上商业银行在效益最大化的情况下超额准备金应当尽可能减少，当然最好是零。我们可以把超额准备金区分为两部分，一部分是自愿的超额准备金，一些银行在满足法定存款准备金要求后，还愿意多保留一些准备金以备需要；一部分是非自愿的超额准备金，商业银行自身不愿意保留这部分准备金，但可能由于特殊原因例如找不到合适的贷款对象而不得不保

1　在有的国家法定存款准备金商业银行仍然可以动用。为简化分析，我们假定都不能动用。

留的准备金。从某种意义来说，商业银行准备金的筹集、管理、运用，是其信用创造和经营管理的核心问题。我们下面的内容，很多时候、很大程度上就是围绕商业银行的准备金问题展开的。记住以下公式是必要的：

商业银行准备金 = 商业银行持有的基础货币
= 法定准备金 + 超额准备金
= 法定准备金 + 自愿准备金 + 非自愿准备金

我们知道，在完全贵金属货币流通的情况下，货币数量由贵金属铸币的数量决定。在贵金属流通与信用货币一起流通的情况下，货币数量既包括贵金属铸币的数量，也包括银行创造的银行券和存款，但银行券和存款的数量的形成很大程度上取决于银行持有的作为兑付准备金的贵金属铸币的数量，当然还有银行信用创造的能力。这时，货币的价值取决于含金量。当进入完全的信用货币阶段后，货币数量就可以不再受到贵金属货币数量的限制，此时货币已经完全由银行体系来创造。也就是说，在现代信用货币体系下，不再需要吸收社会上的任何贵金属货币来构成资金来源，所有货币都是由中央银行和商业银行创造出来的，并被企业和个人作为资产持有，在经济运行中发挥贵金属货币一样的职能。货币的价值与贵金属含量已经没有关系，而主要取决于货币的供求。至于历史上曾经存在的金块本位制和金汇兑本位制，贵金属仍对银行信用创造发挥一定的制约作用，但这不是我们分析的重点，只在必要的地方有所提及。

### （二）信用货币制度下中央银行—商业银行的信用创造

我们先把商业银行作为一个整体来看待，这样就如同经济运行中有一家银行发挥中央银行的作用，有一家银行发挥商业银行的作用，共同为经济提供货币。当然我们要经常提醒，这家商业银行实际上指的是商业银行体系，是由多家商业银行组成的，以便区别于真正的一家银行，更深刻地理解其特征。

在经济的初始状态，还没有现金、存款、贷款和货币出现，货币如何进入到流通中呢？为了分析简便，我们不考虑财政因素和对外交往因素。假设企业在一年内生产可用于投资和消费的最终产品 10 亿元，形成的收入以利润和工资报酬等形式都分配给个人所有。庞大的经济不可能实行实物流转和分配，而需要借助货币流通采取货币分配方式。如果企业向商业银行贷款，商业银行愿意提供货币，企业支付个人货币，经济就可以运行下去。但经济中没有货币，商业银行也没有货币来源，商业银行需要向中央银行融资取得资金。假设中央银行向商业银行融资 10 亿元，商业银行悉数向企业贷款，企业把获得的货币资金暂时都留存银行。则有下表：

单位：亿元

| 项目 | 中央银行 | | 商业银行 | | 企业 | | 个人 | |
|---|---|---|---|---|---|---|---|---|
| | 资产 | 负债 | 资产 | 负债 | 资产 | 负债 | 资产 | 负债 |
| 央行贷款 | 10 | | | 10 | | | | |
| 央行存款 | | 10 | 10 | | | | | |
| 商行贷款 | | | 10 | | | 10 | | |
| 商行存款 | | | | 10 | 10 | | | |
| 合计 | 10 | 10 | 20 | 20 | 10 | 10 | 0 | 0 |

注：央行贷款指中央银行发放的贷款，央行存款指中央银行吸收的存款，商行贷款指商业银行发放的贷款，商行存款指商业银行吸收的存款。下同。

从这个表我们看到，在第一个环节，中央银行没有任何依凭就向商业银行提供了10亿元贷款，创造了10亿元商业银行在中央银行的存款，不再像贵金属货币流通情况下需要有金币做支持。当然，其创造也不是凭空的，我们后面还要论及。中央银行向商业银行贷款形成了商业银行在中央银行的等额存款，这是一笔业务同时发生的两个账务记录。对中央银行来说，信用创造就这么简单！比老约翰的信用创造还要简单！老约翰还需要先有金币呢。中央银行提供的货币就是基础货币，成为商业银行接下来信用创造的基础资产。可见，由于存在法定存款准备金这个制度前提，中央银行成为信用创造的源头，没有中央银行的信用创造，后面的故事都不会发生。

从商业银行看，它们取得中央银行的贷款，相应地在中央银行有了10亿元存款，有了基础货币后就可以向企业贷款。基础货币似乎是像黄金一样在完全信用货币制度下有魔力的资产。撇开它们在中央银行取得贷款的环节，商业银行信用创造也与中央银行一样简单，贷款和存款不过是一笔业务同时发生的两个账务记录。商业银行向企业贷款时，就像我们前面讲过的，中央银行的存款是他们向企业放款的保证物，但他们并不是通常理解的把在中央银行的存款划转给企业，而是发挥信用创造功能，向企业贷款10亿元并直接形成企业存款10亿元。我们看到，商业银行对企业的信贷活动不会改变中央银行的资产负债情况，在商业银行开始创造活动的时候，中央银行的存款和贷款都是前面发生的10亿元。事实上，商业银行同样可以像中央银行那样直接在贷款的同时在自己的负债方增加存款，而不必像我们前面所说的那样，好像商业银行是因为没有货币来源才不能向实体经济主体贷款的。我们应当记住，商业银行可以自己创造资金来源，就像老约翰的金匠铺一样。之所以在初始状态下它不能进行信用创造，根源在于法律制度上要求商业银行吸收的存款与其持有的基础货币应当保持规定的比例关系。我们所说的商业银行进行贷款前需要向中央银行融资，并不是说商业银行没有信用创造的能力，而是因为商业银行在初始状态下由于没有基础货币不符合法定要求而不能创造。从商业银行体系来说，向中央银行贷款，只是为了获得基础货币，为其开展信用创造提供法律保证，并在必要时向客户证明，自己的存款可以随时转变为现金。[1]

我们再假定企业把获得的10亿元存款全部支付给个人，个人又全部转存在商业银行，商业银行只需把企业在其户头上的存款减少10亿元，同时在个人的存款户头上增加10亿元即可。这样就会得到下表：

单位：亿元

| 项目 | 中央银行 | | 商业银行 | | 企业 | | 个人 | |
|---|---|---|---|---|---|---|---|---|
| | 资产 | 负债 | 资产 | 负债 | 资产 | 负债 | 资产 | 负债 |
| 央行贷款 | 10 | | | 10 | | | | |
| 央行存款 | | 10 | 10 | | | | | |
| 商行贷款 | | | 10 | | | 10 | | |
| 商行存款 | | | | 10 | | | 10 | |
| 合计 | 10 | 10 | 20 | 20 | 0 | 10 | 10 | 0 |

我们由此可以看到，企业和个人之间的资金往来不改变商业

1　我们在这里把取得基础货币作为商业银行进行信用创造的前提，但实践中商业银行缴纳法定存款准备金大都是在吸收存款之后。我们可以设想，现实中商业银行也可能会先进行信用创造，在没有吸收基础货币的情况下向实体经济提供货币资金，然后再向中央银行或货币市场寻求基础货币。

银行的资产负债总量状况，只是改变其资产或负债的结构。比如，我们可以设想，个人把钱又借给企业使用，或者购买企业发行的债券，或者购买企业的产品，都会导致个人账户的存款转移到企业的账户上，导致商业银行存款结构的变化。我们也可以设想，这10亿元不是企业贷的，而是个人贷的，个人获得存款后购买企业产品或购买企业债券等，也只是贷款户头转向个人，并相应地引起存款结构的变化。当然，我们也可以设想企业贷款一部分、个人贷款一部分以及企业和个人之间更复杂的收支借贷往来，但不管怎么说，企业和个人之间的资金活动不会改变货币总量。要增加个人和企业的货币，就需要银行扩大贷款总量，所以银行贷款的规模决定了向流通中提供的存款的数量。由此也可以得出结论，现在的模型中，对实体经济的货币供应完全取决于银行体系的活动，并且只取决于商业银行的信贷活动。

单位：亿元

| 项目 | 中央银行 | | 商业银行 | | 企业和个人 | |
|---|---|---|---|---|---|---|
| | 资产 | 负债 | 资产 | 负债 | 资产 | 负债 |
| 央行贷款 | 10 | | | 10 | | |
| 央行存款 | | 10 | 10 | | | |
| 商行贷款 | | | 10 | | | 10 |
| 商行存款 | | | | 10 | 10 | |
| 合计 | 10 | 10 | 20 | 20 | 10 | 10 |

现在，从整个经济体系来说，所有的存款最初都来源于贷款。这太有意思了。如果我们回忆一下上一节的内容。经济中本来是贵金属货币流通，银行创造货币都要以吸存一定的金币为前提，所以最初的存款都是客户拿金币向银行“存”出来的，随后才有银行贷款创造出来的银行券和存款。现在情况则完全不同，所有

的存款都是由银行“贷”出来的。贷出来的存款当然可以转存，但怎么转存也不会从总体上增加存款。如果银行不再增加贷款，流通中的存款就不会增加。

商业银行持有中央银行的存款，目的是用于满足客户提取现金的需要和银行间支付清算的需要。我们暂且不考虑客户提取现金的因素。当我们从整体上观察商业银行的时候，可以看到一个商业银行把它在中央银行的存款支付给另一个商业银行，对中央银行来说也只有结构上的变化，所以商业银行体系持有多少中央银行存款也完全取决于中央银行的贷款，在目前的情况下所有的中央银行存款都是由中央银行贷款形成的。

现在我们假定中央银行要求，商业银行每保有100元的企业和个人等客户存款，在中央银行的存款应当有10元，也就是法定存款准备金率为10%。在商业银行未进行信用创造之前，商业银行没有客户存款，不需要计提法定存款准备金，其在中央银行的全部存款都构成超额准备金。现在商业银行在中央银行的存款是10亿元，商业银行体系存款只有10亿元，按法定存款准备金率的要求只需要1亿元的中央银行存款，所以现在商业银行体系在中央银行还有9亿元的超额准备金。显然，商业银行有条件继续发放贷款。只要经济中有需要，商业银行贷款就可以继续增加。随着商业银行继续发放贷款，增加存款，超额准备金不断减记，法定存款准备金不断增记。每增加100元存款就需要10元法定存款准备金，很容易算出，当商业银行存款达到100亿元时，最初10亿元的超额准备金全部转化为法定准备金，刚好满足法定存款准备金率10%的条件。此时，商业银行不能再进行新的信用创造活动。

如果我们用 D 代表商业银行存款总额，用 L 代表商业银行贷款总额，用 r 代表法定存款准备金率，用 BB 代表商业银行在中央银行的存款或商业银行持有的基础货币（现在商业银行持有的基础货币等于其在中央银行的存款），我们有以下等式成立：

$$D=L$$

$$D=BB\div r=BB\times(1/r)$$

如果令 R=（1/r），由于法定存款准备金率是小于 1 的一个比率，所以 R 总是大于 1 的一个数。也就是说，商业银行创造的存款总是可以表示为其掌握的基础货币的一定倍数。R 可以称为存款创造乘数。由此看出，存款创造乘数在概念上不同于通常经济学和货币银行学所说的存款派生乘数，取决于原始存款和法定存款准备金率，而是取决于商业银行体系持有的基础货币和法定存款准备金率。在这里，所有的商业银行存款都是以一定的基础货币为前提条件创造出来的，但并非是由所谓的原始存款或者基础货币派生出来的。商业银行的存款是商业银行自己创造出来的。

因此，在我们现在这个还没有出现现金的经济体系中，如果中央银行提供 10 亿元的资金，商业银行体系存款准备金率为 10%，则最终商业银行可以向实体经济部门提供 100 亿元（即 100=10/0.1）的存款资金。我们假定经济运行在原有基础上经过不断循环，刚好需要 100 亿元的货币，这时货币供求平衡。用表可以表示为：

单位：亿元

| 项目 | 中央银行 | | 商业银行 | | 企业和个人 | |
|---|---|---|---|---|---|---|
| | 资产 | 负债 | 资产 | 负债 | 资产 | 负债 |
| 央行贷款 | 10 | | | 10 | | |
| 央行存款 | | 10 | 10 | | | |
| 商行贷款 | | | 100 | | | 100 |
| 商行存款 | | | | 100 | 100 | |
| 合计 | 10 | 10 | 110 | 110 | 100 | 100 |

我们上面的分析是一个完全的存款货币流通的状况。现在让我们引入现金问题。毕竟我们的经济中使用现金，而且目前还十分普遍。在完全的信用货币制度下，所有的现金最初都是由存款人“提现”形成的，经济中先有存款，后有现金，现金都是由存款“取”出来的。现金与存款的比率称为“现金漏损率”或“提现率”。我们可以设想，中央银行会直接拿现金贷给商业银行，商业银行直接拿现金贷给企业或个人，但这种想法只具有理论上的可能性，不具有实践上的可行性。个别时候仍然会发生商业银行向企业和个人提供现金贷款的情况，但我们这里说的是初始状态和作为整体的商业银行，而且即使这时候商业银行提供现金贷款，那现金也是从其在中央银行的存款转化而来的。通常情况下，对中央银行、商业银行乃至企业、个人等经济主体而言，采用存款形式的负债都是最经济的，由商业银行和实体经济自主选择多少持有、多少存款、多少现金，也是最符合经济主体理性和满足灵活需要的办法。

如果个人希望持有部分现金，比如说存款的10%，个人只能去商业银行“兑现”。商业银行并没有银行券或者钞票，它不是发行银行，只好去提取其在中央银行的存款，也就是要求中央银行为其“兑现”。我们从最初银行贷款10亿元的时候开始分析。

当商业银行先向中央银行提取现金时，则有下表：

单位：亿元

| 项目 | 中央银行 | | 商业银行 | | 企业和个人 | |
|---|---|---|---|---|---|---|
| | 资产 | 负债 | 资产 | 负债 | 资产 | 负债 |
| 央行贷款 | 10 | | | 10 | | |
| 央行存款 | | 9 | 9 | | | |
| 现金 | | 1 | 1 | | | |
| 商行贷款 | | | 10 | | | 10 |
| 商行存款 | | | | 10 | 10 | |
| 合计 | 10 | 10 | 20 | 20 | 10 | 10 |

从表中可以看出，原来商业银行在中央银行的存款10亿元现在变成了9亿元，同时商业银行增加了1亿元的现金在自己的手头上。这是商业银行向中央银行提取现金的行为。如果商业银行为企业和个人办理提取现金，企业和个人的存款减少1亿元，但企业和个人持有的现金终于到手了，也是1亿元。这是企业和个人向商业银行提取现金的过程。现金进入流通包括了两个“兑现”的过程。我们现在有下表：

单位：亿元

| 项 目 | 中央银行 | | 商业银行 | | 企业和个人 | |
|---|---|---|---|---|---|---|
| | 资产 | 负债 | 资产 | 负债 | 资产 | 负债 |
| 央行贷款 | 10 | | | 10 | | |
| 央行存款 | | 9 | 9 | | | |
| 现金 | | 1 | | | 1 | |
| 商行贷款 | | | 10 | | | 10 |
| 商行存款 | | | | 9 | 9 | |
| 合计 | 10 | 10 | 19 | 19 | 10 | 10 |

可以看出，当企业和个人提取现金时，没有改变中央银行资产负债总量，但改变了中央银行的负债结构，负债从原来只有商业银行存款，又增加了一项现金，但现金是由企业和个人持有的。而商业银行的资产负债结构和总量都发生了变化，都减少了1亿元。更

重要的是，原来企业和个人拥有的货币只能是商业银行的存款。虽然中央银行为商业银行提供了贷款，但并没有直接参与到对个人和企业的货币供应活动中。现在企业和个人的货币总量虽然仍然是10亿元，但结构发生了变化，商业银行存款9亿元，现金1亿元，前者是商业银行的负债，后者是中央银行的负债，中央银行为实体经济提供了货币供应。与只有商业银行存款的情况不同，当出现现金后，中央银行和商业银行共同为实体经济提供货币供应。[1]

现在我们注意到，由于企业和个人提取现金导致了商业银行在中央银行的存款减少了1亿元，降低为9亿元，与没有提取现金的情况相比，商业银行进一步进行信用创造的能力下降了。提现率被称为“现金漏损率”，就是因为现金的使用导致了商业银行持有基础货币即准备金的流失，降低了商业银行信用创造能力。下一步商业银行的信用创造，不仅要考虑法定存款准备金的影响，也要考虑提现因素的影响。从对商业银行信用创造能力影响的角度看，提现率与法定存款准备金率的作用是一样的，相当于法定存款准备金率提高了。没有现金提取的时候，每增加100元存款，商业银行需要将10元准备金从超额准备金调整为法定准备金；现在每增加100元存款，还要额外耗费10元准备金用于满足客户提取现金的需要。所以，给定准备金数额，商业银行的存款创造能力将取决于法定存款准备金率与提现率的和。当商业银行的全部超额准备金按比例全部转化为法定存款准备金和现金的时候，商业银行创造的存款数额达到最大，现在以100亿元的基础

1　由于我们假定中央银行不直接与实体经济发生联系，所以中央银行对实体经济提供货币是通过向商业银行提供信用间接实现的。

货币为条件最终可以创造存款 50 亿元。如果用 C 表示现金，用 c 表示提现率，我们用前面的符号和等式表示就是：

$$L=D+C$$

$$D=BB\div(r+c)$$

$$=BB\times\left(\frac{1}{r+c}\right)$$

$$R=\left(\frac{1}{r+c}\right)$$

按着上述约束条件，如果银行体系信用创造达到最大程度，最后中央银行、商业银行和实体经济的货币状况如下：

单位：亿元

| 项　目 | 中央银行 | | 商业银行 | | 企业和个人 | |
|---|---|---|---|---|---|---|
| | 资产 | 负债 | 资产 | 负债 | 资产 | 负债 |
| 央行贷款 | 10 | | | 10 | | |
| 央行存款 | | 5 | 5 | | | |
| 现金 | | 5 | | | 5 | |
| 商行贷款 | | | 55 | | | 50 |
| 商行存款 | | | | 50 | 50 | |
| 合计 | 10 | 10 | 60 | 60 | 55 | 55 |

需要指出的是，为了分析简便，我们刚才假设企业和个人需要多少现金，商业银行就向中央银行提取多少现金，而且商业银行没有在自己的金库里保留现金，流出银行体系的现金在存款创造的过程中没有回流。事实上，大多数情况下商业银行会保留一部分现金在手头上，企业和个人得到现金后有时还会回存到商业银行去。但我们进一步思考，这些因素都可以反映为提高或者降低提现率的因素。我们也可以说，一定的提现率是考虑了这些因

素之后形成的。所以，省略了这些细节并不影响上面存款创造乘数结论的成立。当然，我们也可以设定商业银行需要保留多少现金，使我们的例子更加贴近实际。

现在让我们往更复杂的情况考虑，商业银行的存款在前面我们一直没有解释和界定。实际上前面的分析是假设商业银行创造的存款都是活期存款，即像现金一样发挥货币作用的存款。我们所说的法定存款准备金率也是活期存款的准备金率。但在经济运行中，企业和个人可能将活期存款转化为定期存款。定期存款的流动性低，提现的要求也低，所以定期存款较活期存款的法定准备金率可以低一些。这种情况出现，意味着每创造 100 元活期存款还需要额外占用一部分超额准备金用于增加因定期存款产生的法定存款准备金的需要。比如，假定每创造 100 元活期存款，会有 20% 转化为定期存款，同时定期存款的法定存款准备金率为 5%，这等于说每创造 100 元活期存款相对以前需要多占用 1 元的超额准备金（100 × 20% × 5%=1）。这样，当我们考察同样的基础货币的信用创造时，就需要把定期存款导致的超额准备金的消耗考虑在内。如果按前面我们所说的例子，基础货币是 10 亿元，法定存款准备金率为活期存款的 10%，提现率为活期存款的 10%，每 100 元活期存款有 20% 转化为定期存款，且定期存款的法定存款准备金率为 5%，最后每创造 100 元活期存款需要占用的准备金数量是 21 元，10 亿元基础货币最终可创造出的活期存款为 47.62 亿元（10 ÷ 0.21=47.62），可创造出的定期存款为 9.52 亿元（47.62 × 20%=9.52），形成现金为 4.762 亿元（47.62 × 10%=4.762）。结果如下表：

单位：亿元

| 项目 | 中央银行 | | 商业银行 | | 企业和个人 | |
|---|---|---|---|---|---|---|
| | 资产 | 负债 | 资产 | 负债 | 资产 | 负债 |
| 央行贷款 | 10 | | | 10 | | |
| 央行存款 | | 5.24 | 5.24 | | | |
| 现金 | | 4.762 | | | 4.762 | |
| 商行贷款 | | | 61.9 | | | 61.9 |
| 商行存款 | | | | 57.14 | 57.14 | |
| 其中：活存 | | | | 47.62 | 47.62 | |
| 定存 | | | | 9.52 | 9.52 | |
| 合计 | 10 | 10 | 67.14 | 67.14 | 61.90 | 61.9 |

如果我们继续用前面的符号从一般的角度反映商业银行体系的信用创造活动，即 D 表示活期存款，BB 表示基础货币，L 表示商业银行贷款总量，C 表示现金，r 表示法定存款准备金率，c 表示提现率，同时用 DT 表示定期存款，t 表示定期存款相当于活期存款的比例，rt 表示定期存款法定存款准备金率，DD 表示全部存款，可以得到以下等式：

$$L=D+T+C$$

$$D=BB\times\left(\frac{1}{r+c+t\cdot rt}\right)$$

$$DT=D\times t$$

$$DD=D+T=BB\times\frac{1+t}{r+c+t\cdot rt}$$

可以看出，我们现在有两个存款创造乘数，第一个是活期存款创造乘数（$R_1$），第二个是全部存款创造乘数（$R_2$）。即：

$$R_1=\left(\frac{1}{r+c+t\cdot rt}\right)\qquad R_2=\left(\frac{1+t}{r+c+t\cdot rt}\right)$$

从对存款创造的影响角度看，我们还可以设想更为复杂的情况。比如，为了稳健起见，商业银行在经营中可能会愿意保留一部分超额准备金而不创造新的存款，这样其超额准备金总是不会全部占用。风险厌恶是商业银行的本性，付出这样的成本可以使商业银行在经营中更加安全，从而取得社会公众的信任，我们可以也将其视为所创造的活期存款的一定比例，并称之为合意超额准备金率，以区别于一般的超额准备金。如果假定其为活期存款的 1%，这相当于商业银行体系每创造 100 元活期存款需要额外再占用 1 元的基础货币。从前面的分析我们可以看出，这个变化将引起存款创造乘数的变化。如果按前面我们所说的例子，基础货币是 10 亿元，法定存款准备金率为活期存款的 10%，提现率为活期存款的 10%，每 100 元活期存款有 20% 转化为定期存款，且定期存款的法定存款准备金率为 5%，合意超额准备金率为 1%，最后每创造 100 元活期存款需要占用的准备金数量是 22 元[100×（10%+10%+20%×5%+1%）=22]，那么 10 亿元基础货币可以支持创造的活期存款为 45.45 亿元（10÷0.22=45.45），定期存款 9.09 亿元（45.45×20%=9.09），形成现金 4.55 亿元（45.45×10%=4.545）。前表变化为下表：

单位：亿元

| 项目 | 中央银行 | | 商业银行 | | 企业和个人 | |
|---|---|---|---|---|---|---|
| | 资产 | 负债 | 资产 | 负债 | 资产 | 负债 |
| 央行贷款 | 10 | | | 10 | | |
| 央行存款 | | 5.45 | 5.45 | | | |
| 现金 | | 4.55 | | | 4.55 | |
| 商行贷款 | | | 59.09 | | | 59.09 |
| 商行存款 | | | | 54.54 | 54.54 | |
| 其中：活存 | | | | 45.45 | 45.45 | |
| 定存 | | | | 9.09 | 9.09 | |
| 合计 | 10 | 10 | 64.54 | 64.54 | 59.09 | 59.09 |

如果我们用 e 表示合意超额准备金率，则前面的等式分别改写为：

$$L=D+T+C$$

$$D=BB\times\frac{1}{r+c+t\cdot rt+e}$$

$$DT=D\times t$$

$$DD=D+DT=BB\times\frac{1+t}{r+c+t\cdot rt+e}$$

$$R_1=\frac{1}{r+c+t\cdot rt+e}\qquad R_2=\frac{1+t}{r+c+t\cdot rt+e}$$

需要指出，因为我们是从总体上和初始状态下论述的，不仅分析了中央银行和商业银行体系分别是如何创造信用的，基础货币以及存款和现金是如何进入流通的，而且展示了在不同约束条件下银行体系信用创造的不同情况以及存款创造乘数的变化。它说明中央银行创造的一笔基础货币，商业银行以其为条件的信用创造会形成多倍的存款，但我们的论述与通常的论述有所不同，基本的结论倒是类似。商业银行具有信用创造的魔力，但这种魔力受到持有基础货币等一些因素的制约。

上述内容虽然是从初始状态说明的，但同时也是一个流量模型，适用于增量分析。假定在一定时点上，我们要研究既定的存量上，中央银行净增加或净减少基础货币会产生什么结果，研究下个时期的货币创造问题，上面的模型同样是成立的。在动态的过程中，实体经济需要的存款和现金各有多少，商业银行为了满足客户需要一般应当保留多少现金；中央银行、商业银行的负债结构会发生变化，有时现金会转化为存款，有时存款会转化为现金。当企业和个人对现金的需求增加，提现率提高，就意味着商业银行持有的基础货币减少，商业银行体系的信用创造基础和能力就会下降；反之，当企业和个人用现金存款时，他们在商业银行的存款增加，商业银行持有现金增加，当超过商业银行应当持有的合理比例时，商业银行会回存到中央银行，银行体系在中央银行的存款就会增加，而中央银行的现金发行就会减少，商业银行体系信用创造能力就会增强。我们还可以考虑合意超额准备金的各种变化。看起来在动态的经济运行中，货币创造过程十分复杂。不过，我们现在是从总体上考虑货币供应问题。一个时期的结果总会体现为净变化，基础货币是净增加还是净减少，存款是净增加还是净减少，现金是净增加还是净减少，上述变化莫测的因素最终抽象掉了。而净增加或净减少的逻辑关系是清晰的，即基础货币的净增加可以导致经济中货币供应的净增加，贷款的净增加导致存款和现金的净增加，反之则反是。但现实经济中货币供应一般总是增加的，相反的情况则极少见，尤其在现代经济中中央银行肩负着货币稳定的职责，实际生活中更难以发生货币供应绝对下降的情况。[1]

我们可以把前面分析的内容，即当中央银行向商业银行体系注入一笔基础货币供应时，考虑不同因素商业银行信用创造的情况归纳如下：

---

1　对存款创造的乘数可以有多种表述，这里采用的是简化的表述，它可以简明地表示出货币创造中不同变量之间的主要关系，缺点是不够精确。有兴趣的读者可以参阅盛松成、翟春：《中央银行与货币供给》，中国金融出版社 2015 年版。

单位：亿元

| | 模型一 | 模型二 | 模型三 | 模型四 |
|---|---|---|---|---|
| 约束因素 | 只有活期存款，没有现金，无超额准备金 | 有活期存款和现金，无超额准备金 | 有活期存款、定期存款、现金，无超额准备金 | 有活期存款、定期存款、现金，有合意超额准备金 |
| 商业银行体系基础货币（BB） | 10 | 10 | 10 | 10 |
| 活期存款法定准备金率（r） | 10% | 10% | 10% | 10% |
| 提现率（c） | | 10% | 10% | 10% |
| 定期存款比率（DT/D=t） | | | 20% | 20% |
| 定期存款准备金率（rt） | | | 5% | 5% |
| 合意超额准备金率（e） | | | | 1% |
| 活期存款创造乘数（$R_1$） | R=1/r=10 | R=1/（r+c）=5 | R=1/（r+c+t·rt）=4.76 | R=1/（r+c+t·rt+e）=4.55 |
| 形成活期存款（D） | D=BB×R =100 | D=BB×R =50 | D=BB×R =47.6 | D=BB×R =45.5 |
| 形成现金（C） | | C=5 | C=4.76 | C=4.55 |
| 形成定期存款（DT） | | | DT=Dt =9.52 | DT=Dt =9.09 |
| 存款创造乘数（$R_2$） | | | R=（1+t）/（r+c+t·rt）=5.71 | R=（1+t）/（r+c+t·rt+e）=5.45 |
| 全部存款（DD） | 100 | 50 | 57.1 | 54.5 |
| 全部贷款（L） | 100 | 55 | 61.86 | 59.05 |

### （三）商业银行体系信用创造与单个商业银行信用创造

前面我们讲到商业银行的时候明确指出，是把由多个商业银行组成的体系当作一个商业银行，来考察其与中央银行和实体经济的关系。单个商业银行具有信用创造功能，它能够凭借一种资产创造另外一种资产，凭借一种权利创造另外一种权利，这是没有疑义的，我们从老约翰的金匠铺就已经认识到这一点。但单个商业银行的信用创造与整个商业银行体系信用创造还是有所不同的，我们前面在分析中其实也都试图突出这一点。

观察单个商业银行，其经营活动的核心，也是在存款创造过程中千方百计保持准备金的数量与吸收存款的数量保持在合理的比例关系上，这如同把商业银行作为一个整体考察是一样的。问题是，当一家商业银行获得一笔基础货币，它的信贷活动应当如何展开呢？比如，按照最简单的银行信用创造模型，不考虑定期存款、提现和合意超额准备金因素，当一家商业银行具有 1 亿元基础货币，且处于超额准备金的状态，设法定准备金率为 10%，不考虑其他因素的影响，按前面我们分析的货币创造乘数，这家银行最高的存款规模能够达到 10 亿元吗？对此，似乎有两个完全不同的答案。一种观点认为，上述货币创造的内容只适合于商业银行体系；一种观点则认为单个商业银行也完全适合。我们现在来研究一下这个问题。

我们考察商业银行体系的时候曾说，决定商业银行经营的基础货币供应取决于中央银行，源于中央银行。同时，经济总是增长的，货币总是增长的，在其他条件不变的情况下，保持货币的增长，必须增加中央银行基础货币供应，这是货币供应增长的前提。这个说法对于单个商业银行从根本上来说当然也不会错。但是，如从具体单个商业银行运行过程看，情况则有所差异。

我们设想商业银行体系形成初期只有一家商业银行，现在新成立了一家新的商业银行。新成立的商业银行一般不会直接到中央银行获取基础货币来源，也不会向其他商业银行借款开展贷款业务。即便有这样的情况，其活动结果正如前面已经讲述的那样。它的做法更实际的是：第一条途径，争取将第一家商业银行的客户吸引到自己这里来，这样就会把前者吸存的基础货币分流过来。因为不同的商业银行分别在中央银行开户，当客户的资金从一家银行转移到另一家银行的时候，最终伴随着等额的基础货币从第一家银行转到第二家银行。另一条途径就是，流通中已经存在现金，新成立的银行把流通中的现金吸存到自己这里来。这两条途径实际上都是该商业银行吸收存款增加准备金的办法。基础货币的流动不仅取决于商业银行一方，还要取决于实体经济中企业和个人的经济行为。他们的支付往来活动带动着基础货币的流动，他们持有货币的取向和对不同商业银行的认识和偏好以及业务关联等，也都带动着基础货币的流动。设想如果商业银行体系是许多家商业银行组成的，中央银行基础货币供应总量不变，商业银行就只能通过相互竞争，吸收存款，努力争取占有更多的基础货币。对于商业银行体系，基础货币是中央银行外生的，不能改变；但对于单个的商业银行来说，都希望通过竞争获得更多的基础货币，各个商业银行拥有的基础货币必然是不同的。由于各个商业银行吸收的基础货币多少不同，进行贷款运用的情况也不同，有的商业银行基础货币与其存款比例合适，有的不合适，商业银行之间也会相互融通基础货币。这构成了以融通基础货币为对象的银行间资金市场。当然，在中央银行认为基础货币总量需要增加时，中央银行也会提供新的基础货币供应。但由此显然能够认识到，基础货币供求形成了市场，我们应当更多地从市场角度来考察和认识这个问题。基础货币对于商业银行的极端重要性，决定了单个商业银行必须努力增加存款，这是增加其准备金的主渠道，其他渠道都是补充性的渠道。

我们假设下表是初始状态，现在只有一家商业银行，即商业银行$_1$，法定存款准备金率为10%，不考虑定期存款和超额储备的问题，可以看出商业银行的信贷能力达到极限。

单位：亿元

| 项目 | 中央银行 | | 商业银行$_1$ | | 企业和个人 | |
|---|---|---|---|---|---|---|
| | 资产 | 负债 | 资产 | 负债 | 资产 | 负债 |
| 央行贷款 | 10 | | | 10 | | |
| 央行存款 | | 5 | 5 | | | |
| 现金 | | 5 | | | 5 | |
| 商行贷款 | | | 55 | | | 55 |
| 商行存款 | | | | 50 | 50 | |
| 合计 | 10 | 10 | 60 | 60 | 55 | 55 |

现在假设新成立了一家银行，商业银行$_2$。这家银行我们假设它直接吸收现金存款1亿元，这将改变上述银行业务状况的格局。商业银行$_2$吸收现金存款1亿元，一方面它自己的存款要增加1亿元，另一方面它库存现金增加1亿元。我们知道，商业银行在中央银行的存款和库存现金一样都可以作为法定存款准备金，都可以成为信用创造的基础。所以，商业银行$_2$将这1亿元现金直接作为库存现金，还是把这1亿元现金再上存中央银行，对于研究信用创造问题都是一样的。为分析简单起见，我们假设

商业银行$_2$又将现金上存中央银行，这样它吸收的现金存款转化为其在中央银行的存款，而中央银行的现金发行将相应减少1亿元。所以，当一家商业银行吸收现金形成存款时，一方面它自己的负债方增加实体经济主体的存款，另一方面引起其在中央银行存款的增加。所以上表转化为下表：

单位：亿元

| 项目 | 中央银行 | | 商业银行$_1$ | | 商业银行$_2$ | | 企业和个人 | |
|---|---|---|---|---|---|---|---|---|
| | 资产 | 负债 | 资产 | 负债 | 资产 | 负债 | 资产 | 负债 |
| 央行贷款 | 10 | | | 10 | | | | |
| 央行存款 | | 6 | 5 | | 1 | | | |
| 现金 | | 4 | | | | | 4 | |
| 商行贷款 | | | 55 | | | | | 55 |
| 商行存款 | | | | 50 | | 1 | 51 | |
| 总计 | 10 | 10 | 60 | 60 | 1 | 1 | 55 | 55 |

我们看到，商业银行$_2$的进入没有改变商业银行$_1$的资产负债状况。但导致了中央银行负债结构以及企业和个人资产结构的变化，如果这种变化是长期的，实际上说明现金与存款的比例发生了变化，那我们各个机构的存款、贷款规模和资产负债结构都将发生变化。我们假定并非如此，以便使我们进一步分析对商业银行信用创造的影响。

现在我们看到，商业银行体系实际上相当于增加了1亿元的基础货币。商业银行$_2$显然可以按照我们前述的规律进行信用活动。按照法定准备金率10%、提现率10%的条件，理论上该商业银行能将贷款最多扩大到4.5亿元，经计算该银行可最多形成存款5亿元。[1]此时，两个银行的基础货币得到最大程度的应用，

1 需要注意的是，商业银行$_2$首先吸收客户现金已经形成了1亿元的存款，其全部存款中这一部分并非是由其创造的，它创造的存款是4亿元。通常教科书使用原始存款和派生存款来论述两者之间的关系，我们这里不再重复。

整个商业银行体系也是如此。

单位：亿元

| 项目 | 中央银行 | | 商业银行$_1$ | | 商业银行$_2$ | | 企业和个人 | |
|---|---|---|---|---|---|---|---|---|
| | 资产 | 负债 | 资产 | 负债 | 资产 | 负债 | 资产 | 负债 |
| 央行贷款 | 10 | | | 10 | | | | |
| 央行存款 | | 5.5 | 5 | | 0.5 | | | |
| 现金 | | 4.5 | | | | | 4.5 | |
| 商行贷款 | | | 55 | | 4.5 | | | 59.5 |
| 商行存款 | | | | 50 | | 5 | 55 | |
| 总计 | 10 | 10 | 60 | 60 | 5 | 5 | 59.5 | 59.5 |

一家银行在只吸收1亿元存款的情况下，居然发放出去4.5亿元的贷款。这种情况会发生吗？我们认为，会的。单个银行在进行信用创造时，首先考虑的就是自己的准备金与存款的关系，这样做并没有违反规定和经营要求。但这需要一定的前提条件，那就是，商业银行$_2$的客户与商业银行$_1$没有业务关系，两者之间没有收支往来。这等于说，每个商业银行都有自己的客户群，存款贷款活动都是固定的。我们可以想象，在这种情况下，商业银行信用创造过程中其在中央银行的存款是不会变动的，每个商业银行都可以根据自己吸收的基础货币的多少，不断地增加贷款，创造存款，存款留存在银行而不外流，只要在中央银行的准备金与其创造和吸收存款之间的比例保持法定的比例即可。

单个商业银行经营的过程中，最怕的是其准备金的无规则变动，因为准备金的变动需要商业银行调整自己的资产负债规模，以便确保其存款负债与准备金之间符合法定要求。当商业银行$_2$的业务达到信用创造的最大能力时，如果商业银行$_2$的客户需要把资金支付给在商业银行$_1$开户的客户，不要说5亿元存款全部转移到商业银行$_1$，就算是0.5亿元，也将耗尽商业银行$_2$的全部准备金，商业银行$_2$将处于不能满足法定准备的境地，这在市场竞争中是无法承受的。原因正如前面已经指出的，商业银行之间的支付都涉及其准备金的变化，需要将其在中央银行的存款从自己的账户支付到另一家商业银行的账户。

我们假设商业银行之间存在资金收付活动，这样更加符合实际。因为有众多企业和个人，提取资金进行支付是经济主体自己的权利，商业银行恰恰不能限制自己客户的这个自由。这样两个银行之间你来我往，正如前面我们已经指出的，影响商业银行准备金变化的是支付清算的净额。在只有两家商业银行的情况下，一家商业银行如果每个时期收进的资金与支出的资金相等，则意味着另一家也处于相等的情况，那么尽管他们的客户各自有大量的收支往来，但两个商业银行之间不需要实际的资金流动，这意味着两个银行的准备金数量不会变动，从而有利于其准备金与其存款负债之间的比例关系保持稳定，而不至于再去调整自己的资产负债结构。显然，在这种情况下，或类似情况下，准备金发生变动但变动幅度很小，单个商业银行大体按照存款创造乘数扩大业务规模也是可能发生的。

类似的情况如我国在改革开放初期、20 世纪 80 年代，全国只有工农中建几家专业银行，而且各自经营的领域划分清晰，企业和个人开户基本固定。这时，一家银行吸收到基础货币，支持该银行在自己体系内不断创造存款，各银行之间资金流动净额相对不大，使基础货币可以持续支撑存款按比例增加，存款创造乘数即使在单个银行内也是大体可以成立的。即使在今天，诸如工农中建这样的超大规模、覆盖全国的商业银行，贷款后资金完全在体系内循环的情况比比皆是，按照存款创造乘数理论来考虑和安排贷款在一定条件下仍可成立。当然，我们也可以设想，如果一家银行的经营活动相对封闭，比如在某一地区只有一家银行机构，它与外界往来甚少，客户贷款仍返存在该银行使用，如此则存款创造乘数理论也是可以对单个银行成立的。

问题是，上述情况总的看仍属特殊情况，事实上银行不会按照存款创造乘数的原理进行经营。在我国，现在也有商业银行上百家。我国实行的是分支行制，银行机构数量相对较少。像美国这样的国家，商业银行不允许设立分支机构或限制极严，银行数量众多。美国商业银行最多的时候有 3 万多家，后来长期保持在 1 万多家，大的商业银行规模在数千亿美元以上，而小的商业银行规模甚至只有数百万美元，每年数百家银行倒闭破产。至 2013 年底，美国犹有 5876 家商业银行。[1] 设想在如此众多的商业银行情况下，资金往来频繁，市场竞争激烈。一家银行可能自身临时需要购入一项资产而不得不对其他银行发生大额支付，也可能因客户对外支付集中而不得不对其他银行发生大量支付，也可能因一时的提现增加导致意外的准备金漏损，自己保存的准备金数量很难控制。商业银行要保持准备金与其吸收的存款合理的关系极为困难，不得不采取保守的经营策略。

较早期的货币银行学教科书都专门讲过，商业银行要想稳健经营，非要相互之间保持协调一致的行动不可。也就是说商业银行要尽量保持稳健的信用创造节奏，确保自己的资金收支稳定，准备金稳定，以避免银行间频繁被动地借入资金，甚至于不得不对存款负债和贷款做出调整。可以设想，越是各家银行的存贷活动

1　参见张健华：《美国金融制度》，中国金融出版社 2016 年版，第 22 页。

平稳一致，准备金在各银行之间的分布也越稳定，银行之间的借贷也就相对平稳，各银行之间拆进拆出实属正常。但如果一家商业银行贷款过于激进，总是极尽其准备金使用的极限，频繁地在与其他银行收支中出现缺口，在中央银行的准备金不足应对，被迫向其他商业银行寻求非正常融资，则对其声誉将造成极大伤害。[1]如果到了不得不缩减资产规模的地步，则这家商业银行的命运堪忧。中央银行制度建立后，由其发挥最后贷款人的功能，商业银行可以在关键时候向中央银行融资，一般商业银行经营中已出现无因对外支付资金亏绌不得不缩减资产的情况。但在美国这样的发达国家，如果一家商业银行到了不得不求助于中央银行的地步，会被市场认定为经营不善的表现。所以，在这样的经营压力下，单个商业银行务求稳健经营，以求准备金与存款之间在符合法定要求的比例外而犹有宽裕，在满足法定存款准备金之外还要持有部分超额准备金不再运用，以确保满足兑现和对外支付的需要，过于冒险则为银行家所不取。

所以，在众多商业银行充分竞争的情况下，商业银行经营中不得不考虑频繁的存款对外支付，按照存款乘数理论那样扩张到极限进行贷款极为罕见，相反，现实中只能严格受其持有的基础货币即可用准备金的制约，完成信用创造功能最终通过各家商业银行的经营活动而实现。几乎所有的经济学、货币银行学教科书中，所举的例子都是这样，仅仅大同小异而已。但这些著作在举这些例子时，并未说明是在众多商业银行充分竞争条件下出现的情况，也未说明商业银行不得不采取如此经营行为的原因，以至

1 即使在银行间市场十分发达的今天，如果一家银行因其在中央银行准备金不足支付，市场寻求资金无门，账务难平，也会被认为是商业银行经营的大忌。

引起到底是商业银行体系具有信用创造功能还是单个商业银行具有信用创造功能的争议，有的甚至完全排除了单个商业银行信用创造的功能，把存款创造乘数反映的现象当成是只有银行体系才具有的功能。比如，在现在西方国家和我国都流行甚广的弗雷德里克·S. 米什金编著的《货币金融学》中，对存款创造乘数理论的描述就是这样的。[1] 他假定美联储向第一国民银行购进 100 美元的债券，这导致第一国民银行的准备金增加 100 美元。如果第一国民银行不愿意持有这些准备金，而愿意增加贷款，它最多可以按照准备金的数量即 100 美元来发放贷款。第一国民银行发放贷款后，客户将存款全部支付给其他银行的客户，比如 A 银行，该银行因为吸收这 100 美元存款，其在美联储的准备金增加 100 美元，如按法定存款准备金率 10% 计算，扣除法定存款准备金后，该银行有 90 美元的超额准备金。A 银行可以向自己的客户发放贷款 90 美元，该客户又将全部存款资金支付给在 B 银行开户的客户。B 银行按照上述规则发放贷款，客户又将存款全部支付给 C 银行开户的业务对手，如此持续下去。最后，存款创造的情况如下：

单位：美元

| 银行 | 存款增加 | 贷款增加 | 准备金增加 |
|---|---|---|---|
| 第一国民银行 | 0.00 | 100.00 | 0.00 |
| A 银行 | 100.00 | 90.00 | 10.00 |
| B 银行 | 90.00 | 81.00 | 9.00 |
| C 银行 | 81.00 | 72.90 | 8.10 |
| D 银行 | 72.90 | 65.61 | 7.29 |
| E 银行 | 65.61 | 59.05 | 6.56 |
| F 银行 | 59.05 | 53.14 | 5.91 |
| …… | …… | …… | …… |
| 所有银行总计 | 1000 | 1000 | 100 |

1　参见弗雷德里克·S. 米什金：《货币金融学》（第 9 版），中国人民大学出版社 2011 年版，第 332–334 页。

我们看到，这个例子最大的特点是，假设商业银行创造的存款不能留存在自己这里，而是全部流出到其他银行，并相应导致准备金的流出。第一家银行在取得增加自己准备金的初始存款后，发放贷款、创造存款并不是按照准备金的一定倍数来确定，相反，必须按照多少初始存款，扣除法定准备金，即为超额准备金的数量，然后按照超额准备金来发放贷款。同时，给客户发放贷款后，形成的存款都不会滞留在自己的银行里，而会全部转移到下一家银行，由此导致准备金进入到第二家银行并继续开展信用创造。依此类推。由于每一家银行创造出存款后随即都流向别的银行，对于单个的商业银行来说，它认为自己并没有创造出新的存款，只是按照吸收的存款扣除法定存款准备金后以可用的信贷资金发放贷款。然而，从整个商业银行体系来说，信用创造乘数现象实实在在地发生了，完成了一笔以初始存款形成商业银行持有基础货币为条件不断创造的全过程。

这样的描述，我们相信更加符合众多商业银行充分竞争进行经营的实际情况。在众多商业银行竞争的情况下，一家商业银行向一家企业贷款，必然担心其形成的存款会被使用并支付给其他银行导致动用超额存款准备金，为此确定自己贷款规模时必然以可运用的超额准备金为限，而不会大于超额准备金规模发放贷款。这是完全竞争中的商业银行必须遵循的经营铁律。我国现在有这样的情况，一些银行在经营中会要求企业必须将自己的存款的一部分存在本银行，甚至以此作为发放贷款的条件。这会使其创造的存款留存在本银行，并使该商业银行可运用资金比上述例子中大一些，但总体上不会改变商业银行的经营规则。这样，从单个的商业银行来说，他们的经营总是不断吸收存款获取基础货币，形成准备金，将准备金留足法定准备金的部分，然后按超额准备金的多少安排贷款。黄达教授在描述这种情况后说，对各商业银行来说，它们并不认为自己创造了货币，只不过是把顾客暂时不用的钱贷出去赚取利息，同时承担主要顾客按存款契约所允许的条件用钱就必须及时予以保证的义务；当把各个银行不认为可以创造出一分钱货币的行为连成一个系统之后，却发生了质的变化，形成了存款货币创造机制。这正是现代银行体系的奥妙之处。[1] 我们认为，这是对实际生活中商业银行行为的贴切而精当的论述。

说到这里，我们还想补充指出的是，信用货币创造的乘数理论是建立在存款成为主要货币形态、部分准备金制度与中央银行支付清算体系基础上的。这三个方面是相辅相成、互相促进的，存款的使用必然促进支付清算体系的发展，而由于存款的使用使得商业银行不必建立100%的准备金，以应对兑现和支付的需要。当中央银行承担起组织全国性清算体系的任务之后，通过各银行在中央银行准备存款账户的划拨成为清算的最后一个环节。黄达教授将银行清算体系的建立作为存款货币创造的前提条件是非常正确的，也是不应当被忽视的。[2] 从前面这个例子我们可以看出，统一的支付清算制度的建立，使得资金在不同银行之间转移时准备金不会漏损，而只是从一个银行转移到另一个银行。支付清算体系就像是一个水池，准备金虽然在不同银行之间流动，但总是在这个水池子里。这才为商业银行体系信用创造提供了基础，存

1　黄达:《宏观调控与货币供给(修订版)》,中国人民大学出版社1999年版,第89页。
2　黄达:《金融学》(第三版),中国人民大学出版社2012年版,第350页。

款创造乘数理论也才能够成立。

现在，我们回过头再回答一下前面留下的一个问题，即贵金属货币与信用货币共同流通下银行是否具有信用创造功能、存款乘数理论是否成立的问题。显然，老约翰的例子说明，理论上存款创造乘数是成立的。但当我们距离实际近一些，诸多像老约翰一样的商业银行家在竞争中努力争取吸收更多的金币，为贷款提供作为保证的准备金。由于统一的支付清算体系没有建立，这些金币不能总是成为商业银行的准备金。金币总是被客户取出、持有，然后流入到另一家银行，再次被客户取出、持有，连续进行下去。可见，与完全的信用货币不同的一点是，这时作为商业银行的准备金不能像信用货币制度下那样，虽然总是在银行间流动，但总是被留存在某一家商业银行而不中断，不是被这一家作为准备金运用，就是被下一家银行接手作为准备金运用，从整个银行体系看实际上并未流出。正因为如此，在信用货币制度下，分散的商业银行总体上具有信用创造功能，货币乘数理论能够成立。我们因之观察到商业银行体系和单个商业银行信用创造的不同。而在前面所讲的贵金属与信用货币共同流通的情况下，信用创造固然能够存在，但实际上存款创造乘数理论难以成立，或者说存款创造乘数可能极低。事实上，在欧美银行业发展的初期，银行林立，竞争激烈，银行家总是陷于信用创造的诱惑而不能自拔，一方面银行被挤兑，破产不断；另一方面流通中货币泛滥，通货膨胀普遍。这些也表明，银行的信用创造难以持续维系，常常超出其应有的界限而不为市场所接受。

当然，中央银行支付清算制度并非在完全的信用货币制度建立后才有，而恰恰是在贵金属货币制度后期逐步建立的。在贵金属货币仍然直接流通且信用货币出现的情况，正如我们前面所分析的那样。而当贵金属货币不再流通，仅仅成为信用货币的发行准备和发行保证的时候，贵金属逐渐被集中在中央银行，成为约束中央银行信用创造的手段。这类似于历史上实行金块本位制、金汇兑本位制的时候，贵金属只是制约了中央银行基础货币的供应。撇开对基础货币约束这一点不论，上述关于信用创造、存款创造乘数的理论对其总体上也是可以成立的。

需要指出的是，对于在完全竞争条件下的单个商业银行和商业银行体系，传统教科书关于原始存款和派生存款的理论基本上是成立的。但我们刻意没有再使用这一对概念，也没有使用存款派生乘数的概念。这是因为我们体会到了我们的论述与传统教科书论述的区别，它们之间实际上并非是原始与派生的关系。信用创造是商业银行与生俱来的功能。

### （四）银行体系多渠道信用创造与经济主体的货币流动

我们前面分析的中央银行和商业银行的活动是一个十分简化的模型，中央银行的业务和商业银行的业务都只有现金、存款和贷款。实际上，它们的活动都很复杂。我们将其主要资产负债项目举例形成下表，不论中央银行还是商业银行资产负债项目都有许多项。同时假设，商业银行体系由多家商业银行组成。与前面不同的是，我们的经济活动主体增加了财政。在我们分析财政活动时，从对经济金融的影响看，中央财政与地方财政有很大的不同。一个突出的区别是，中央财政以各种方式取得资金，然后把资金拨付给不同的单位作为支出来源，自己并不直接支出，特别是中央财政安排支出不完全取决于货币收入，还取决于财政政策，而政策性因素是经济活动的外生变量。地方财政则更像是实体经济中的一种机构，它们获取收入，花掉收入，根据收入多少安排支出，它们的支出受到货币来源的约束。为此，我们干脆把地方财政纳入到实体经济中，把中央财政单列出来，并假设中央财政只在中央银行开户，所以中央财政收取资金和支付资金都通过其在中央银行的账户进行。

单位：亿元

| 项目 | 中央银行 | | 商业银行 | | 中央财政 | | 实体经济 | |
|---|---|---|---|---|---|---|---|---|
| | 资产 | 负债 | 资产 | 负债 | 资产 | 负债 | 资产 | 负债 |
| 央行再贷款 | 2 | | | 2 | | | | |
| 央行外汇资产 | 5 | | | | | | | |
| 央行证券投资 | 3 | | | | | | | |
| 对财政债权 | | | | | | | | |
| 央行存款 | | 2+5+3 | 2+5+3 | | | | | |
| 货币发行 | | | | | | | | |
| 央行票据 | | | | | | | | |
| 财政存款 | | | | | | | | |
| 商行贷款 | | | | | | | | |
| 商行持有外汇 | | | -5 | | | | | |
| 商行证券投资 | | | -3 | | | | | |
| 商行存款 | | | | | | | | |
| 商行金融债券 | | | | | | | | |
| …… | | | | | | | | |
| 合计 | | | | | | | | |

先看中央银行的活动。中央银行除了向商业银行贷款提供资金外，还可以采取在公开市场上购买外汇、购买证券等方式。在一般情况下，中央银行购买外汇和证券的交易对手还是商业银行。也有例外的时候，中央银行直接向企业和个人购买外汇或证券。当中央银行向商业银行购买外汇或证券的时候，效果如同向商业

银行提供贷款一样，会增加商业银行在中央银行的存款，或者说增加基础货币的供应。反之则反是。如上表中，中央银行向商业银行贷款 2 亿元、购买外汇 5 亿元、购买证券 3 亿元，相应增加商业银行存款 2 亿元、5 亿元、3 亿元。不过，我们看到中央银行以贷款方式供应基础货币时，商业银行增加了负债，而当中央银行以购买外汇和证券投资方式增加基础货币供应时，商业银行持有的外汇和证券相应减少。所以，从商业银行来说，前者是其以增加负债的方式取得在中央银行的存款，而后者是商业银行以卖出一种资产为代价增加中央银行的存款。由此我们可以得出结论，一般地说，中央银行针对商业银行增加的资产业务都能增加基础货币的供应，导致商业银行在中央银行存款的增加。

现在看中央银行非存款负债项目变化会有什么结果。我们在前面已经涉及到当商业银行提取现金或向中央银行上存现金导致的中央银行存款出现的相应变化。如若中央银行向商业银行发行票据又是什么结果？

单位：亿元

| 项目 | 中央银行 | | 商业银行 | | 中央财政 | | 实体经济 | |
|---|---|---|---|---|---|---|---|---|
| | 资产 | 负债 | 资产 | 负债 | 资产 | 负债 | 资产 | 负债 |
| 票据 | | 10 | 10 | | | | | |
| 存款 | | -10 | -10 | | | | | |

假设中央银行销售 10 亿元票据给商业银行，商业银行只能用其在中央银行的存款购买。对中央银行来说，这样的业务导致负债结构的变化，本来负债为存款 10 亿元，现在变化为发行票据 10 亿元。对商业银行来说是资产结构的变化，原来拥有 10 亿元在中央银行的存款，现在变成了 10 亿元的中央银行票据。票

据虽然是中央银行的负债，但不是基础货币，不能用来缴纳法定存款准备金。所以，这样的业务减少了中央银行基础货币供应，降低了商业银行信用创造的能力。类似的业务，如中央银行向商业银行发行债券、定向存单等也会产生同样的效果。

我们一直假设中央银行只与财政和商业银行存在业务联系，不过，我们也说过，中央银行在特殊时候也会与实体经济建立业务联系。实际上，由于有的国家中央银行开展公开市场业务的范围不断扩大，与非银行机构甚至实体经济中的企业之间的业务也有发生。我们来看，假设中央银行购买了一家大型企业的债券 10 亿元会有什么结果。

单位：亿元

| 项目 | 中央银行 | | 商业银行 | | 中央财政 | | 实体经济 | |
|---|---|---|---|---|---|---|---|---|
| | 资产 | 负债 | 资产 | 负债 | 资产 | 负债 | 资产 | 负债 |
| 证券 | 10 | 10 | | | | | | 10 |
| 存款 | | | 10 | 10 | | | 10 | |

现在我们只用考虑两种金融资产即可。中央银行购买了企业的债券 10 亿元，需要支付给企业 10 亿元存款。但企业并不在中央银行开户，收到中央银行开出的支票后，企业只能委托商业银行收款。商业银行向中央银行提交支票后，中央银行将 10 亿元记录到商业银行，商业银行同时给企业记录存款增加 10 亿元。结果，中央银行购买企业债券 10 亿元，负债 10 亿元；商业银行吸收企业存款 10 亿元，同时在中央银行形成 10 亿元存款；企业因债券销售增加负债 10 亿元，同时取得在商业银行的存款 10 亿元。可见，如果中央银行直接向实体经济主体提供资金，不仅增加实体经济主体的存款，而且导致商业银行在中央银行存款增加。

中央银行类似的资产业务也会产生同样的效果。相反的情况我们也可以想象，如果实体经济主体直接购买了中央银行发行的票据或债券，相反的资金流向将会发生，不仅实体经济主体的货币减少，也会导致商业银行在中央银行的存款相应减少。

再看商业银行体系的活动。商业银行资产运用的形式也并非只有贷款一项，而是有许多种类。对实体经济主体的资产活动至少包括向企业贷款、购买证券和外汇等。像发放贷款一样，如果商业银行购买实体经济主体持有的外汇或证券，就会增加实体经济主体的存款货币。我们从下表可以看出。

单位：亿元

| 项目 | 中央银行 | | 商业银行 | | 中央财政 | | 实体经济 | |
|---|---|---|---|---|---|---|---|---|
| | 资产 | 负债 | 资产 | 负债 | 资产 | 负债 | 资产 | 负债 |
| 贷款 | | | 2 | | | | | 2 |
| 外汇 | | | 3 | | | | -3 | |
| 证券 | | | 5 | | | | -5 | |
| 存款 | | | | 2+3+5 | | | 2+3+5 | |

上表的含义是，商业银行向实体经济主体贷款2亿元，购买实体经济主体外汇3亿元、购买证券5亿元。我们看到，商业银行购买外汇和证券像发放贷款一样相应地增加了自己的存款负债，或者说增加了实体经济主体的存款资产。由此我们也可以得出结论，如果商业银行按照法定存款准备金的要求，不断增加自己的资产，就会像前面所讲的一样产生存款创造乘数的效果，以一笔基础货币为条件创造出若干倍存款来。比如，商业银行1亿元的基础货币购买证券，如果法定存款准备金率为10%，不考虑其他因素影响，则最多可以购买10亿元的证券。可见，凡是导致商业银行存款负债增加的那些资产业务都具有创造存款的功能。

商业银行的非存款负债项目的变化有什么影响？这些项目主要包括发行金融债券、大额可转让存单等。如果商业银行向实体经济主体增加销售金融债券10亿元，其影响因实体经济主体使用现金还是存款而有所不同。作为对比，假设各为5亿元，其影响如下表：

单位：亿元

| 项目 | 中央银行 | | 商业银行 | | 中央财政 | | 实体经济 | |
|---|---|---|---|---|---|---|---|---|
| | 资产 | 负债 | 资产 | 负债 | 资产 | 负债 | 资产 | 负债 |
| 金融债 | | | | 5+5 | | | 5+5 | |
| 存款 | | | | -5 | | | -5 | |
| 现金 | | | 5 | | | | -5 | |

我们看到，对实体经济主体来说，用现金和存款购买商业银行金融债券效果是一样的，都是其资产结构的调整，即把货币类的存款和现金转化为证券类的金融债券。而对于商业银行来说，实体经济主体如果用存款购买其金融债券，只会导致其负债结构的变化，即减少存款负债，增加金融债券，不涉及基础货币的变化。但如果实体经济主体用现金购买金融债券，则增加了商业银行持有的现金资产，商业银行持有的基础货币增加。商业银行如果将其现金上存中央银行，则中央银行现金发行减少，商业银行在其存款增加，中央银行负债结构发生变化。如下表：

单位：亿元

| 项目 | 中央银行 | | 商业银行 | | 中央财政 | | 实体经济 | |
|---|---|---|---|---|---|---|---|---|
| | 资产 | 负债 | 资产 | 负债 | 资产 | 负债 | 资产 | 负债 |
| 金融债 | | | | 5+5 | | | 5+5 | |
| 存款 | | 5 | 5 | -5 | | | -5 | |
| 现金 | | -5 | | | | | -5 | |

现在我们看财政活动对货币运动的影响。先看中央财政发行债券，其结果会因购买主体的不同而不同。先假设中央财政发行债券的购买主体都是实体经济主体，发行债券规模是10亿元，

实体经济主体5亿元以商业银行存款购买，5亿元以现金购买。我们需要提示一下，前面已经假定，中央财政只在中央银行开户，不在商业银行开户；而实体经济主体都在商业银行开户，不在中央银行开户。其结果如下表所示：

单位：亿元

| 项目 | 中央银行 | | 商业银行 | | 中央财政 | | 实体经济 | |
|---|---|---|---|---|---|---|---|---|
| | 资产 | 负债 | 资产 | 负债 | 资产 | 负债 | 资产 | 负债 |
| 国债 | | | | | | 5+5 | 5+5 | |
| 存款 | | -5+5+5 | -5 | -5 | 5+5 | | -5 | |
| 现金 | | -5 | | | | | -5 | |

我们先看实体经济主体以商业银行存款购买国债的情况。对实体经济主体来说，减少在商业银行存款5亿元，增加持有中央财政债券5亿元，存款减少，债券增加，是资产结构的变化。对于商业银行而言，商业银行要减少自己吸收的实体经济存款5亿元，同时通过中央银行账户支付财政5亿元。商业银行的存款负债和在中央银行的资产同时减少。中央银行减少商业银行存款5亿元，同时增加中央财政存款5亿元，负债结构发生变化。最后中央财政发行国债收入增加5亿元，同时在中央银行存款增加5亿元，资产和负债同时增加。

再看实体经济主体用现金购买国债的情况。对实体经济主体而言，同样是资产结构的变化，现金减少5亿元的同时增加持有5亿元国债。而对于商业银行资产负债结构没有影响，其间商业银行只是代收代付现金款项。对于中央银行而言，现金发行减少5亿元，财政存款增加5亿元，债务结构发生变化。对中央财政而言，国债发行增加5亿元，在中央银行存款增加5亿元，资产和负债同时增加，效果与实体经济主体以银行存款购买一样。

我们再看一下中央财政发行债券由商业银行直接购买的情

况。假设商业银行体系购买国债10亿元，商业银行将以其在中央银行的存款支付给中央财政，然后由中央银行增加中央财政的存款并减少中央商业银行的存款。情况如下表：

单位：亿元

| 项目 | 中央银行 | | 商业银行 | | 中央财政 | | 实体经济 | |
|---|---|---|---|---|---|---|---|---|
| | 资产 | 负债 | 资产 | 负债 | 资产 | 负债 | 资产 | 负债 |
| 国债 | | | 10 | | | 10 | | |
| 存款 | | -10+10 | -10 | | 10 | | | |
| 现金 | | | | | | | | |

我们从表中可以看出，商业银行直接购买中央财政发行的债券后，商业银行持有的债券增加10亿元，同时在中央银行的存款减少10亿元，只是其资产结构发生变化。中央银行账户上财政存款增加10亿元，商业银行账户减少10亿元，负债总量没有发生变化。很明显，这种情况对实体经济的货币状况没有影响。

在较早的时期，中央银行都允许直接购买财政发行的国债。在这种情况下，中央银行直接增加持有国债，同时增加中央财政在中央银行的存款。如下表所示，中央银行直接购买中央财政10亿元债券。这种情况下，商业银行体系和实体经济的货币都没有发生变化。但现在，包括我国在内，都不允许中央银行直接购买财政发行的债券。

单位：亿元

| 项目 | 中央银行 | | 商业银行 | | 中央财政 | | 实体经济 | |
|---|---|---|---|---|---|---|---|---|
| | 资产 | 负债 | 资产 | 负债 | 资产 | 负债 | 资产 | 负债 |
| 国债 | 10 | | | | | 10 | | |
| 存款 | | 10 | | | 10 | | | |

现在我们看偿还国债的情况。假设中央财政向中央银行偿还国债10亿元、向商业银行偿还国债10亿元和向实体经济主

体偿还国债10亿元，与上述的情况刚好相反。财政发生收入、进行支出对货币流通产生的影响与上述情况也基本类似。这里不再赘述。

我们这里还要指出，上面的论述是把商业银行作为一个整体进行研究的。从单个商业银行来说，影响其实更加复杂，不过按照上述办法都可以理出个究竟来。需要补充说明的是，商业银行之间也会发生各种业务往来，即同业业务。前面我们笼统地讲过，它们之间的业务不会影响到中央银行的资产负债总量。

## 五、信用货币制度下银行信用创造和货币资金供应

完全信用货币制度下对实体经济的货币供应彻底摆脱了贵金属货币的制约，流通中已失去贵金属的踪迹。经济系统划分为银行系统和实体经济部门，只有实体经济主体持有的货币才能构成货币供应量。货币供应的多少受到中央银行的调节，也受到商业银行资本充足率的制约。我们力求距离实际更近一些来考察银行体系对实体经济的货币供应问题。

### （一）对实体经济货币供应：从负债方到资产方

我们上面分析了中央银行、商业银行体系、中央财政的资产负债项目及金融活动，以及对实体经济持有货币产生的效应。可以看到，中央银行创造了三种货币负债形式，财政存款、商业银行存款、现金，这些都是为其他经济主体创造的货币。

什么是中央银行的货币？在与贵金属货币相联系的货币制度

下，金等贵金属才是中央银行的货币。而在完全的信用货币制度下，不需要贵金属作为发行保证，中央银行垄断了货币发行权，对其所有的内部债务都可以用发行现金的办法解决。但在对外支付时，一国的货币必须转变为外国的货币或者是黄金，同时黄金、外汇还为本币的信用提供了支撑。所以，理论上中央银行持有的黄金、外汇等国际支付手段才是其“货币”。

从商业银行来说，商业银行为实体经济主体创造了存款，包括活期存款和定期存款，这是商业银行为实体经济主体提供的货币形式。商业银行自己的货币，正如前面已经讲到的，只有在中央银行的存款和持有的现金，即持有的基础货币才是商业银行的“货币”。

对实体经济主体来说，它们的货币只有两种形式：在商业银行的存款和现金，它们是经济运行中商品、劳务、债务、税收的支付结算手段。实体经济主体是银行体系创造的货币的使用者，自己不能创造货币。所以，银行体系为实体经济部门提供了多少货币资金，取决于实体经济主体持有多少存款和现金。

从现象上来看，各个部门、各个经济主体都持有货币，中央银行持有货币，商业银行持有货币，政府持有货币，企业和居民个人当然也是持有货币的主体。但作为对实体经济货币供应量的内容，从各国的实践看，通常纳入的货币应当是居民和非金融企业持有的并用于支出的所有货币资金。这是因为，如前所述，我们研究对实体经济的货币供应是为了更好地实现对实体经济的调节，促进实体经济平稳健康发展，只有与实体经济主体的活动直接相关的货币才能被纳入。个人和企业持有的货币与国民收入或者说与一定时期的产出如国内生产总值是有直接关系的。个人持有和支出货币是为了满足与自己收入相符的需求，工商企业持有和支出货币则是为了扩大利润或营利前景，实际上与其预期的收入是一致的。我们虽然不能确定国民收入的增长与货币的增长存在持续稳定的高相关关系，但两者在趋势上的一致性是世界各国的共同现象。这样，如果我们知道了个人和工商企业可以用于支出的货币的数量，而且也知道他们持有、储存和支出货币的偏好，就可以预测他们的总支出，也就可以预测经济运行的过程和速度。对于政府来说，经济运行在某种程度上就可以通过增加或减少货币供给来调节。

我们再来看银行和中央财政持有货币的目的。从中央银行看，持有货币是为了满足国际支付的需要和提高本币的信誉。从商业银行看，持有货币主要是为了满足法定准备金的要求和支付清算、兑付形成的流动性需求。从中央财政来说，前面已经指出，中央财政以各种方式取得资金，然后把资金拨付给不同的单位作为支出来源，自己并不直接支出，特别是中央财政安排支出不完全取决于货币收入，还取决于财政政策，而政策性因素是经济活动的外生变量。可见，中央银行、商业银行和中央财政持有这些货币资金，并不是为了立即支出用于购买商品和劳务，与国民收入或者国内生产总值没有直接关联。如果将银行和中央政府持有的货币计入货币供应量，就会扭曲货币供给的增长与经济活动之间的预测性联系，从而难以达到研究货币供应的目的。所以，中央银行、商业银行等金融机构以及中央财政持有的货币一般不纳入货币供应量。

初步的结论是，并非所有的我们称之为货币的东西都是对实体经济的货币供应，对实体经济主体来说，有的“钱”不是“钱”，增加了也没有用。实体经济主体掌握的货币即银行体系的负债才构成一国的货币供应量，它们仅仅是银行体系对实体经济主体负债的一部分，但它代表的就是银行体系对于实体经济的货币资金供应。从1994年起，中国人民银行首次参照国际通行做法，将我国的货币供应量分为三个层次。

$M_0$= 流通中的现金

$M_1$=$M_0$+ 活期存款

$M_2$=$M_1$+ 储蓄存款 + 单位定期存款

结合上面分析的内容，我们不妨重复一下。流通中的现金是实体经济主体如个人和企业以及地方政府持有的现金。如果我们拿现金存在了银行，这些现金就成为银行准备金的一部分，那就不再作为货币供应量的组成部分。我们现在的分析中假设不存在非银行金融机构（下一章将分析引入），所以被称为狭义货币供应量 $M_1$ 中所谓的活期存款都是企业或政府单位的活期存款；广义货币供应量 $M_2$ 中储蓄存款指城乡居民的储蓄存款，单位定期存款指企业和各种政府单位和社团单位的定期存款。我们如简单处理可以有以下等式：

货币供应量 = 流通中现金 + 实体经济主体持有的存款

从资产角度怎么看银行体系对实体经济的货币资金供应？我们在前面的分析中实际上包括两种情况。第一种是银行体系只有贷款一种资产形式；第二种是银行体系包含多种资产形式。我们来分别分析一下。为了便于分析，我们现在不考虑政府或财政这个经济主体。首先看下表：

| 中央银行 | | 商业银行 | | 实体经济 | |
|---|---|---|---|---|---|
| 资产 | 负债 | 资产 | 负债 | 资产 | 负债 |
| 商行贷款 | 现金<br>商行存款 | 央行存款<br>对实体贷款 | 央行贷款<br>实体存款 | 现金<br>商行存款 | 商行贷款 |

这是一个最简化的金融体系，只有银行体系和现金、存款、贷款三种金融产品。我们从实体经济资产和负债状况中可以得到一个基本公式，表明实体经济资金来源的信用渠道：

贷款＝现金＋存款＝货币供应量＝社会融资规模

从金融体系也就是现在的银行体系看，由于存在中央银行与商业银行体系的划分，显得有些复杂。但我们知道，银行体系内部的债权债务或者存款、贷款不构成对实体经济的资金供应。但我们把中央银行和商业银行体系的资产负债合并，这些债权债务关系就会相互抵消，我们可以得到下表：

| 银行体系 | | 实体经济 | |
|---|---|---|---|
| 资产 | 负债 | 资产 | 负债 |
| 商行贷款 | 现金<br>商行存款 | 现金<br>商行存款 | 商行贷款 |

现在我们从银行体系的资产负债表可以看出与从实体经济主体观察到的同样的结果，即贷款等于现金加存款。合并后银行体系的资产负债状况使我们看到，商业银行的贷款是通过中央银行的负债现金和自身的存款负债共同支持的，背后则是商业银行对中央银行的负债，实际上是一种债务的转移。

如果是多元化的货币供应渠道，我们以简化的中央银行、商业银行资产负债项目举例如下：

| 中央银行 | | 商业银行 | | 实体经济 | |
|---|---|---|---|---|---|
| 资产 | 负债 | 资产 | 负债 | 资产 | 负债 |
| 商行贷款<br>外汇占款<br>证券投资<br>其他资产 | 现金<br>商行存款<br>发行债券<br>财政存款<br>其他负债 | 央行存款<br>对实体贷款<br>证券投资<br>外汇资产<br>其他资产 | 央行贷款<br>实体存款<br>发行证券<br>其他负债 | 现金<br>商行存款<br>持有证券<br>外汇资产<br>其他资产 | 商行贷款<br>发行证券<br>其他负债 |

由于我们研究的是银行体系与实体经济之间的资金关系，不考虑实体经济内部的资金融通，也不考虑银行体系内的资金融通。因此，上表同样可以合并简化为下表：

| 银行体系 | | 实体经济 | |
|---|---|---|---|
| 资产 | 负债 | 资产 | 负债 |
| 商行贷款<br>对实体的净证券投资<br>外汇占款<br>其他 | 现金<br>商行存款 | 现金<br>商行存款<br>减持外汇资产 | 商行贷款<br>向银行体系净发行证券 |

显然我们可以得到下面的等式：

货币供应量 = 现金 + 存款

= 银行贷款 + 外汇占款

+ 银行体系对实体净证券投资 + 其他

= 社会融资规模

我们在从资产或信用角度对社会融资规模进行统计时，只能统计银行体系对实体经济证券投资的净额。如果把实体经济主体相互进行的证券投资纳入，或者把银行体系购买实体主体证券纳入的同时对实体经济主体购买银行体系证券不做扣除，从对实体经济资金供应的角度看，都会导致对社会融资规模的误算或者重复计算，进而夸大银行体系对实体经济的资金供应。

## （二）中央银行对基础货币和货币供应量的调控

对实体经济货币供应量的提供者显然是也只有是银行体系。其中，中央银行提供了现金，商业银行提供了存款。我们前面分析得出的一个结论就是，商业银行的存款是商业银行以基础货币为条件创造出来的，而现金是由实体经济主体以兑现为要求，通过商业银行存款取出来的。所以，现金虽然是中央银行的债务，但实际上是通过商业银行存款转变过来的，而所有商业银行存款都是商业银行以基础货币为条件创造出来的。这样我们就能在基础货币与货币供应量之间建立联系。如果用 M 表示货币供应量，BB 表示基础货币，C 表示现金，DD 表示全部存款，法定存款准备金为 Rr，提现率为 c, 法定存款准备金率为 rr，货币乘数为 m，假设商业银行达到信用创造的最大限度，则有：

$$BB=C+Rr$$

$$M=C+DD$$

$$m=\frac{C+DD}{C+Rr}=\frac{1+c}{rr+c}$$

$$M=m\times BB$$

这个简明的等式说明，实体经济中的货币都来自于银行体系，因为现金是通过银行兑现出来的，存款是商业银行以基础货币为数量约束条件创造出来的，最终对实体经济的货币供应量总是表现为基础货币的一定的倍数。

通常对此的一个疑问是，现金是从基础货币中分离出来的，不再参与货币创造的过程，为什么把现金计入基础货币，并作为商业银行信用创造的基础资产呢？有的学者基于此提出，基础货币只能是商业银行持有的中央银行债权，一旦脱离了商业银行就不应当作为基础货币。[1]实际上，我们在前面的相关论述中已经初步回答了这个问题。现金并不是中央银行直接投入流通的，而是商业银行在中央银行存款转化出来的。也就是说，分析的起点上并没有现金。随着商业银行创造存款，实体经济主体产生提现需求，在每一次存款创造过程中分离出一定的现金。每次存款转化为现金都是存款创造过程和基础货币发挥作用的一个组成部分，而并非一开始就把在中央银行存款中的一部分拿出作为现金投入流通。如同一块木板，我们取其大部分用于加工制作新的东西，但也不可否认余者也源于同一块木板。就事前所说的发挥信用创造作用的基础货币，在量上刚好就等于事后形成的现金加上留存在商业银行的准备金，我们把一定时点上货币供应量当作现金和商业银行持有准备金基础上创造的产物，实际上就是说它是事前那部分基础货币通过银行发挥信用创造作用的结果。总之，现金是基础货币的组成部分，源于商业银行持有的准备金，构成货

1　有的学者甚至认为法定存款准备金也不应当作为基础货币。参见盛松成、翟春:《中央银行与货币供给》，中国金融出版社 2015 年版，第 74–75 页。

币供应量不可或缺的有机成分，并能够回流到商业银行继续创造信用。

更为重要的是，既然实体经济的货币供应量与实体经济本身存在密切联系，货币供应量与基础货币存在密切联系，那么弄清楚哪些因素影响基础货币和货币供应量，对于货币调控显然具有重要意义。对此，我们前面实际上已经从不同角度论述过。

首先，我们从存款创造的过程中提出过这样一些变量：基础货币（BB）、存款创造乘数（R）、提现率（c）、活期存款准备金率（r）、定期存款准备金率（rt）、定期存款占活期存款比例（t）、合意超额准备金率（e）、贷款规模（L），等等。

随后，在从各个经济主体资产负债表角度研究多渠道信用创造时，我们更进一步指出了每个经济主体资产负债项目对于基础货币、实体经济持有货币的影响，包括中央银行购买外汇、证券，发行央票、债券；商业银行购买外汇、证券，发行金融债券；中央财政发行国债和偿还国债，等等。除了已经讲到的这些，事实上，经济运行的状况和结构，金融市场结构，利率水平和利率结构，经济主体的行为特点、心理预期等等，都会发挥作用。

我们所能够得出的结论是，货币供应和信用创造的过程十分复杂，比我们分析的还要复杂得多。我们只是分析了货币供应的总体框架，以及货币供应过程中主要的一些变量，而且对这些变量，有的经济主体影响大些，有的经济主体影响小些，但绝不是单纯一个经济主体如中央银行所能够完全控制的。这与货币内生还是外生的问题实际上是一个问题，在这方面的著述可谓汗牛充栋。事实上，从《拉德克里夫报告》就已经开始了对中央银行能够调节货币供应的怀疑。有的学者指出，货币创造乘数等式实际上并不能说明基础货币和货币乘数决定货币供应。当我们假设存在无限大的货币需求，而且银行体系的运行必须是先有存款后有贷款、先有基础货币才能贷款的情况下，中央银行的基础货币的作用显得十分明显，其数量自然能够制约货币供应量。但后凯恩斯学派认为，贷款先于存款，存款创造准备，基础货币供应实际上处于被动的地位，中央银行调控不了基础货币，更不可能调控货币供应量。他们甚至在此基础上创立了货币除数模型。[1]

我们不想展开讨论这个问题，只想强调，与其说中央银行要调控货币供应，不如说货币供应是中央银行与其他经济主体相互适应的过程。在我们看来，货币创造的乘数理论与除数理论本质上是一致的，区别在于观察的角度引起的逻辑关系。但从实践看，人们更重视短期问题，政策需要有时超过其他，这强化并凸显了中央银行调控的重要性，当然同时也在一定程度上高估了中央银行作为货币调控者的能力。究竟哪些变量是政策调节变量，多大程度上能够作为政策调节变量，哪些变量只能作为被调节变量，又在多大程度上能够调节，这些对中央银行货币调控十分重要，但需要大量的实证研究。我们这里只是把前面分析涉及的主要项目归纳成下表：

1 有兴趣的读者可以参阅朱太辉：《货币供给的内 / 外生争论：起源、演进和迷局》，载《金融监管研究》，2014 年第 2 期；孙伯银：《货币除数论》，载《金融研究》，2003 年第 8 期。

| | | 基础货币 | 货币乘数 | 货币供应量 |
|---|---|---|---|---|
| 中央银行 | 增加贷款或贴现 | + | | + |
| | 增加证券投资 | + | | + |
| | 增加持有外汇 | + | | + |
| | 增加发行央票 | - | | - |
| | 增加定向存款 | - | | - |
| | 提高法定准备金率 | | - | - |
| 商业银行 | 增加贷款 | | | + |
| | 增加持有外汇 | | | + |
| | 增加证券投资 | | | + |
| | 增加金融债券 | | | - |
| | 提高超额准备金率 | | - | - |
| 中央财政 | 增加国债发行 | - | | - |
| | 偿还国债 | + | | + |
| 企业和个人 | 提高提现率 | - | - | - |
| | 降低提现率 | + | + | + |

注：表中＋表示有等向影响，-表示有反向影响。

上表清楚地表明，所有的经济活动主体都对货币供应量的形成产生影响。表中所列的显然还是有限的因素，还有一些重要的变量如利率等还未列出。由于我们研究的主要是与基础货币、货币乘数、货币供应量有关的数量因素，对利率这个价格因素没有涉及。

货币调控是个极为复杂的问题，这里再强调几点。

一是中央银行在完全的信用货币制度下理论上具有无限的扩张能力，客观上则受到制约。在贵金属与信用货币共同流通的情况下，信用货币的创造和流通量直接取决于银行体系获取的贵金属量，金币如同有魔力的资产，我们前面说明了这个问题。中央银行建立后，在实行金块本位制和金汇兑本位制的情况下，中央银行信用创造受到贵金属量的约束。这时，中央银行信用创造就像贵金属流通下的商业银行那样，中央银行基础货币的供应是受其持有的贵金属数量限制的。贵金属彻底退出流通后，中央银行发行的货币成为基础货币和基础资产，这与其在金融体系中的特殊地位是分不开的。中央银行作为政府的银行，其信用具有无可争议的最高等级；作为发行银行具有垄断性，而其发行的银行券成为具有最高法偿能力的支付手段，具有独占性和唯一性；作为银行的银行，成为银行的最后贷款人。当债权的追索到了中央银行债务的时候，也就是终结的时候。中央银行对基础货币的供应理论上没有制约，可以持续创造，但实际上实体经济的货币供求和中央银行承担的货币稳定、金融稳定的责任，客观上决定了基础货币供应的界限。在理论界，不少经济学家也认为，基础货币供应也是内生的，而不是完全能由中央银行决定的。

二是上述表中列举的中央银行的资产负债项目以及法定存款准备金率从货币政策角度看就是货币政策工具。这些工具有的可以影响基础货币，有的则影响货币乘数。中央银行货币调节的理论基础建立于此，当然不止于此，货币政策工具也不止于此。但我们大多数都相信，不仅法定存款准备金率是中央银行的调节手段，在法定存款准备金一定的情况下，增加或减少基础货币，也将导致货币供应量按照一定的乘数增加或减少。

三是财政的货币收支实际上是影响基础货币和货币供应量的重要因素。大量的财政往来导致资金在中央银行、商业银行、企业和个人之间流动，直接涉及基础货币的变化和货币供应量的变化。财政政策是重要的宏观调控工具，所以财政政策与货币政策的协调配合极端重要，相互忽视对方只会限制自身，制约宏观调控的效果。

财政资金运动和银行资金运动的交叉结合，往往是两者协调配合的关键，但实际上又常常成为理论研究和政策操作的盲区。[1]

四是商业银行作为中央银行调节货币供应的中介环节十分重要。货币调节就是信用调节，而信用调节就是商业银行信用创造的调节。我们所述的信用创造理论往往假设商业银行会最大限度地利用基础货币，使信用创造达到极限。但现实中商业银行往往有行为的独立性，并不完全按照中央银行的意图行事，甚至还会出现相反的情况。比如，当中央银行向商业银行提供基础货币后，如果商业银行认为增加对实体经济贷款风险太大，可能就会提高合意超额准备金率的水平，货币供应量就不会增加。在经济萧条阶段，商业银行都保持较高的超额准备金率，这时可能恰恰表明了实体经济资金紧张的状况。

五是实体经济主体的货币需求是决定货币供给的基础。我们的信用创造理论都是建立在有足够的货币需求基础上的。事实上企业和个人的货币需求也在不断地变化，即使货币乘数没有变化，基础货币供应增加，但如果企业和个人没有贷款需求，信用创造就不能发生，货币供应就不会增加。我们在研究信用创造、货币供应时，始终不要忘了信用为谁创造，货币为谁供应。在第二部分开篇我们即讲信用本身的要素问题，正是基于这个考虑。

总之，我们重点是对于货币创造过程中主要变量之间关系的把握，但又不能理解为机械的数量关系，而应当把信用创造的过

---

1　黄达在其《财政信贷综合平衡导论》中就指出了财政信贷结合部的重要性，强调这是财政信贷综合平衡的关键，其实也就是财政政策和货币政策协调配合的关键。参见黄达：《财政信贷综合平衡导论》，中国金融出版社 1985 年版。

程和货币调控的过程理解为众多经济主体相互作用、相互博弈的过程。

### （三）中央银行货币调控与商业银行资本约束

在我们对信用创造理论和中央银行货币调控有关内容进行纵览之后，鉴于对商业银行资本监管的不断强化，我们必须重视并补充资本和资本充足率对信用创造以及中央银行货币调控的影响，否则我们的分析将是不完整的，也是脱离实际的。

让我们再次回到商业银行信用创造过程。商业银行吸收基础货币，在一定的法定存款准备金率的约束下，不考虑其他因素，在最简单的存款创造模型中，基础货币的数量和法定存款准备金率决定了商业银行贷款或者资产扩张的规模以及最终存款创造的最大规模。但是，商业银行经营还受到资本和资本充足率的制约。从银行监管的角度看，资本充足率是资本与银行风险资产的比率，反映商业银行在存款人和债权人的资产受到损失之前，该银行能以自有资本承担损失的程度。对银行风险资产的衡量十分复杂，我们以最简单的方式来研究这个问题，即以资本与银行总资产的比例作为资本充足率，从而把握资本充足率对商业银行信用创造的影响。

首先，我们在原来的分析中引入资本。假设法定存款准备金率为10%，初始状态下商业银行自有资本100亿元（S）。该银行吸收1120亿元存款（D），则需缴纳法定存款准备金（R）112亿元。贷款资产规模为1108亿元，加上其法定存款准备金112亿元，总资产规模（A）为1220亿元，此时资本充足率（S/A）为8.2%。假定资本充足率法定要求为8%。可表示如下：

单位：亿元

| 资产 | | 负债 | |
|---|---|---|---|
| 法定准备金<br>贷款 | 112<br>1108 | 存款<br>资本 | 1120<br>100 |
| 合计 | 1220 | | 1220 |

如果不考虑资本充足率问题，假设现在中央银行认为实体经济货币供应不足，向该商业银行注入基础货币 100 亿元，其准备金增加 100 亿元。在最简单的存款创造乘数模型中，该商业银行不保留超额准备金，按照法定存款准备金率 10%，可增加形成的最大存款规模或贷款规模为 1000 亿元（100 ÷ 0.1=1000），这样存款总量将达到 2120 亿元，总资产将达到 2320 亿元，法定存款准备金达到 212 亿元，贷款资产将达到 2108 亿元，但同时资本充足率降低到 4.3%。用表可表示如下：

单位：亿元

| 资产 | | 负债 | |
|---|---|---|---|
| 法定准备金<br>贷款 | 212<br>2108 | 央行借款<br>存款<br>资本 | 100<br>2120<br>100 |
| 合计 | 2320 | | 2320 |

由此我们看到，在只有法定存款准备金率的约束条件下，从理论上讲，只要中央银行向商业银行注入新的基础货币，商业银行就会按照我们前面讲述的理论不断创造新的货币供应，直到满足中央银行调控的需要。问题是，如果商业银行还需要满足 8% 的资本充足率的监管要求时，会产生什么结果呢？

第一种可能的情况，假设商业银行只借入 3 亿元的中央银行贷款，这时存款可能的最大新增规模是 30 亿元（3 ÷ 0.1=30），其结果在初始状态基础上贷款和存款各增加 30 亿元，法定存款准备金上升到115亿元，总资产为1253亿元，资本充足率刚好是8%（100/1253=8%）。但问题是，中央银行向商业银行注入基础货币100亿元、扩大贷款的目标不能实现。

单位：亿元

| 资产 | | 负债 | |
|---|---|---|---|
| 法定准备金<br>贷款 | 115<br>1138 | 央行借款<br>存款<br>资本 | 3<br>1150<br>100 |
| 合计 | 1253 | | 1253 |

第二种可能的情况，假设中央银行实现了向商业银行增加基础货币供应100亿元的目标，商业银行只能采取少运用准备金、不充分扩大资产规模的办法来达到满足8%的资本充足率的要求。对于新增的100亿元基础货币，商业银行只运用3亿元，同时保留97亿元的超额准备金。超额准备金不需要占用资本，我们不将其计入总资产，这样资本充足率仍然是8%。这时，虽然中央银行向商业银行注入基础货币的目标实现了，但银行贷款规模和存款规模难以达到中央银行的预期水平。有关情况见下表：

单位：亿元

| 资产 | | 负债 | |
|---|---|---|---|
| 法定准备金<br>超额准备金<br>贷款 | 115<br>97<br>1138 | 央行借款<br>存款<br>资本 | 100<br>1150<br>100 |
| 合计 | 1350 | | 1350 |

我们由上述模型可以得出启示，在商业银行的信贷活动同时受法定存款准备金率和资本充足率约束时，资本充足率实际上决定了该商业银行最大的资产规模。当商业银行信用扩张达到这个临界点时，中央银行再继续注入基础货币，商业银行也不能扩大

贷款增加资产规模并相应增加货币供应。

需要注意的另一个效果是，由于资本的估值受经济周期的影响十分明显。当经济处于繁荣阶段，资本估值将相应增加；当经济进入萧条阶段，资本估值相应减少。这由此导致在经济繁荣阶段资本可以支撑较大的资产规模，而在经济萧条阶段，同样的资本只能支撑更小的资产规模。从这个角度看，资本充足率实际上强化了商业银行行为的顺周期性，同时加大了货币政策调控的难度。

显然，上述分析针对单个商业银行是成立的，对商业银行体系也是成立的。

我们的分析表明，资本充足率管理问题应当与货币调控理论结合起来，否则货币调控理论在实际中将难以成立。资本充足率在传统的分析框架之外形成了对银行信贷和货币信用创造的制约。如果中央银行按照基础货币和货币乘数来调节货币供应，在不考虑资本充足率影响的情况下，将无法达到调控货币供应量的目的。同时，根据宏观经济运行情况，对资本充足率进行逆周期的调节，理论上可以发挥调节货币供应量的作用。

事实上，除了上述资本管理能够产生对货币创造机制的影响外，贷款规模管理、存贷比管理、流动性比率管理等，也都会产生类似的效果。这些工具在西方发达国家不同阶段也都曾有运用。在我国金融发展史上，20 世纪 80 年代贷款规模管理曾经是决定货币供给的最重要工具之一，作为行政管理手段已经取消；2003 年以后存贷比管理也曾经发挥过重要作用，现在已不作为监管指标硬性实施；2009 年曾经引起入合意贷款规模管理，2015 年纳入宏观审慎评估体系的内容。这些实际上都对货币供应的实际结果产生过重要的影响，如何将这些政策工具的运用与中央银行货币政策有机地统一起来，提高宏观调控的有效性，是当前我们面临的一个重要的理论课题。

## 六、小结

这一部分的内容很大程度上可以说是冒险。经济学和货币金融学的成熟，使我们如同跟在成千上万寻宝人之后寻宝，其结果可想而知。不过，虽然我们没有惊喜，却也有意外。人们总是在最熟悉的地方忽视一些什么，我们希望将它们指出来。我们对比分析了贵金属和信用货币流通情况下和完全信用货币流通情况下信用创造问题，在论述中主要强调了以下几点内容。

一是银行信用创造产生于信用货币产生之时。完全的贵金属货币流通不可能产生信用创造活动，这时信用只能转移购买力，而不能创造购买力。信用创造源于贵金属货币和信用货币共同流通的状况下，一旦信用货币产生，信用创造便出现。信用创造不是将已有的货币贷放出去，而是创造了超过已有货币数量并支配已有货币的权利。

二是银行信用创造总是依赖于一定的基础资产为条件，并因此而具有一定的乘数效应，这出于经营的需要和法律的要求。在贵金属货币仍然流通的情况下，贵金属货币成为银行信用创造的基础资产。在完全的信用货币流通下，中央银行供应的基础货币成为商业银行信用创造的基础资产。信用创造乘数理论适用于中央银行，也适用于商业银行，适用于银行个体，也适用于银行体系。但其背后隐含的条件需要引起重视，在众多商业银行竞争条件下的信用创造乘数理论更具有代表性，也更符合商业银行经营的实际。存款货币的流通、部分准备制度的形成、中央银行支付清算体系的建立，对信用创造和乘数效应的产生来说是重要的前提条件。

三是银行信用创造改变了对实体经济的货币供应。贵金属仍然流通的情况下，银行体系对实体经济的货币供应总是免不了贵金属对货币供应量的约束。但信用创造的产生，使银行体系具有主动向实体经济注入货币资金的能力。完全的信用货币制度使中央银行具有了对货币供应的调节能力，但总的来说，货币供应具有很强的内生性，中央银行的调节能力不能盲目夸大。对实体经济资金供应可以从银行体系的负债方统计为货币供应量，也可以从资产方统计为社会融资规模，两者应当保持一致性。

四是银行体系的资产负债表包含着信用创造的秘密，同时也孕育着货币调节的工具。中央银行的所有资产负债项目都可以通过与其他经济主体的联系来发挥调节作用。原有的货币调节理论建立在货币创造乘数基础上，现在银行资本管理的要求对信用创造产生的制约作用也越来越强，资本充足率客观上设定了银行信用创造的界限，需要从货币调控的角度深入研究和分析。

**参考书目：**

马克思，《资本论》，第 1—3 卷，人民出版社 1975 年版。

黄达：《财政信贷综合平衡导论》，中国金融出版社 1985 年版。

黄达：《金融学》（第三版），中国人民大学出版社 2012 年版。

黄达：《宏观调控与货币供给（修订版）》，中国人民大学出版社 1999 年版。

周升业、曾康霖:《货币银行学》,西南财经大学出版社 1997 年版。

曾康霖：《金融理论问题探索》，中国金融出版社 1985 年版。

保罗·M. 霍维慈：《美国货币政策与金融制度》，中国财政经济出版社 1980 年版。

莱·威·钱德勒、斯·姆·哥尔特菲尔特：《货币银行学》，中国财政经济出版社 1985 年版。

T·梅耶、J.S. 杜森贝里、R·Z·阿利伯：《货币、银行与经济》，上海三联出版社 1989 年版。

C.A. 菲利普斯：《银行信贷》，1926 年版。

徐迎冰：《也谈“银行”一词的来历》，载《金融研究》，1981 年第 1 期。

刘絜敖：《国外货币金融学说》，中国展望出版社 1983 年版。

彼得·纽曼、墨里·米尔盖特、约翰·伊特维尔：《新帕尔格雷夫货币金融大辞典（第一卷）》，经济科学出版社 2000 年版。

J.L. 汉森：《货币理论与实践》，中国金融出版社 1988 年版。

张健华：《美国金融制度》，中国金融出版社 2016 年版。

杜金富主编:《货币与金融统计学》,中国金融出版社 2013 年版。

李斌、伍戈：《信用创造、货币供求与经济结构》，中国金融出版社 2015 年版。

弗雷德里克·S. 米什金：《货币金融学》（第 9 版），中国人民大学出版社 2011 年版。

曼昆：《经济学原理（第 6 版）：宏观经济学分册》，北京大学出版社 2012 年版。

易纲、吴有昌：《货币银行学》，上海人民出版社 1999 年版。

盛松成：《中央银行与货币供给》，中国金融出版社 2015 年版。

孙国锋：《信用货币制度下的货币创造和银行运行》，载《经济研究》，2001 年第 2 期。

朱太辉：《货币供给的内 / 外生争论：起源、演进和迷局》，载《金融监管研究》，2014 年第 2 期。

孙伯银：《货币除数论》，载《金融研究》，2003 年第 8 期。

牛江涛：《中西方“信用创造”理论比较及我国货币政策的选择》，载《社会科学战线》，1993 年第 2 期。

David Laidler, *The Demand for Money*, 4th ed. New York, Harper-Collins, 1993.

Bliss R. Kaufman G., *Bank procyclicality, credit crunches, and asymmetric monetary policy effects: a unifying mondel*[j], journal of applied finance, 2003, 13(2): 23-31.

Eileen Mauskopf, *The Transmission Chanels of Monetary Policy: How They Have Changed*, Federal Reseve Bulletin, December 1990, pp.985-1008.

Chester Arthur Phillips, *Bank Credit*, new York, The MacMillan company, 1931.

Thomas I. Pally, *The Endogenous Money Supply: Econsensus and Disagreement*, Journal of Post Keynesian Economics, Spring , 13, 1991.

Kaldor, *The New Monetarism*, Lioyds Bank Review, 1970 july, 97.

第四章

# 非银行金融机构的信用创造

## 一、引言

在上一章对银行体系信用创造分析的基础上，我们将引入非银行金融机构（NBFIs）的作用。非银行金融机构种类繁多，在各国也很不相同。一般认为，非银行金融机构的活动对长期金融市场特别是资本市场的发展十分重要。在传统的金融体系中，银行金融中介为短期的项目融通资金，非银行金融中介机构的参与使融资渠道增加，改善了稀缺的金融资源的分配，提高了整体的金融资源配置的效率。大量的研究表明，随着金融的发展，非银行金融机构在整个金融体系中所占的比重和发挥的作用不断提升，是在各国都出现的普遍现象。在我国改革开放后也同样出现了这样的趋势。

由于金融创新的作用，非银行金融机构与银行的差别很大程度上缩小了。同时，非银行金融机构在金融体系中作用和地位的上升，对非银行金融机构在信用创造和货币供给中的作用引起了越来越多的重视。对此，《拉德克里夫报告》可谓首开先河。这是 1957 年 5 月，为了调查英国货币和信用体系的运行情况，英国财政部成立的由拉德克里夫勋爵领导的货币体系运行委员会所提交的《货币体系运行报告》。这份报告后来被称为《拉德克里夫报告》，其核心观点是：随着金融体系的发展，相对于货币供给，经济中的“流动性”（Liquidity）或者说“总的流动性”（the whole liquidity position）状况更加重要。报告认为，影响经济的不只是传统意义上的货币供给，还包括经济体中除货币供给以外的其他流动性；提供货币供给的不只是商业银行，还应当包括商业银行以外的其他非银行金融机构；中央银行所需要调控的不只是货币供给，还包括整个经济体的流动性（盛松成，1993、2011 年）。在这之后，格利和肖也提出了非银行机构的信用创造问题，托宾等提出了货币供给“新观点”，提出在非银行金融机构和银行机构之间存在替代关系，其他信用产品与银行信用产品（存款）之间存在替代关系，并进而得出中央银行货币调控能力有限，货币供给是经济活动自身运行结果的结论。非常有意思的是，上述一系列的“新观点”随后一度被淹没在当时日渐盛行的货币主义大潮中。但最后的结果体现了他们的贡献，在统计上逐步形成了狭义货币与广义货币、准货币的概念，在理论上引起内生货币、外生货币的激烈争论，在实践上英国、美国等在 20 世纪 70 年代后期开始将包括广义货币在内的多种货币供应量作为货币政策目标。

尽管对货币信用创造研究的视野从银行领域扩大到了非银行金融机构，但总的来看，对于非银行机构的信用创造过程和机制缺乏应有的研究。今天，我们都笼统地承认和接受非银行金融机构的信用创造能力，并且把非银行金融机构创造的一些金融产品纳入广义货币作为理所当然的货币的内容。但我们又确乎知道，非银行金融机构不是银行，究竟这些机构的信用创造机制有什么特点，与银行信用创造有什么区别和联系，在什么情况下创造的金融产品具有货币的性质，不同的非银行金融机构的信用活动是否完全一样，等等，这些似乎都无人问津。特别是通常的教科书只是对非银行金融机构的业务进行简单的介绍，它们的信用活动有什么特点、与银行信用活动有什么关系很少涉及。

本章将集中研究非银行金融机构传统的信用活动和信用创造问题。第二部分从非银行金融机构的类型和业务特点入手，分析其与银行体系的业务联系。在第三和第四部分重点分析能够吸收活期存款的财务公司信用创造和不能吸收活期存款的保险公司信用活动的特点，从中加深我们对银行和非银行金融机构信用活动的认识。第五部分分析非银行金融机构的信用活动对实体经济资金供应的影响。最后进行小结。

## 二、银行与非银行金融机构的异同与演化

非银行金融机构在各个国家有所不同，在不同国家金融体系中的作用也有所不同。我们从不同的非银行金融机构简要分析一下其与银行体系业务的异同与联系。

### （一）银行机构与非银行金融机构的主要种类

银行虽属金融学专有名词，但银行本身种类也很多，且在各

国也有些微的区别。前面我们分析的银行即包括中央银行和商业银行，这是银行体系的主体构成部分。

我们回过头来从商业银行说起。商业银行的名称给人以专业银行之嫌，但商业银行却恰恰不是专门为商业服务的银行，可谓“名实不符”。商业银行的原意是，这类机构是专门融通短期性商业资金的银行。从历史上看也确乎如此。但商业银行最根本、最突出的特征是什么？应当说它是唯一能接受、创造和收缩活期存款的金融媒介体，而活期存款，正如我们前面已经讲述的，构成了现代社会的主要支付工具，是我们现在货币供应量的源泉和主体。现金和定期存款等都是从活期存款转化而来的。从各国发展的脉络看，商业银行大致遵循两大主流传统发展起来：一个是英国式融通短期商业资金的传统，另一个则是德国式综合商业银行的传统。在英国，商业银行以从事短期流动性资金贷款为主，中长期的资金借贷则由商人银行等机构承担。在德国，商业银行不仅提供短期商业资金或周转资金，并且也提供长期资本，乃至从事英美国家投资银行类的业务。现在英国式的商业银行和德国式的商业银行明显的区别已基本不复存在，商业银行都成为百货公司式的银行，比较显著的区别在于是否允许商业银行对企业的直接投资和经营证券的限制，德国等限制宽松，而英美尤其美国长期以来对商业银行和投资银行的区别限制明显。美国在经历了1999年取消《格拉斯·斯蒂格尔法案》，放松投资银行业务与商业银行业务的控制和隔离，实施金融混业经营之后，由于2007年发生新一轮国际金融危机，因“沃克尔法则”的实施，实际上再次明确了商业银行与投资银行实施相对隔离的必要性。但无论如何，由于吸收活期存款，具有通过信贷对存款进行扩张和收缩的能力，并能直接影响整个国家的货币供应量，则始终是商业银行的核心特征。

中央银行从经营活动看具有与商业银行相同的一些特点。从历史上看，不少国家的中央银行都是由商业银行演变而来的。但现代中央银行的活动范围建立在发行的银行、银行的银行、国家的银行基础之上，我们讲过，一般情况下并不直接对实体经济领域的经济主体提供金融服务。[1]除了中央银行以外，各国还都设有不同形式的专业银行。这些专业银行如开发银行、进出口信贷银行、储蓄银行、土地银行等。专业银行的特点是集中经营国家指定范围内的业务和提供专门性的金融服务。这些银行，在资金来源上如果吸收存款则大都以定期存款为主，兼以发行债券；在资金运用上，则以特殊的行业或领域为限，且主要是中长期的贷款或投资。不过，它们既以银行为名，则一般都具有吸收存款和发放贷款的基本特征。

非银行金融机构一般即指银行以外的金融机构。以美国为例，主要有以下几类：一是储蓄贷款协会。类似于英国的住房贷款会社。其资金来源主要是会员缴纳的股份，再以所得资金用抵押方式贷给会员购房。会员缴纳的股份基本上与银行储蓄存款和定期存款一样，股东需要时可以预先通知而取款。二是信用合作社。其资金来源是社员的股金，然后用于对社员贷款或将资金部分投资于不动产和政府债券。三是人寿保险公司。其资金来源主要是

1　2007 年国际金融危机以来，一些国家的中央银行不断创新金融调控工具，有的甚至又重新回到直接与实体经济主体发生业务的状况。

发行人寿保险单和年金保单，实际上是长期储蓄契约，资金运用主要是投资于政府公债、企业债券以及不动产抵押贷款等。四是退休及信托投资基金。退休基金由雇主和雇员按薪金的一定比例缴纳退休金，然后投资于公债、股票、债券、不动产等。信托基金由学校、教会等团体或个人，委托银行或其他金融机构管理，其投资对象大致与退休基金类似。五是财务公司。西方国家财务公司多数专营耐用品的租购或分期付款销售业务。美国的财务公司一般不接受存款，而有的国家财务公司可以接受定期存款，同时经营不动产抵押、包销证券等投资银行业务。

在我国，金融机构中银行类机构除了中央银行以外，还包括大国有商业银行、政策性和开发性银行、股份制商业银行、合作金融机构、中国邮政储蓄银行和财务公司。其他金融性机构则包括：保险公司和养老基金、信托投资公司、金融租赁公司、资产管理公司、汽车金融服务公司、金融担保公司、证券公司、投资基金、证券交易所和其他金融辅助性机构等。其中，不直接从事金融业务的服务性、辅助性机构，如证券交易所、征信公司，等等，发达国家也大量存在这样的机构。它们不直接进行信用活动，不涉及资金供应，在下面的分析中，我们将不涉及这类服务性的机构。

### （二）金融创新与金融机构的趋同

商业银行和其他专业银行以及非银行金融机构都是金融媒介体。金融媒介的核心功能就是调剂资金盈余单位和资金不足单位之间的资金供求，实现资金的有效配置。所以，凡是金融机构都具有这样的功能。从这个角度看，银行机构和非银行金融机构并不存在本质的区别。

由于银行机构和非银行金融机构都具有融通资金的功能，所以它们都能以自身负债的形式创造金融工具。它们之间的区别突出体现在所创造的金融工具或负债的差异上。商业银行的最突出特征是能够从事存款和贷款业务，尤其是它是唯一的具有吸收和创造活期存款的机构。正像我们前面讲到的，它能以贷款直接创造存款。同时银行体系支配着支付体系，银行存款在银行间转移完成支付。我们也可以反过来说，那些吸收和创造活期存款的机构就应当归入商业银行。专业银行一般不能吸收活期存款，但可以吸收定期存款或类似金融产品。而非银行金融机构一般都不能吸收存款或者可以辅助性地吸收一些定期存款，并创造非存款类的负债形式或金融工具。

由现金和存款组成的货币和其他金融工具一样，都是收益性、流动性、安全性的不同的组合。但非银行金融机构的出现增加了可供选择的金融工具，经济主体面对多样化的金融工具可资选择。由此导致的市场竞争促进了金融创新，使货币和非货币的金融资产的边界越来越模糊。这些非货币的金融资产流动性不断增强，人们在选择流动性工具的时候可以选择货币，也可以选择非货币金融工具。这使货币性金融工具与非货币性金融工具产生了替代关系，理论上非银行机构发行金融工具可以减少银行创造存款。换句话说，在一些经济主体看来，过去被认为是非货币性的金融工具现在具有了与货币一样的地位。正如我们在前面所述，这些创新尤其以介于货币和非货币之间的那些领域为甚。结果，过去不作为货币的金融工具越来越像货币，过去不被视为银行的金融机构越来越像银行。以美国为例，20 世纪 70 年代以后出现一系列金融创新，主要包括三种类型：一是使现有的支票账户可以享有利息，如隔夜回购协议、隔夜欧洲美元，提高了持有货币的收益。二是方便货币与货币替代品之间的转换，降低转换的成本，如 ATS 账户。三是使原来的货币替代产品具有直接的交易功能，如 NOW 账户、股金提款账户等。这样，在美国 20 世纪 70—80 年代，商业银行与储蓄金融机构的区别几乎消失了，存款机构与非存款金融机构之间的区别也受到了明显的侵蚀。

概括而言，非银行机构的金融创新导致的上述变化从对实体经济货币供应的角度看，至少以下几点应当注意：一是具有高流动性的金融资产增加了，这些高流动性资产能否替代货币，或者相当于形成了对实体经济的资金供应值得研究；二是高流动性资产与货币之间的转换成本明显下降，从而可能改变原来定义的货币供应量的流通状况，如在一些国家出现了货币流通速度下降的现象；三是货币供给过程本身发生变化，影响中央银行的货币控制能力。在这种情况下，扩大货币定义和统计范围，关注总的流动性状况，研究传统的非银行金融机构的信用创造能力问题成为必然趋势。英国、美国等许多发达国家正是在这个过程中不断调整和形成货币供应量统计指标体系的。这个时期许多国家货币供应量指标的变化，从一个侧面反映了金融创新下银行和非银行金融机构业务活动演化的基本现实。

### （三）从信用活动的性质看非银行金融机构

当我们把视野从银行机构扩大到非银行金融机构，把货币供应量扩大到经济中的流动性时，究竟哪些金融工具的创造应当纳入对实体经济货币资金供应的范围呢？一个思路是把非银行金融机构的创造的金融工具作为广义流动性与货币流动性结合起来加以考虑。但我们知道，非银行金融机构创造的金融工具繁多，流动性差异很大，简单加总并不合理。这需要对不同金融资产的货币性程度进行计量，然后按权重进行加权加总。不少经济学家从这个思路进行了探索，有的采取简单线性加总的方法，有的采用 DIVISIA 指数方法，考虑各类金融资产特别是货币性资产的重要性和流动性上的差异，进行更合理的加权计算。

另一个思路是如何认识这些机构的信用活动与信用创造的关系，即发现那些创造货币或类货币的高流动性金融工具的信用活动。格利和肖早在 20 世纪 60 年代就区别了货币性金融机构和非货币性金融机构，并分析了非货币性金融机构的信用创造问题。他们所说的非货币金融机构，与通常我们所说的非银行金融机构仍有不同，目的是避免一些机构名义上是银行但并不创造货币而导致认识上的混淆。货币系统的机构购买初级证券并创造货币，充当支付机制的管理者，通过账户体系为支出单位转移存款。非货币的中介机构，只履行购买初级证券和创造对自身的非货币的债权的中介作用，这些债权的形式包括储蓄存款、股份、普通股票和其他债券等。他们所说的非货币中介机构包括：互助储蓄银行、储蓄贷款协会、私人人寿保险公司以及信用社等，还包括政府成立的联邦土地银行、邮政储蓄系统以及政府保险和养老基金等。格利和肖认为，所有的金融机构都创造金融资产。货币系统购买初级证券时，创造货币。其他中介机构“购买”货币时，则创造各种形式的非货币的间接资产。他们进一步指出，货币系统和非货币系统的中介机构的区别，不在于哪个创造了和哪个没有创造，而在于各自创造了独特的债务。政府的货币系统可以购买各种形式的初级证券，创造出相当于它持有的任何一种初级证券的某个倍数的货币。非货币的中介机构创造非货币的间接证券时，最初是通过“买入”通货和活期存款，此后这些机构同样可以依据其通货和存款的某个倍数创造负债。显然，格利和肖认为非银行金融机构具有信用创造能力，同时他们也认为非银行机构创造的是不同于货币的负债形式。他们也指出，非银行机构信用创造以最初获取的通货和存款为基础进行信用创造，并能够形成与最初资金来源一定倍数的负债规模。[1]我们认为，他们所说的这种具有信用创造能力的非银行金融机构，在当时的情况下主要是指储蓄银行、信用合作社等尚不被作为银行看待的金融机构。正如我们前面所指出的，这些机构经过不断的金融创新，它们创造的一些金融产品具有货币的性质，现在这些机构已经纳入到银行体系，就像我们现在已经把信用合作社作为银行机构对待和监管一样。同时，我们注意到，他们从储蓄向投资转换，进而通过收入周转（income-turnover period）的过程，即收入支出循环过程中连续的收入—支出的循环，认为非银行金融机构实现按一定倍数创造负债的信用创造，与通常所说的银行信用创造不同。因为，在一个增长的经济循环过程中，可以假定任何金融产品随着国民经济的循环成倍增长。银行的信用创造显然不是从这个角度讲的。

1　参见约翰·G. 格利、爱德华·S. 肖：《金融理论中的货币》，上海三联书店、上海人民出版社 1994 年版，第 172 页。

我国的非银行金融机构是否能够创造货币或类货币的金融工具？这是我们分析的重点。通常我们所说的非银行金融机构，主要是指信托公司、租赁公司、保险公司、财务公司、小额贷款公司等。在实际中，它们最初从事经营活动也要获取一定的现金和存款，这似乎与商业银行没有区别。但非银行金融机构的活动与商业银行不同的是，商业银行必须吸收资金以增加持有的中央银行基础货币，正如我们前面所分析的那样。商业银行的信用创造需要与其持有的中央银行基础货币联系起来，并保持一定的比例关系。而非银行金融机构由于不直接参与中央银行支付清算体系，大都是在商业银行开户，并通过商业银行完成各种收支活动。对于商业银行来说，非银行金融机构与其他企业是一样的。这个被忽视的现象其实对于非银行金融机构的信用活动分析具有值得重视的影响。在不少研究著作中，如饶余庆（1983 年）、赵智勇（1996 年）都是将非银行机构与银行进行直接类比，认为非银行金融机构的活动直接涉及到中央银行基础货币的变化，顺理成章的结论是非银行金融机构的信用活动与中央银行基础货币存在某种联系，这至少在我国与实际情况是不相符的。

如果我们把上一章已经了解到的银行信用创造看作是以中央银行信用为基础的信用创造，其特点就可以归纳为以一定的基础货币为条件创造货币这样的高流动性金融产品的活动。从我国的情况看，我们可以把信用合作社等机构纳入银行的范畴，它们吸收存款、发放贷款、办理结算汇兑，可以开立活期存款账户，参加中央银行支付结算体系，可以说是“微型银行”。而众多的非银行金融机构，包括信托公司、租赁公司、保险公司、财务公司、小额贷款公司，等等，在进行信用活动时主要以商业银行存款货币为基础，拥有一定的中央银行基础货币并非其信用活动的必要条件。但在这一类机构中，财务公司又与其他机构不同，因为只有财务公司在其中具有吸收活期存款的资格，并且被纳入了法定存款准备金制度的约束范围。我们将分两类分析我国的非银行金融机构的信用活动。

## 三、保险公司等非银行金融机构信用活动分析

信托公司、保险公司、租赁公司等非银行金融机构具有相似性。它们以特定的负债形式吸收资金，然后以股权投资、证券投资或贷款等方式运用这些资金。由于它们不具有创造活期存款的能力，它们在商业银行开户并完成资金往来。为了分析简便，我们假设不存在现金。实际上，通过吸收现金筹集资金来源对于非银行金融机构来说也不会是主要的渠道。

### （一）保险公司的信用活动：钱从何来，向何而去

我们在上一章看到，商业银行能够通过资产运用直接扩大存款负债。它在资产方扩大贷款，在负债方就可以同时等额扩大存款。这是商业银行独有的能力，其他各种机构都必须先获得一定数额的货币，然后才能开展业务。保险公司，以人寿保险为例，主要通过发行人寿保单从个人和企业那里筹集资金，然后以贷款或证券投资的形式将资金转移给企业和个人。为了简便起见，假设我们的经济运行中非银行金融机构只有一家保险公司，保险公

司的资金来源只有人寿保单，资金运用只有贷款。

我们先来看保险公司的资金从何而来。可以先假设一个初始状态，具体情况如下表：

单位：万元

| 项目 | 中央银行 | | 商业银行 | | 保险公司 | | 实体经济 | |
|---|---|---|---|---|---|---|---|---|
| | 资产 | 负债 | 资产 | 负债 | 资产 | 负债 | 资产 | 负债 |
| 央行贷款 | 10 | | | 10 | | | | |
| 央行存款 | | 10 | 10 | | | | | |
| 商行贷款 | | | 100 | | | | | 100 |
| 商行存款 | | | | 100 | | | 100 | |

假设上述经济运行处于均衡状态。在银行体系中，中央银行向商业银行体系提供贷款 10 万元，构成基础货币供应。商业银行通过信用创造，在 10% 的存款准备金率要求下，形成商业银行贷款 100 万元，同时形成存款 100 万元。对于实体经济单位来说，货币资金来源是 100 万元的贷款，同时又作为资产运用形成在商业银行体系的存款 100 万元。非银行机构体系只有保险公司，尚未开始运营。

保险公司的介入增加了金融产品的选择。现在实体经济中的个人拿出 5 万元存款购买人寿保单，而保险公司在商业银行开户，暂时把资金存放在商业银行。对实体经济来说，原来持有的资产存款 100 万元，现在有 5 万元转变为人寿保单，所以存款减少 5 万元，人寿保单增加 5 万元，这是资产结构的变化；对保险公司来说，以人寿保单这种负债取得资金，暂存在开户的商业银行，所以其负债人寿保单增加 5 万元，同时其在商业银行的存款增加 5 万元，资产和负债同时增加；对商业银行来说，原来实体经济存款中的一部分现在转化为保险公司的保单，即实体经济存款减少 5 万元，同时保险公司的存款增加 5 万元，所以商业银行的负债总量没有变化；对中央银行来说，上述活动不涉及其资产负债结构的变化，也就是说，这个环节的资金运动都不涉及到中央银行。与上表相比，其资金变化可以表述为：

单位：万元

| 项目 | 中央银行 | | 商业银行 | | 保险公司 | | 实体经济 | |
|---|---|---|---|---|---|---|---|---|
| | 资产 | 负债 | 资产 | 负债 | 资产 | 负债 | 资产 | 负债 |
| 存款 | | | | -5+5 | +5 | | -5 | |
| 贷款 | | | | | | | | |
| 保单 | | | | | | +5 | +5 | |

如果从存量的角度看，则如下表。我们看到中央银行资产负债没有变化。商业银行体系的变化在于负债中存款原来100万元都是实体经济主体的存款，现在分为两部分，其中95万元是实体经济主体的存款，5万元是保险公司的存款。保险公司现在资产和负债都为5万元。实体经济主体的存款资产原来为100万元，现在变化为银行存款95万元，持有保单5万元。

单位：万元

| 项目 | 中央银行 | | 商业银行 | | 保险公司 | | 实体经济 | |
|---|---|---|---|---|---|---|---|---|
| | 资产 | 负债 | 资产 | 负债 | 资产 | 负债 | 资产 | 负债 |
| 央行贷款 | 10 | | | 10 | | | | |
| 央行存款 | | 10 | 10 | | | | | |
| 商行贷款 | | | 100 | | | | | 100 |
| 商行存款 | | | | 95+5 | 5 | | 95 | |
| 保　单 | | | | | | 5 | 5 | |

保险公司现在有5万元资金存在商业银行，这相当于资金闲置。假设保险公司将资金贷放给企业，企业获得保险公司的贷款不会再立即购买保单，而是为了获得货币资金，但保险公司不能为企业提供活期存款，所以只能通过其在商业银行的资金转移到企业的户头上。所以其变化是资产方的变化，由原来的5万元存款转变为5万元贷款；对商业银行来说，它只是把原来保险公司在其

账户上的存款减少5万元，同时对企业在其存款户头上增加5万元；对实体经济主体而言，一度转化为保险公司存款5万元资金这时又重新转化为实体经济主体的存款。当然，我们注意到，中央银行的资产负债结构仍然没有什么变化。原因在于，我们在分析中假设保险公司的资金来源都是存款，不涉及现金的吸收；同时，我们这里的商业银行指的是商业银行体系，而不是某一家商业银行。

单位：万元

| 项目 | 中央银行 | | 商业银行 | | 保险公司 | | 实体经济 | |
|---|---|---|---|---|---|---|---|---|
| | 资产 | 负债 | 资产 | 负债 | 资产 | 负债 | 资产 | 负债 |
| 商行贷款 | | | | | | | | |
| 商行存款 | | | | -5+5 | -5 | | +5 | |
| 保险贷款 | | | | | +5 | | | +5 |
| 保　单 | | | | | | | | |

同样，上表反映的是增量变化状况，最终的存量结果如下表所示。我们看到，如果下表中去掉最后两行，实际上与初始状态一样，实体经济最初有100万元货币资金，现在依然是100万元货币资金。为什么会出现这样的结果？上述资金运动的过程正说明了保险公司是一个金融中介，它从实体经济主体那里获取资金，然后又将之投入到实体经济主体中，实现了资金在不同经济主体之间的优化配置。

单位：万元

| 项目 | 中央银行 | | 商业银行 | | 保险公司 | | 实体经济 | |
|---|---|---|---|---|---|---|---|---|
| | 资产 | 负债 | 资产 | 负债 | 资产 | 负债 | 资产 | 负债 |
| 央行贷款 | 10 | | | 10 | | | | |
| 央行存款 | | 10 | 10 | | | | | |
| 商行贷款 | | | 100 | | | | | 100 |
| 商行存款 | | | | 95+5 | | | 95+5 | |
| 保险贷款 | | | | | 5 | | | 5 |
| 保　单 | | | | | | 5 | 5 | |

保险公司这类的机构，对实体经济来说的确成为资金供应渠道，对银行体系来说替代了银行的作用。这种情况就是我们通常所说的“脱媒”，即指非银行机构替代了银行的媒介作用。银行在发挥资金融通的作用时以增加存款负债为方式，而保险公司等机构则采用了非存款的负债凭证方式，这体现在实体经济主体的金融资产总量和结构的变化。

## （二）保险公司信用活动与商业银行信用创造的比较

保险公司这样的非银行金融机构与商业银行一样，要取得资金来源，然后再运用出去。但如果我们对比商业银行的信用创造，就可以发现保险公司信用活动的一些特点。

首先，保险公司的负债形式是保单，而保单的特点是固定期限、固定费率、固定支付，这与银行资金来源主要是存款不同。存款特别是活期存款一定要随时兑付，即便定期存款客户也随时可能使用。所以，保险公司的资金来源相对期限长而稳定，其资产负债期限结构、流动性结构相对匹配。这就使得保险公司在将吸收到的资金运用出去时不像商业银行那样，更多关注资产和负债的流动性，并保持较高的准备金率。一般来说，保险公司等非银行机构没有法定的类似存款准备金率的约束。当然，保险公司也会担心投保人提前支取款项，所以必须要保持一定的资金以备支付，但相比银行这个要求要低得多。我们的例子中，实际上假设不需要预留资金保证支付，保险公司吸收了 5 万元资金，又把 5 万元资金全部贷放出去了。

其次，保险公司或者非银行金融机构不能形成或直接参与支付清算体系，所以保险公司与外部的资金往来还需要通过银行体系来完成。我们看到，由于这个特点，投保人拿钱购买了保单，但保险公司收到的钱还是存在银行体系。当保险公司把这笔资金运用出去时，这笔资金就从保险公司的账户上转移到其运用对象的户头上，完全离开了保险公司。因为使用资金的企业和个人都需要活期存款这样的支付手段，他们获得保险公司的资金后一般也不会将其存在其他非银行金融机构中。这不像商业银行，对客户贷款后，客户还会把钱继续存在这家银行，至少是一部分。即使从这家银行流出，那也是在商业银行体系中。这就好像我们在上一章中所讲的，保险公司信用活动中资金漏损率极高，即使从整个非银行金融机构体系来说也是如此。我们在前面的例子中，实际上是假设资金的漏损率为100%。我们联系实际思考一下，谁会在向保险公司借款后又马上去买保单呢？即使从所有保险公司看也是如此，资金一般不会从一家保险公司流入到另一家保险公司，而是从保险公司流向银行体系。

由于以上两个方面的原因，保险公司的信用活动不会像商业银行那样循环进行。我们讲过，商业银行取得一笔资金，留存一定的准备金，就可以发放贷款。贷款的同时形成新的存款，存款一部分流出，一部分留存。只要满足存款准备金的要求，商业银行就可以持续放贷，形成乘数效应。而保险公司取得资金、运用资金后，这笔资金就转移到其他经济主体的账户上，保险公司要想再进行新的信用活动，就必须再次从其他经济主体那里获得资金。就像上面例子一样，保险公司把取得的5万元资金运用出去后，它的账上已经无钱可用了。这说明，保险公司这样的非银行金融机构，不具有商业银行那样的货币信用创造功能。初始状态下经济中有 100 万元的货币，保险公司的信用活动发生后，仍然还是 100 万元，货币的数量没有发生变化。格利和肖所说的非银行机构可以以吸收资金一定倍数创造金融资产的状况，如果不从国民经济循环的角度看，在这里不会出现。保险公司吸收多少资金，只能形成多少金融产品，乘数效应没有发生。

还有一点非常重要，我们在前面实际上已经涉及到。由于保险公司直接在商业银行开立账户，保险公司的信用活动不涉及中央银行账户的变化。这就是说，保险公司的信用活动不会引起基础货币的变化，上述例子体现得非常清楚。当然，我们的例子是假设不存在现金。但即使存在现金，如果我们假定经济中对现金需求具有稳定性，那么这个结论也还是成立的，而且现金总是辅助的形式，对此我们不再展开分析。

我们的结论是，我国保险公司等非银行金融机构不能进行类货币资产的信用创造。如果我们非要说保险公司的信用活动是一种信用创造，那它创造了什么？我们看到，实体经济主体原来只有存款资产 100 万元，贷款负债 100 万元。由于保险公司的介入，现在变成了两项资产，即 100 万元存款和 5 万元保单，负债为 100 万元银行贷款和 5 万元保险公司贷款。这正是保险公司信用活动的结果，它创造了双重的债务索取权。一方面，一些实体经济主体持有该保险公司的保单；另一方面，该保险公司持有另一些实体经济主体的贷款债权。而这一切，都是那 5 万元的资金融通引起的，这是通过间接金融中介融资才会发生的情况。在引入保险公司之后，经济要实现货币供求均衡状态，就需要增加保单这样的金融资产来实现，这是保险公司实现资金融通的途径。但保单只是一种金融资产，而不是货币。

上述分析及结论，对于与保险公司类似的其他非银行金融机构也都成立。类似保险公司这样的非银行金融机构，通过自己的信用活动，形成各种各样的金融产品，但流动性低，期限长且固定，市场价值波动性明显。这些都不是具有高流动性的金融资产，很难作为货币，也很难发挥货币的作用，只能从金融体系向实体经济供应流动性资产的角度进行衡量和考虑。

## 四、财务公司的信用活动分析

前面我们已经提到西方国家财务公司，与我国企业集团财务公司不同。我国的财务公司是以加强集团资金集中管理和提高资金使用效率为目的，为集团成员单位提供财务管理服务的金融机构。根据现行规定，财务公司与商业银行等存款性公司一样，应当缴纳法定存款准备金，财务公司吸收的存款也纳入货币供应量统计。我们来分析一下我国财务公司的信用活动及其特点。

### （一）财务公司的运行特点与货币供应体系

根据我国目前的制度规定，从货币供应体系角度观察，对财务公司的运行至少要注意以下几点。

第一，财务公司与商业银行同为经营存款、贷款和结算业务的金融机构。根据《商业银行法》规定，商业银行指依法设立的吸收公众存款、发放贷款、办理结算等业务的企业法人。财务公司业务中，最重要和最基本的也是存款、贷款和结算业务。如果说，判断一家机构是不是商业银行就是看其能否经营存款、贷款、结算业务，那么说财务公司是商业银行类的金融机构似不为过。

第二，财务公司经营服务对象与商业银行不同。商业银行服务对象包括各类经济主体，区别在于全国性的面向全国社会公众和企业，区域性的面向区域的社会公众和企业。而根据规定，财务公司服务于企业集团的成员单位，具体包括母公司及其控股51%以上的子公司；母公司、子公司单独或共同持股20%以上的公司，或者持股不足20%但处于最大股东地位的公司；母公司、子公司下属的事业单位法人或者社会团体法人。实际中，有的财务公司经批准把服务对象延伸到企业集团上下游有长期稳定合作关系的企业。总体看，财务公司服务范围是固定的或基本固定的，限于成员单位；商业银行的服务对象是开放性的，面向社会经济主体。

第三，财务公司未直接纳入银行支付清算体系。中央银行支付清算体系把各类商业银行乃至城乡信用社联结为一体，为整个社会提供货币支付清算。财务公司虽然也在中央银行开立账户缴纳法定存款准备金，但并没有中央银行清算行号。财务公司的支付结算功能实际上只能在集团内部发挥，为成员单位服务。面对银行支付清算体系时，财务公司与一般的企业一样，要在商业银行开户，并通过商业银行代理实现与其他各类机构之间的收付往来。

根据以上分析，可以通过下图直观地观察财务公司信用活动与货币供应体系之间的关系。可以看出，在货币供应体系中，中央银行和商业银行是一个整体，财务公司和其他企业处于同一个层面。我们将据此分析财务公司信用活动的特点及其与货币供应体系之间的关系。

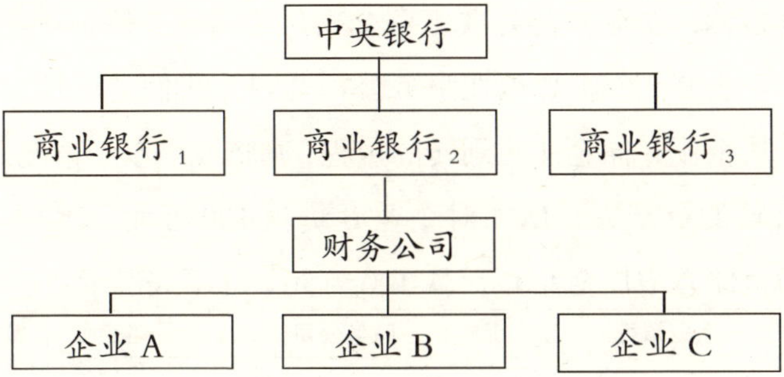


## （二）财务公司的信用活动和信用创造

假设，某企业集团有企业 A、企业 B、企业 C 等成员单位，在成立财务公司之前各成员单位均在商业银行开户，只有企业 A 有存款 100 万元。为了加强企业资金管理，提高资金使用效率，集团成立财务公司，归集各企业资金。则有：（1）成员企业 A 在商业银行的存款 100 万元转变为在财务公司的存款 100 万元；（2）商业银行原来吸收的该企业集团的存款 100 万元，变为吸收财务公司同业存款 100 万元。显然，这时集团归集的资金量等于财务公司吸收的存款，也等于各企业资金之和，都是 100 万元。我们把这些条件作为初始状态展开分析，如下表所示：

| | 商业银行 | | 财务公司 | | 各企业可用资金之和 | 集团归集可用资金量 |
|---|---|---|---|---|---|---|
| | 资产 | 负债 | 资产 | 负债 | | |
| | | 财务公司存款 100 万元 | 在商业银行存款 100 万元 | 企业 A 存款 100 万元 | | |
| 合计 | | 100 万元 | 100 万元 | 100 万元 | 100 万元 | 100 万元 |

现在企业 A 的 100 万元存款转化为财务公司在商业银行的同业存款，就成为财务公司的可用资金。假定，财务公司向企业 B 贷款 100 万元，企业 B 刚好要把资金支付给同属于该企业集团的企业 C，企业 B、企业 C 也在财务公司开户。我们省略掉财务公司将资金从企业 B 向企业 C 划转的过程，则将发生以下情况：（1）在财务公司的资产方，增加对企业 B 贷款 100 万元；（2）在财务公司的负债方增加企业 C 存款 100 万元。如下表所示：

| | 商业银行 | | 财务公司 | | 各企业可用资金之和 | 集团归集可用资金量 |
|---|---|---|---|---|---|---|
| | 资产 | 负债 | 资产 | 负债 | | |
| | | 财务公司存款 100 万元 | 在商业银行存款 100 万元<br>对企业 B 贷款 100 万元 | 企业 A 存款 100 万元<br>企业 C 存款 100 万元 | | |
| 合计 | | 100 万元 | 200 万元 | 200 万元 | 200 万元 | 100 万元 |

显然，由于财务公司发放贷款，信用创造形成了。经过财务公司的信用创造，从企业自身看，可用资金从 100 万元增加到 200 万元，即原来归集的企业 A 的 100 万元和创造的企业 C 的存款各 100 万元，企业 C 确信自己收到了 100 万元货币资金，并不管这笔资金是不是“派生存款”或创造的存款。对于财务公司，虽然已经向企业 B 贷款 100 万元，但由于财务公司在商业银行的资金 100 万元并未动用，仍然可供财务公司继续创造。决定财务公司能否进行信用创造的不是它所吸收的存款 200 万元，而是它在商业银行的存款 100 万元。对于企业集团来讲，它所归集的可运用资金也仍然是尚未动用的财务公司在商业银行的存款 100 万元，而不是财务公司吸收的存款 200 万元。所以，在成立财务公司后，企业集团可以掌握使用的资金等于财务公司集中存在商业

银行的存款。财务公司的资金运用，也正是以信贷的形式运用各企业归集在一起的在商业银行的存款。

现在，由于财务公司在商业银行的100万元存款没有变化，理论上只要集团内企业有需求，财务公司就能够创造信用，增加新的存款。只要收支继续发生在企业集团成员之间，财务公司每发放一笔贷款，形成的等额的那笔存款就会反映在财务公司的资产负债表上。在这种情况下，财务公司的信用创造能力是无穷的。财务公司的资产和负债可以变成无穷大，各企业可运用资金总和可以变成无穷大，但从集团层面，或者财务公司可运用资金来看仍然是那100万元。财务公司资产负债能够不断膨胀，根源即在于我们假设其在商业银行的存款一直没有动用，财务公司作为信用中介发挥了期限转换、信用转换、流动性转换的功能。如下表所示：

| | 商业银行 | | 财务公司 | | 各企业可用资金之和 | 集团归集可用资金量 |
|---|---|---|---|---|---|---|
| | 资产 | 负债 | 资产 | 负债 | | |
| | | 财务公司存款100万元 | 在商业银行存款100万元<br>对企业B贷款100万元<br>对企业N贷款100万元<br>…… | 企业A存款100万元<br>企业C存款100万元<br>企业N存款100万元<br>…… | | |
| 合计 | | 100万元 | 无穷大 | 无穷大 | 无穷大 | 100万元 |

但是，上述财务公司信用创造的分析基于货币收支完全发生在集团内部的假设，成员单位从财务公司取得贷款后用于对成员单位的支付，其他成员单位收到资金后也仍然存在财务公司。很显然，在这种情况下，收或支不过是财务公司不同成员单位存款账户数字的增减变化。但是，成员单位必然与社会各方面的企业、

个人等经济主体发生各种经济往来。当成员单位发生对集团外的收支时，与收支发生在集团内成员单位之间则完全不同。

现在，假设在前面举例中，初始状态下，财务公司向企业 B 贷款 100 万元，企业 B 将资金支付给企业 C，企业 C 将资金又支付给成员单位企业 D，不过是将企业 C 的 100 万元存款转记为企业 D 在财务公司的 100 万元存款，财务公司和商业银行的资产、负债都不会发生变化。如下表所示：

| | 商业银行 | | 财务公司 | | 各企业可用资金之和 | 集团归集可用资金量 |
|---|---|---|---|---|---|---|
| | 资产 | 负债 | 资产 | 负债 | | |
| | | 财务公司存款 100 万元 | 在商业银行存款 100 万元<br>对企业 B 贷款 100 万元 | 企业 A 存款 100 万元<br>企业 D 存款 100 万元 | | |
| 合计 | | 100 万元 | 200 万元 | 200 万元 | 200 万元 | 100 万元 |

如果企业 D 为非集团成员企业，且这家企业也在商业银行开户的情况下，将会带来变化。从上表和下表的对比可以看出，由于企业 D 不能在财务公司开户，企业 C 向企业 D 的支付只能通过财务公司在商业银行的存款支付，最后财务公司在商业银行的存款变为 0 元，商业银行增加企业 D 的存款 100 万元。结果财务公司的资产和负债都变为 100 万元，而商业银行的负债没有变化。同时，集团公司与财务公司再无资金可用。如下表所示：

| | 商业银行 | | 财务公司 | | 各企业可用资金之和 | 集团归集可用资金量 |
|---|---|---|---|---|---|---|
| | 资产 | 负债 | 资产 | 负债 | | |
| | | 财务公司存款 0 元<br>企业 D 存款 100 万元 | 在商业银行存款 0 元<br>对企业 B 贷款 100 万元 | 企业 A 存款 100 万元 | | |
| 合计 | | 100 万元 | 100 万元 | 100 万元 | 100 万元 | 0 元 |

很显然，成员单位每从集团外收进一笔资金，就增加财务公司在商业银行的存款，而每向集团外单位支出一笔资金，就等额减少财务公司在商业银行的存款。在实际经营中，财务公司要根据经营情况特别是成员单位资金收付情况，确定其在商业银行应当经常性地保留多少存款以备支付而不出现流动性困难。这就如同我们在分析保险公司信用活动时所说的存款资金漏损是一个道理。现在，在上表中，如果此时企业 A 也要向成员单位外的企业进行支付，则财务公司将无钱支付，企业 A 虽然有 100 万元却不能对外发挥支付作用。因此，财务公司在实际中必须关注其在商业银行存款的变化。它持有 100 万元的在商业银行的存款，在每派生一次存款时都需要考虑成员单位可能形成的对外净支付的概率，使其在商业银行存款的数量与其吸收的企业存款的数量保持一定的合适的比例。

可见，财务公司在商业银行的存款数额实际上发挥的就是商业银行在中央银行准备金的作用，财务公司在商业银行的存款数额与其吸收的全部存款的比率类似于财务公司的准备金率。就像商业银行信用创造机制一样，存款准备金率成为制约财务公司信用创造的杠杆。存款准备金率高，则财务公司的信用创造能力低；存款准备金率低，则财务公司的信用创造能力高。所以，财务公司并不能持续不断地进行信用创造，而要在充分考虑对外收支的情况下开展信用创造。假设财务公司需要保持吸收存款的 20% 以应对集团成员对外支付的需要，则由最初归集集团资金 100 万元可以形成的派生存款为 400 万元，财务公司可以形成的最高存款额为 500 万元。

通过上述分析可以看出，财务公司具有吸收存款、发放贷款、进行结算的基本功能，就会像商业银行一样具备信用创造能力，其派生机理与前面我们论述的商业银行信用创造的机理基本一样。但同时发现：

第一，财务公司信用创造的基础是其在商业银行的存款。商业银行的信用创造是以其在中央银行的存款为基础的。我们没有观察到财务公司的信用活动引起中央银行基础货币的变化，原因在于我们没有引入现金，并且是从银行体系和财务公司总体上进行分析。在不考虑现金的情况下，由于财务公司不能参加中央银行支付结算体系，财务公司的信用创造是以其在商业银行的存款为基础的。只要财务公司在商业银行存款增加，就增加了财务公司的存款创造的基础和能力。财务公司将其在商业银行的存款与其创造的存款保持在合理的水平，就是保持其支付能力。财务公司与商业银行之间的关系类同于商业银行与中央银行的关系。也正因为如此，财务公司的信用创造与中央银行—商业银行信用创造机制类似，但又不属于同一个层次。

第二，财务公司创造的存款与商业银行存款的支付能力不同。由于财务公司只面对集团成员单位开展业务，没有加入中央银行支付清算体系，财务公司创造的存款只能用于成员单位之间的收支，一旦向成员单位外支付，财务公司创造的存款就必须还原为财务公司在商业银行的存款。非成员单位不能成为财务公司的贷款对象，也不能持有财务公司的存款。我们也可以说，企业在财务公司的存款只是在集团公司内部发挥一般购买力的作用，超出企业集团的范围它就不是一般购买力。显然，财务公司存款虽名为存款，但与企业在商业银行的存款不同。商业银行存款是社会普遍接受的一般购买力，而财务公司存款则更像是集团内部发挥货币作用的“内部货币”，是在集团内部对银行存款的替代，其支付能力要低于商业银行的存款，不是与商业银行存款一样的社会普遍接受的流通手段和支付手段。对企业集团来说，对集团外的支付能力始终是财务公司归集后以同业存款形式存放在商业银行的那笔资金。

第三，财务公司的信用创造本质上是对集团公司闲置资金的充分利用。从企业集团和财务公司来说，不论财务公司向成员单位提供多少信用，从集团层面看一分钱都没有增加。其能够动用的货币资金总量始终是归集起来的100万元，而不是财务公司吸收的存款。财务公司提供信用、增加成员企业存款，本质上是对本企业集团资金在成员单位之间的融通。每一次财务公司向成员单位发放贷款，在增加成员企业存款的同时，占用了相应的在商业银行的存款。当按照合适的存款保证需要并使信用创造的存款达到可以允许的极限时，恰是财务公司在商业银行的资金被完全占用之时。[1] 所以，财务公司的存款和贷款业务归根结底是对其在商业银行存款进行配置和运用的方式。

## 五、非银行金融机构的信用活动与实体经济资金供应

我们前面分析了保险公司和财务公司两类不同的非银行金融

1　设想一家财务公司，其在成员单位内派生出的资金越多，则其因应对对外支付需要的准备金就越多，虽然在商业银行账面上有存款，但却不能动用。

机构，保险公司等机构不具有信用创造能力，而财务公司等机构具有信用创造能力。财务公司和与财务公司类似的机构在企业集团内部或者在一定范围内增加了可作为货币的金融工具的供应，这改变了金融体系对实体经济资金供应的状况。我们下面主要以财务公司为例来进行分析。

### （一）财务公司信用活动：无法定存款准备金时的影响

假设全社会的货币供应体系由中央银行和商业银行$_1$和商业银行$_2$组成。商业银行法定存款准备金率 20%，则货币创造乘数为 5。中央银行通过向商业银行贷款投放基础货币 200 万元，两家银行分别获得 100 万元的中央银行贷款，则两家银行可分别创造存款 500 万元。上述企业集团原来在商业银行$_1$开户，企业集团总共有企业 A、企业 B、企业 C 三家子公司，企业 A 有存款 100 万元。为分析简便，仍然假设不使用现金。情况如下表所示：

| 中央银行 | | 商业银行$_1$ | | 商业银行$_2$ | | 实体经济 | |
|---|---|---|---|---|---|---|---|
| 资产 | 负债 | 资产 | 负债 | 资产 | 负债 | 资产 | 负债 |
| 贷款 200 万元 | 商业银行存款 200 万元：其中商业银行$_1$存款 100 万元 | 在中央银行存款 100 万元，贷款 500 万元 | 中央银行贷款 100 万元，企业存款 500 万元，其中某企业集团 100 万元 | 在中央银行存款 100 万元，贷款 500 万元 | 中央银行贷款 100 万元，企业存款 500 万元 | 存款 1000 万元 | 贷款 1000 万元 |

对实体经济的资金供应，实际上就是由实体经济主体持有的银行体系可发挥货币作用的负债。在这里就是实体经济部门持有的 1000 万元存款，这也正是货币供应量的规模。我们假设现在刚好货币供求均衡。

财务公司也是金融机构，而且按我国规定，是可以吸收存款的金融机构。我们假设现在企业集团财务公司成立，并将企业的100万元资金集中起来。同时，经济中产生了100万元的新的货币需求。按照前面的分析，假定财务公司因各种情况，存款创造乘数为2倍，由此发生的变化如下表所示：

| 中央银行 | | 商业银行$_1$ | | 商业银行$_2$ | | 实体经济 | |
|---|---|---|---|---|---|---|---|
| 资产 | 负债 | 资产 | 负债 | 资产 | 负债 | 资产 | 负债 |
| 贷款200万元 | 商业银行存款200万元：其中商业银行$_1$存款100万元 | 在中央银行存款100万元，贷款500万元 | 中央银行贷款100万元，企业存款500万元，其中某企业集团100万元 | 在中央银行存款100万元，贷款500万元 | 中央银行贷款100万元，企业存款500万元 | 存款900万元 | 贷款1000万元 |
| | | 财务公司 | | | | | |
| | | | 资产 | 负债 | | | |
| | | | 在银行存款100万元，贷款100万元 | 存款200万元 | | 在财务公司存款200万元 | 财务公司贷款100万元 |

在新的情况下，我们看到：

首先，货币供应的主体不仅包括银行体系，还增加了财务公司这样的非银行金融机构。财务公司对实体经济的资金供应，也应当像我们分析商业银行那样，看实体经济掌握的财务公司的货币性负债。在这里就是财务公司的存款负债200万元。正如前面我们已经指出的，财务公司在商业银行的存款，是财务公司信用创造的基础，是财务公司持有的商业银行的负债，不再作为对实体经济的货币供应。货币供应量等于实体经济在银行体系的存款和在财务公司的存款之和，即1100万元，增加了100万元。

其次，财务公司的信用创造自动满足了新的货币需求。我们假定原来的货币供求是均衡的。现在，假设存在新的货币需求100万元，并且发生在这个企业集团内部。在不存在财务公司的情况下，需要银行体系提供。由于原来的基础货币供应刚刚满足商业银行法定存款准备金率的要求，中央银行需要向商业银行提供基础货币供应20万元，商业银行派生后形成100万元的对实体经济的资金供应。现在由于有了财务公司，财务公司在其持有的商业银行存款的基础上，派生出100万元存款，满足了新的货币需求，实现了货币供求的均衡。

第三，中央银行货币调控的复杂程度增加。财务公司的信用创造是经济运行中自发形成的，不受中央银行的制约。按照我们前面分析的货币创造模型，中央银行调节基础货币，通过货币乘数的变化，调控货币供应量。现在经济中出现了不受中央银行调节的货币供应主体，能自己创造出供实体经济使用的货币资金，中央银行对其尚没有调节手段。

第四，货币供应的结构性问题出现。上面我们假设货币需求刚好出现在这个企业集团，这个企业集团刚好又成立了财务公司，满足了货币需求的增长。我们可以设想，如果货币需求不是产生在这个企业集团内部，而是产生在企业集团以外，财务公司由于业务限制不可能满足集团以外的货币需求，货币需求将难以得到满足。在这种情况下，仍然只能依靠银行体系增加对实体经济的货币供应。

集团外的企业可否通过向集团内的企业直接借贷资金来满足集团外的货币需求呢？不可能。我们前面分析过，不论财务公司在集团内创造多少货币，如果向集团外支付，都只能按乘数减少其在财务公司的存款，还原为财务公司在商业银行的存款。即使集团内部企业将资金全部借给集团外的企业，它们在财务公司的存款全部还原为商业银行存款后，仍然只有100万元，经济中的货币供应量还是1000万元，新增的100万元货币需求将难以得到满足。

在上述情况下，虽然我们假设财务公司信用创造存在，货币供应量计算为1100万元，但实体经济中仍然可能出现货币供应不足，资金紧张，利率上升的局面。财务公司这类的机构创造的货币供应在全部货币供应量中所占的比重越高，这种情况越可能发生，并且可能越严重。

### （二）财务公司信用活动：有法定存款准备金时的影响

我国财务公司目前缴纳法定存款准备金，财务公司还与中央银行建立了联系。这使财务公司的信用活动影响更加复杂。我们在这个条件下来分析财务公司信用活动对银行信用总量和货币供应量的影响。首先需要指出的是，财务公司在商业银行的存款不再像企业的一般性存款对待，财务公司将作为金融机构，在商业银行的存款成为同业存款。

先看成立财务公司之初，财务公司将原来属性为企业存款的100万元，转化为在财务公司存款后的变化：（1）财务公司吸收企业存款100万元，同时在商业银行$_1$形成同业存款100万元；（2）由于商业银行的一般性存款减少100万元，同时增加了100万元同业存款，按规定一般性存款交纳法定存款准备金，同业存款不用交纳法定存款准备金，这样中央银行需要退还商业银行 $_1$ 法定存款准备金 20 万元；（3）商业银行 $_1$ 在中央银行的法定存款准备金减少为 80 万元，同时增加 20 万元超额准备金；（4）财务公司按规定应当交纳法定存款准备金，为分析简便，假定交存比率也是 20%，则财务公司资金运用方有两项：一项是在商业银行的同业存款 80 万元，一项是在中央银行的法定存款准备金 20 万元。

问题是，由于财务公司与中央银行系统不直接连接，上缴法定存款准备金要通过其开户的商业银行 $_1$ 来上缴，当财务公司向中央银行交纳存款准备金后，减少其在商业银行 $_1$ 的同业存款 20 万元，商业银行 $_1$ 则要相应减少其在中央银行的存款 20 万元。这样，在商业银行与财务公司交纳法定存款准备金率一样时，对商业银行 $_1$ 没有影响，原来由于企业存款转化为同业存款退回来的 20 万元，因为财务公司要交纳法定存款准备金又缴了上去。

从对实体经济的货币供应量来说，原来商业银行存款共计 1000 万元构成货币供应量。当该企业集团各企业存款转存到财务公司后，商业银行吸收的企业存款减少为 900 万元。财务公司在商业银行的同业存款 100 万元根据规定不计入货币供应量，所以银行体系创造的货币供应减少为 900 万元。同时，由于财务公司吸收的企业存款 100 万元按现行规定计入货币供应量，这样按法定口径计算的货币供应量仍然为 1000 万元。但是，对企业集团来说，本来有 100 万元资金，成立了财务公司反倒上缴了 20 万元法定存款准备金，不但没有增加资金，反而减少了资金。财务公司抱怨新成立时资金白白缴纳准备金的情况是存在的。

| 中央银行 | | 商业银行$_1$ | | 商业银行$_2$ | | 实体经济 | |
|---|---|---|---|---|---|---|---|
| 资产 | 负债 | 资产 | 负债 | 资产 | 负债 | 资产 | 负债 |
| 贷款200万元 | 商业银行存款200万元：其中商业银行$_1$存款80万元，财务公司存款20万元 | 在中央银行存款80万元，贷款500万元 | 中央银行贷款100万元，企业存款400万元，其中财务公司同业存款80万元 | 在中央银行存款100万元，贷款500万元 | 中央银行贷款100万元，企业存款500万元 | 存款900万元 | 贷款1000万元 |
| | | | 财务公司 | | | | |
| | | | 资产 | 负债 | | | |
| | | | 在商业银行存款80万元，在中央银行存款20万元 | 存款100万元 | | 在财务公司存款100万元 | |

假设财务公司开始信用创造，因为财务公司交纳20%的法定存款准备金率之后，尚有80万元的资金可用。但按照现行规定，上交央行的法定存款准备金财务公司实际上是不能动用的。财务公司为了应对可能出现的对外支付等需要，必须在法定存款准备金之外再保留一部分资金。这部分类似于商业银行的超额准备金率。假设合意的超额准备金率为10%，则实际上该财务公司可以动用的资金只有70万元。决定财务公司能否创造信用的不是其在中央银行的准备金，而是其在商业银行构成超额准备金的那部分同业存款。

设企业C需要资金，财务公司向其贷款70万元，企业C又将资金存放在财务公司。财务公司的资金来源方和资金运用方各增加70万元。这时由于财务公司存款增加，需要增加上缴法定存款准备金14万元，则有以下情况发生：（1）财务公司将其同业存款减少 14 万元，同时增加在中央银行的法定存款准备金。（2）实现上述支付是通过商业银行$_1$进行的，该银行要减少其在中央银行的存款 14 万元，同时减记财务公司在其同业存款 14 万元。（3）中央银行增加财务公司上缴法定存款准备金，同时减少商业银行$_1$在其账上的存款 14 万元。

但是，正如上面假设的，商业银行$_1$目前已经处于资金完全占用状态，没有剩余超额准备金。为此，商业银行$_1$必须收缩自己的贷款来获取资金，以完成财务公司的支付要求。这里特别需要注意的是，商业银行$_1$收缩自己对企业的贷款不是简单地收回 14 万元，因为当商业银行$_1$仅收回 14 万元贷款时，负债方企业存款等额减少 14 万元，从中央银行返回的资金只有 2. 8 万元。要满足支付央行 14 万元，商业银行实际上要收缩的贷款是 70 万元（即 14 万元 /20%）。显然，原因在于商业银行$_1$要支付给央行需要的是基础货币。具体如下表所示：

| 中央银行 | | 商业银行$_1$ | | 商业银行$_2$ | | 实体经济 | |
|---|---|---|---|---|---|---|---|
| 资产 | 负债 | 资产 | 负债 | 资产 | 负债 | 资产 | 负债 |
| 贷款 200 万元 | 商业银行存款 200 万元：其中商业银行$_1$存款 66 万元，财务公司存款 34 万元 | 在中央银行存款 66 万元，贷款 430 万元 | 中央银行贷款 100 万元，企业存款 330 万元，其中财务公司同业存款 66 万元 | 在中央银行存款 100万元，贷款 500 万元 | 中央银行贷款 100 万元，企业存款 500 万元 | 存款 830 万元 | 贷款 930 万元 |
| | | | 财务公司 | | | | |
| | | | 资产 | 负债 | | | |
| | | | 在商业银行存款 66 万元，在中央银行存款 34 万元 | 存款 170 万元 | | 在财务公司存款 170 万元 | 贷款 70 万元 |

再看对货币供应量的影响，由于财务公司吸收的企业存款增加了70万元，而商业银行$_1$吸收的存款减少了70万元，按统计规定计算，货币供应量仍然为1000万元。只不过其中的结构继续变化，商业银行创造的货币供应相应减少，而财务公司创造的货币供应相应增加。

可以看出，在现有制度设计下，如果财务公司发放一笔贷款，形成存款后要上缴法定存款准备金，实际上相当于缩减了其开户银行的信用创造，这是在商业银行$_1$的可用资金已经使用充分情况下的结果。如果商业银行$_1$在中央银行仍然有未用资金，当然也可以减少其在中央银行的存款而不采取收缩贷款的办法。如果这个过程继续下去，则财务公司每创造一笔存款，上交一次法定存款准备金，都会相应收缩商业银行$_1$的贷款规模或者在中央银行的超额准备金。这个过程反过来讲，如果财务公司不扩大贷款，则相应的在中央银行的超额准备金就成为商业银行1的可用资金。

当然，由于在上面的例子中假设了财务公司与商业银行的法定存款准备金率是相同的，所以导致信用活动等额变化。我们从一般情况观察，如果财务公司的存款准备金率较商业银行高，则需要更多地缩减商业银行信用才能满足财务公司信用扩张的需要；反之，如果财务公司的存款准备金率较商业银行低，则缩减较少的商业银行信用就可以满足财务公司扩大信用的需要。

我国在实际中财务公司执行的法定存款准备金率要低于商业银行。2015年4月，中央银行再次调整金融机构法定存款准备金率，财务公司的法定存款准备金率为11.5%，而大型商业银行的法定存款准备金率降低为18.5%，中小商业银行为15%。也就是说，在中央银行基础货币供应不变的情况下，财务公司信用扩张对商业银行信用的替代小一些。但正如下面将要分析的，财务公司合意的超额准备金比率可能会高于商业银行，这会抵消法定存款准备金的差异。

从以上分析可知，实行法定存款准备金制度，财务公司信用创造的基础仍然是其在商业银行的存款，并没有使财务公司信用转化为商业银行信用。财务公司进行信用创造不能仅看其在中央银行存款准备金的多少，而是看在商业银行的同业存款及其吸收存款的对比关系。存款准备金成为更明显的一种“税收”形式。但是，这个制度安排建立了中央银行—商业银行—财务公司的联动机制，使财务公司信用对商业银行的信用形成了替代，使原来支持商业银行信用创造的中央银行基础货币被动地与财务公司信用创造相联系。在不考虑其他因素的情况下，财务公司信用替代商业银行信用的程度和规模，取决于财务公司和商业银行适用的存款准备金率的比较。

从对中央银行调控的影响看，在目前体制下，降低或提高财务公司的存款准备金率的影响从财务公司自身看具有扩张和紧缩的效应，但从对实体经济货币供应的影响看，主要取决于财务公司存款准备金率与商业银行存款准备金率的对比。财务公司法定存款准备金率低于银行体系法定存款准备金率时，财务公司信用扩张，形成对实体经济货币供应较之前增加；反之则减少。所以，并非经济中出现财务公司就可以在原有基础上扩大社会信用，增加对实体经济的资金供应。

考虑到财务公司创造的存款适用范围仅限于财务公司服务的

企业集团成员单位，现行体制下，如果中央银行提供的基础货币总量不变，由于以财务公司信用替代了商业银行信用，以有固定流通范围的财务公司存款替代了可全社会流动的商业银行存款，货币供应的结构性问题将变得更加突出。包括财务公司存款在内的货币供应量指标的误导性明显，现在的货币调控还没有注意到这个问题。

### （三）对财务公司信用创造能力的进一步分析

财务公司的信用创造虽然与商业银行信用创造不同，但的确增加了企业集团内的信用。在现行制度框架下，由于财务公司的支付保证，对成员单位企业来讲，财务公司的存款与其在商业银行的存款是一样的，这必然使企业集团的购买力和实际需求扩大。财务公司信用能多大程度地影响企业需求，这取决于财务公司实际的信用创造能力，即其实际存款创造乘数的状况。

我们前面已经指出，存款创造乘数取决于存款准备金率的高低，在实行法定存款准备金制度的情况下，存款准备金率是法定存款准备金率与超额存款准备金率之和。

根据前面的分析，财务公司的超额准备金实际上就是其在商业银行的存款，超额准备金与法定准备金共同组成其总准备金。我们不能仅仅把财务公司在中央银行的法定存款准备金作为其信用创造的基础。而商业银行和农村信用社的准备金指其在中央银行的准备金，包括法定存款准备金和超额存款准备金以及库存现金。这是两者在信用活动方面的一个重要区别。据此，对2015年底财务公司和各类商业银行的准备金和存款派生乘数计算如下：

| | 大型商业银行 | 中型商业银行 | 小型商业银行 | 农村信用社 | 财务公司 |
|---|---|---|---|---|---|
| 总准备金（亿元） | 111191 | 41450 | 47047 | 14570 | 20147 |
| 吸收存款（亿元） | 612007 | 211664 | 248664 | 63630 | 30872 |
| 总准备金 / 存款（%） | 18.2 | 19.6 | 19.1 | 22.9 | 65.3 |
| 存款 / 总准备金（倍） | 5.50 | 5.11 | 5.29 | 4.37 | 1.53 |

注：数据由作者根据中国人民银行统计季报 2016 年第 1 期估算。其中，商业银行和信用社的总准备金即其储备资产，吸收存款数指其吸收的纳入广义货币的存款。财务公司的总准备金以储备资产与对其他存款性公司债权加总计算，吸收存款数也是其吸收的纳入广义货币的存款。

从上表可以看出，商业银行和信用社的存款创造乘数最高的是大型商业银行，为 5.5 倍；最低的是农村信用社，为 4.37 倍；而财务公司只有 1.53 倍。我们看到，各类商业银行和农村信用社的存款创造乘数极其接近，财务公司与其相差甚远。财务公司的存款创造乘数不仅小于大中型商业银行，而且小于城乡信用社。实际上，城乡信用社的存款创造乘数与大中型商业银行相差无几。我们认为，原因正在于，财务公司没有纳入中央银行支付清算体系。中央银行支付清算体系把各类商业银行和城乡信用社联系在一起，这些机构的收支和信用创造活动相互支撑、相互作用，共同通过中央银行提供的基础货币完成对全社会货币供应量的创造，使其行为特征也非常接近。而财务公司与这个体系的隔离，使其存款不能转化到这个体系中去，同时也不能接受这个体系的贷款需求，也就不可能与其保持一致的行为特征。

财务公司在商业银行存款和法定准备金存款占其吸收的存款的比重高达 65.3%，除了缴纳法定存款准备金，为什么财务公司还要大量把资金存在商业银行，使得其总准备金率保持在那么高的水平？原因至少有以下几个方面。

一是财务公司在商业银行的存款本来就是集团各成员单位运营资金的组成部分。企业集团成员单位都是实体企业，其资金必然要在生产资金、成品资金、货币资金等不同形态上保持合理的比例。这些资金归集在财务公司形成了财务公司的可用资金，但从各企业看仍然是保持合理的资金结构所必需的。

二是财务公司的信用创造受成员单位需求的限制。财务公司贷款对象只能是企业集团成员单位。目前，我国财务公司已有200家左右，服务成员企业约4.5万家，平均每家服务企业200多家，一些小的财务公司服务对象不过几十家，制约了信用创造的可能性。

三是财务公司自身需要保持高的准备金水平。财务公司的定位是服务集团成员企业，其机构设置受到很大制约，分支机构很少，成员单位的业务对象高度分散，使资金往来不得不大量进出于财务公司系统，并借助于商业银行等其他金融机构完成支付结算活动。这会促使财务公司不得不保持较高的准备资金。

显然，财务公司如此之低的信用创造能力，不支持因成立财务公司导致企业需求膨胀的担忧，当然也不支持对财务公司实行过高的法定存款准备金率。同时也说明，尽管财务公司在商业银行账上有存款，但绝大部分却并非没用的“余钱”，因为这些资金发挥着应对支付的作用，是不能轻易动用的超额准备金性质的资金，仅能供财务公司临时拆出等短期资金使用。只有超出合意超额储备金规模的部分，才是财务公司真正富余的资金。如果我们单纯看财务公司在商业银行有存款，那并不能分辨出这家财务公司的资金是否得到了充分利用。

实行法定存款准备金制度的主要目的有二：一是保证支付，防范风险；二是调节货币供应。但根据目前的规定，财务公司自己承担风险，集团公司负有连带责任，中央银行对财务公司依规也不能在其遇到资金困难或流动性风险时给予资金支持。也就是说，从法律意义上讲，财务公司的偿付能力和风险防范都由财务公司自己承担，中央银行并不对财务公司发挥最后贷款人的作用。因此，是否实行法定存款准备金制度，主要取决于财务公司信用创造的性质和能力。从货币调控的需要看，现在财务公司在商业银行开户，缴纳法定存款准备金但又不能参加中央银行支付清算系统的做法，并不利于形成合理有效的调控机制。未来财务公司加入中央银行支付清算体系可能是一个选择。

### （四）对保险公司等金融机构影响的一点补充

我们回过头再分析一下保险公司类的非银行金融机构对金融体系及实体经济资金供应的影响。在理解了财务公司的信用活动特点后，理解保险公司类金融机构的影响要容易多了。

单位：万元

| 项目 | 中央银行 | | 商业银行 | | 保险公司 | | 实体经济 | |
|---|---|---|---|---|---|---|---|---|
| | 资产 | 负债 | 资产 | 负债 | 资产 | 负债 | 资产 | 负债 |
| 央行贷款 | 10 | | | 10 | | | | |
| 央行存款 | | 10 | 10 | | | | | |
| 商行贷款 | | | 100 | | | | | 100 |
| 商行存款 | | | | 95+5 | | | 95+5 | |
| 保险贷款 | | | | | 5 | | | 5 |
| 保 单 | | | | | | 5 | 5 | |

上表我们在前面已经讲述过。这是保险公司一类的金融机构

发挥资金融通作用的结果。我们假定货币处于均衡状态，保险公司的介入没有导致实体经济资金供应的变化，但这里有一个前提，就是保险公司将其吸存的货币资金等额运用出去。

现实中保险公司这类的金融机构逐渐发展，数量很多。虽然其资金来源都有相对的固定期限，但保留一定的备付金仍然是必要的。而且随着业务的多样化，其资金来源中流动性强的部分也在增加，这必然导致这类机构保存的备付金、准备金性质的资金数额不断增加。以上表为基础，我们假设现在保险公司这类机构需要保留负债20%的备付金，以应付提前支取等流动性需要。这时保险公司只能向实体经济提供4亿元的贷款给实体经济，剩下1亿元保险公司以商业银行存款的形式留用。我们把上表调整为下表：

单位：万元

| 项目 | 中央银行 | | 商业银行 | | 保险公司 | | 实体经济 | |
|---|---|---|---|---|---|---|---|---|
| | 资产 | 负债 | 资产 | 负债 | 资产 | 负债 | 资产 | 负债 |
| 央行贷款 | 10 | | | 10 | | | | |
| 央行存款 | | 10 | 10 | | | | | |
| 商行贷款 | | | 100 | | | | | 100 |
| 商行存款 | | | | 95+4+1 | 1 | | 95+4 | |
| 保险贷款 | | | | | 4 | | | 4 |
| 保 单 | | | | | | 5 | 5 | |

现在经济中的货币供应发生了变化，这主要取决于我们怎么对待保险公司这样的金融机构。如果我们认为保险公司不是实体经济的组成部分，我们看到实体经济的货币现在就只有99亿元，比均衡状态货币供应少了1亿元。如果我们把保险公司也看作实体经济的组成部分，我们看到商业银行存款仍然是100亿元，那么货币供求就是均衡的状态。我国在2011年10月调整货币供应统计口径时，为应对快速发展的住房公积金、代客理财业务的发

展对货币供应量的影响，将住房公积金存款和非存款类金融机构在存款类金融机构的存款计入 $M_2$。这意味着在我国由于保险等非银行金融机构的发展导致的滞留在其手中的备用金性质的货币，仍然被作为实体经济的货币供应量看待。

如何认识这个问题，很大程度上取决于我们对货币供应量的认识。对实体经济的资金供应应当是实体经济部门持有的金融部门的负债。保险公司等非银行金融机构主要职能是媒介资金融通，掌握在其手中的货币不可能在实体经济领域里发挥作用，这不仅会夸大对实体经济的资金供应，而且会降低货币供应量与实体经济指标包括就业、GDP 等的关系。所以我们认为，保险公司等非银行金融中介机构持有的商业银行存款是同业资金性质的货币，不应纳入货币供应量统计。当然，那些纯粹进行金融服务的证券交易所、征信事务所等，应当放入到实体经济领域里。

考虑到这一点，保险公司等非银行金融中介机构的发展会增加其持有的在商业银行同业存款类的准备金，在原有条件下会减少实体经济的资金供应。如果我们要保持货币均衡状态，就需要增加银行体系的货币供应来补充这一部分货币。

### （五）考虑非银行金融机构后对实体资金供应的衡量

在没有非银行金融机构的经济运行中，只有银行体系和实体经济。现在金融体系由银行体系和非银行金融机构体系组成。根据我们前面的分析，非银行金融机构又分为具有货币信用创造能力的财务公司和不能创造货币性资产的保险公司等机构。财务公司创造的货币虽然在支付能力上和适用范围上受到限制，但可以说是类货币高流动性资产，所以财务公司可以划入到银行类或存款类金融机构中，我国现在也是这么做的。我们要注意的是在现有的制度框架下，因为法定存款保险金率的实施造成的对银行信用的替代。今后我们所讲的非银行金融机构不包括财务公司类的机构，将其视为已经纳入到银行体系中。除了可能造成的货币结构性的矛盾外，财务公司创造的存款作为银行体系创造的货币供应的一部分看待。我们专门看一下对其他的非银行金融机构的信用活动及其对实体经济货币资金供应的影响。我们在原来的只有银行体系对实体经济资金供应的结构下，引入非银行金融机构，并假设非银行金融机构只与实体经济存在业务联系，与银行体系不存在业务联系，它们发行保单、受益凭证等特种证券从实体经济主体那里筹集资金，同时除保留一定银行存款作为备用资金外，其余全部以特种贷款形式提供给实体经济主体。具体如下：

| 金融体系 | | | | 实体经济 | |
|---|---|---|---|---|---|
| 银行体系 | | 非银行金融机构 | | | |
| 资产 | 负债 | 资产 | 负债 | 资产 | 负债 |
| 银行贷款<br>外汇占款<br>证券及投资<br>其他资产 | 现金<br>实体存款<br>非银机构存款 | 银行存款<br>特种贷款 | 特种证券 | 现金<br>银行存款<br>特种证券 | 银行贷款<br>净发行证券<br>其他负债<br>特种贷款 |

在上一章我们的结论是：

货币供应量＝现金＋存款

＝银行贷款＋外汇占款

＋银行体系对实体证券净投资＋其他

＝社会融资规模

但现在情况出现了变化，我们在核算货币供应量的时候，是将非银行金融机构与实体经济单位放在一起了，同时从实体经济单位来看，非银行金融机构的特种贷款又是实实在在的资金来源渠道，结果两者出现了不一致。实体经济的资金供应现在是通过银行体系和非银行金融机构共同完成的，这样做不符合实体经济的实际资金状况，更没有揭示出非银行金融机构的作用：

货币供应量＝现金＋实体经济存款＋非银行机构存款
＝银行贷款＋外汇占款＋银行体系对实体证券净投资＋其他

社会融资规模＝银行贷款＋外汇占款＋银行体系对实体净证券投资＋非银行机构特种贷款＋其他

从理论上说，我们应当将银行体系和非银行金融机构合并起来。非银行金融机构从事的是信用中介业务，持有货币不是用来对实体经济的支出，经营行为与银行类似。即如下表：

| 金融体系 | | 实体经济 | |
|---|---|---|---|
| 资产 | 负债 | 资产 | 负债 |
| 商行贷款<br>特种贷款<br>对实体的净证券和投资<br>外汇占款<br>其他 | 现金<br>实体经济存款<br>特种证券 | 现金<br>商行存款<br>减持外汇资产<br>特种证券 | 商行贷款<br>向银行体系净发行证券和投资<br>特种贷款 |

根据上表，则有：

货币供应量＝现金＋存款

= 银行贷款 + 外汇占款 + 银行对实体净证券投资 + 非银行机构特种贷款 + 其他

= 社会融资规模

## 六、小结

我们在本章分析了非银行金融机构信用活动的特点及其对实体经济货币供应的影响。我们主要说明了以下几点。

一是银行和非银行金融机构在融通资金上的功能并没有区别，但银行和财务公司类的非银行金融机构具有信用创造能力，可以向实体经济提供货币或与货币类似的高流动性金融工具。而保险公司等非银行金融机构不具有这样的能力。我们还强调了在我国非银行金融机构的信用活动并不像一些学者所说的那样与中央银行基础货币直接联系，它们实际上主要是以商业银行的存款货币为基础的信用活动。

二是保险公司类的金融机构信用活动的结果是增加了经济中非货币金融工具的供给。如果说保险公司等机构具有信用创造能力，它创造的不是货币性的金融资产，不能为实体经济增加货币性的金融工具。当然，保险公司等金融机构的信用活动在既定的货币条件下加快了资金流动，增加了实体经济的资金流量，提高了资金的配置效率。同时，这类金融机构的快速发展，增加了它们用于金融机构之间交易的资金占用量，减少了实体经济资金供应量。货币调控应当考虑保险公司等非银行金融机构信用活动对货币供应量产生的这些影响。

三是财务公司类的金融机构与中央银行—商业银行信用活动并非一体，财务公司信用活动本质上是以存款和贷款的形式对其在商业银行闲置资金的运用方式。由于财务公司具有与商业银行一样的吸收存款、发放贷款、办理结算的运行机制，使其具备了信用创造的功能，但创造的存款只能在集团内部发挥作用，具有“内部货币”的特点。对财务公司实行法定存款准备金制度，没有改变财务公司信用的基本特征，造成了财务公司信用对商业银行信用的替代，财务公司存款对商业银行存款的替代，改变了现行统计的货币供应量结构。由于财务公司信用活动的介入，中央银行货币调控更加复杂，尤其是出现了更为严重的资金供应结构性问题。随着财务公司类的非银行金融机构的发展，在现有机制下资金结构性问题会更加突出，将财务公司纳入中央银行支付清算体系，可能是改变信用替代状况、提高中央银行货币调控的一个途径。

四是财务公司的特殊性质决定了它需要保持较高的准备金率，信用创造能力低，法定存款准备金制度直接减少了企业集团可支配的资金量。从实际出发，法定存款准备金的比率应尽可能低，甚至仅象征性地收取即可。作为补充的政策选择，也可以考虑对小的财务公司比率要更低一些，大的可以稍高一些；对新成立的可以更低一些，对成立已经一段时间的可以略高一些。财务公司创造的存款与商业银行创造的存款支付能力和使用范围不同，把财务公司派生的存款与商业银行的存款等同看待造成的问题表明，至少两者不应放在同一的货币层次上。

**参考文献：**


黄达主编：《金融学》，中国人民大学出版社2003年版。

杜金富主编：《货币与金融统计学》，中国金融出版社2013年版。

易纲、吴有昌：《货币银行学》，上海人民出版社2006年版。

盛松成、张璇：《什么是存款准备金管理》，载《中国金融》，2014年第5期。

胡志成：《存款准备金政策对财务公司行业的影响分析》，载《中南财经政法大学学报》，2010年第5期。

胡志成：《存款准备金政策对企业集团财务公司的限制作用》，载《经济与管理》，2010年8月。

中国人民银行：《中国人民银行统计季报》，2015年第1期。

中国财务公司协会：《企业集团财务公司行业经营分析报告2013—2014》，2015年。

盛松成、翟春：《中央银行与货币供给》，中国金融出版社2015年版。

赵智勇：《理论金融创新与货币供应量的关系》，载《调研与信息》，1996年第2期。

英飞：《内部货币、外部货币及其启示》，载《中国外资》，2014年第2期。

约翰·G. 格利、爱德华·S. 肖：《金融理论中的货币》，上海三联书店、上海人民出版社1994年版。

大卫·H. 弗里德曼：《货币与银行》，中国计划出版社2001年版。

World Bank, 1989, *Financial System and Development*. World Development Report 1989. New York: Oxford University Press.

Dimitri Vitas, 1997, *The Role of Non-bank Financial Intermediaries in Egypt and other MENA countries*. Development Research Group, World Bank.

第五章

# 影子银行的信用创造

## 一、引言

我们前面已经讲过，从历史发展的轨迹来看，商业银行出现后，就成为最基本的信用创造主体，同时也是现代中央银行的货币政策最主要的传导主体。可以说，中央银行—商业银行体系是现代货币经济学理论研究的微观基础，也是各国中央银行执行货币政策的核心环节。非银行金融机构的发展导致了货币“新观点”的出现，使人们从传统的货币观点走向准货币以及流动性的观点，开始关注货币与其他金融资产的关系，可以说是货币金融理论的一个重大创新。不过从实践上看，中央银行货币政策体系并没有因之而发生根本性的改变。由于 20 世纪 60 年代以弗里德曼为代表的货币主义的兴起，对非银行金融机构信用创造问题的理论深化没有受到应有的重视。2007 年后，一场前所未有的国际金融危机再度掀起了对于信用创造问题的高度关注，这一次是从对影子银行体系（shadow banking system）问题的研究开始的。影子银行体系的功能、构造、风险、影响等，都与信用创造问题密切相关。

显然，如果影子银行体系具有信用创造功能，则现代货币经济学的研究基础就发生了变化，现代货币政策的调控机制就需要重构，金融监管的整个体系就需要重建。

国际学界对影子银行体系的认识分歧很大，很重要的一个根源在于研究影子银行体系问题的出发点有所不同。如果从金融本质角度和广义的非银行金融中介机构的角度来看，我们在前一章中所论述的内容，也应属于影子银行体系信用创造的部分。但我们注意到，西方理论界对于影子银行信用创造问题的研究，最有特点也是最重要的内容集中在回购协议、货币市场基金、资产证券化和其他与商业银行核心功能类似的相关金融活动上，有的学者将其称为“市场型金融中介体系”或“证券化银行体系”( securitied banking system )，以区别于传统意义上讲的非银行金融机构。显然，这些内容是我们研究影子银行信用创造问题的重心所在。所以，我们将探寻中央银行—商业银行体系和传统的非银行金融机构功能以外的，具有信用创造能力或者集合起来具有信用创造能力的那些金融活动、结构或市场，作为这里对影子银行体系研究的主要任务。

对我国影子银行的理论研究同样众说纷纭。但实际上除了非银行金融机构问题外，主要集中在同业业务、理财产品、银信合作、金融租赁、私募基金、第三方支付等为主要特色的银行体系之外的信用供给活动。我国理论界逐步形成的一个共识是，中国的影子银行仍不是国际上通行的影子银行的概念，而更加类似于“银行影子”。不过，理财业务的快速发展，已经显现出与发达国家影子银行体系类似的一些特征，值得高度重视。对这些金融活动从信用创造的角度加以分析，也是我们必须面对的内容。

我们在本章集中讨论上述问题。具体内容如下：第二部分以美国为例，讨论发达国家影子银行体系信用创造问题；第三部分讨论我国银行影子活动的信用创造以及具有影子银行特征的信用创造活动；第四部分分析影子银行信用创造和银行影子信用创造对实体经济货币供应的影响；最后进行简要的总结。

## 二、发达国家影子银行体系及信用创造

各个国家影子银行体系的构成和活动并不相同。美国、欧盟国家影子银行体系发达且庞杂，发展中国家影子银行体系一般相对初级且简单。这些纷繁复杂的金融活动和金融机构主体是否在本质上具有一致性，并能够像银行体系那样具有信用创造的能力？这是非常具有吸引力的问题。我们首先在讨论影子银行定义的基础上，主要以美国为例，认识一下影子银行体系的构成和主要活动，并讨论这些活动可能发生的信用创造和创造机制。

### （一）美国等发达国家影子银行体系及其主要构成

什么是影子银行？迄今尚无统一的定义。最早提出影子银行概念的麦考利（Paul McCulley，2007）认为，影子银行体系是游离于监管体系之外，从事与传统商业银行体系相类似的金融活动的金融机构。这是从监管角度提出的界定范围，很多研究正是从是否受到监管作为划分是否影子银行的界限。英格兰银行认为，金融的本质功能是提供流动性、期限转换和提高杠杆，影子银行

就是通过一系列制度安排，在不同程度上替代商业银行核心功能的各类工具、结构和市场，并为企业和居民以及非银行金融机构提供流动性、期限转换和提高杠杆服务。这是从金融功能提出的界定范围，强调了影子银行对传统银行体系功能的替代。因全球金融危机而由G20成立的金融稳定理事会（Financial Stability Board，FSB）认为，经统计纳入的发挥银行核心功能、没有受到监管的非银行金融中介机构（NBFIs）均属于影子银行体系的范围，类似于资金流量表上的“其他金融中介”指标。这是结合统计核算角度对影子银行体系范围的界定，更加强调了影子银行规模上的可测性。[1]但我们不想过多地花费精力去研究影子银行的定义、范围等问题，而想集中讨论影子银行与信用创造有关的问题。从这个思路看，从金融活动本质功能的视角来认识影子银行，对我们的分析更具有基础性的意义。因为，只有那些具有金融中介核心功能的金融活动和金融机构才可能引起信用创造，产生类货币的高流动性资产。

从金融本质功能视角分析影子银行的观点同样很多。上面所说的英格兰银行对影子银行进行的分析、FSB的分析，都强调影子银行与传统银行体系一样的功能，包括期限转换、流动性转换、信用转换以及高杠杆等。除了它们之外，国际货币基金组织、美联储也是从金融本质功能视角提出影子银行问题的。FSB曾经从五个方面金融功能对影子银行体系金融机构和金融业务进行划

1　国际货币基金组织曾经对影子银行的不同定义进行了归纳和总结。参见国际货币基金组织《全球金融稳定报告——风险承担、流动性和影子银行：遏制高风险承担，同时促进经济增长》，中国金融出版社2014年版。

分。一是管理客户资金池的机构，如进行现金管理或低风险标的的信贷投资基金（共同基金/信托）、依赖外部融资或交易集中度高的信贷投资基金和持有大量债权头寸的信贷投资基金等；二是依赖短期资金提供信用的机构，如吸收存款但未受到银行审慎监管的机构，通过资产支持票据、商业票据、回购协议等大额融资市场或银行授信来融资的机构等；三是金融市场活动的中介服务机构，主要包括证券经纪商、对冲基金代理服务商；四是信用供给的辅助机构，提供增信服务功能的金融担保保险公司、按揭保险公司等；五是证券化及为金融机构融资，如将短期融得的资金用于流动性差的长期投资的证券化机构，它们购买银行的贷款，然后发行资产支持票据或其他证券产品。[1]我们可以看到，这些金融市场中的主体和金融产品，有的发挥从市场获取资金的作用，有的发挥贷款、提供资金的作用，有的为金融市场上的交易牵线搭桥、提供服务，有的提供增信、保险和信用评级，有的对资产进行再构造，形成了一个既有分工、又密切配合的完整的金融功能体系。对其中的增信服务、经纪服务、保险服务等机构，我们较好理解，但其他金融机构和金融活动如何聚合起来形成信用创造功能？与传统的银行体系相比其信用创造又有什么特点？这需要我们先了解这些金融机构和金融活动自身的功能和特点。以美国影子银行体系为例，我们要特别注意以下几种金融产品和金融机构，并考察其资金活动的特点。

首先是**货币市场基金**（Money Market Mutual Funds，简称

1　参见阎庆民、李建华：《中国影子银行监管研究》，中国人民大学出版社2014年版，第24–27页。

MMMFs）。美国经济学家高顿曾说，货币市场基金是20世纪70年代以来美国最重要的金融创新。美国的货币市场基金根据《投资公司法》成立，投资基金的投资人持有基金份额，基金主要投资于高质量的货币市场工具，如国库券、商业票据、银行承兑汇票、银行定期存单、回购协议等等。基金只有一种分红方式——红利转投资，基金份额保持在1美元的净值，超过1美元后的收益将按时转化为基金份额。当一只基金的净值跌破1美元时，其母公司一般都对基金提供支持。但有意思的是，正是第一只货币市场基金——储备一级基金（Reserve Primary Fund），在2008年9月首次跌破1美元的净值并陷入了破产。[1]这只基金的破产甚至被认为引起了货币市场基金的挤兑。

让我们对货币市场基金最感兴趣的是，基金持有人可以用基金账户签发支票、支付消费账单等，有的甚至允许投资人直接在自动取款机上提取现金。一方面，基金是持有人投资的一种方式；另一方面，基金又可以直接作为支付手段，所以它兼具货币的流动性和其他金融资产的收益性。正因为如此，许多人将应急之需的现金以货币市场基金的形式持有。

货币市场基金是一种金融产品或投资工具，同时又是一种金融中介机构。我们前面曾讲过，商业银行从单个来看，只有取得负债才能进行经营，而周莉萍（2011年）等将货币市场基金等视为金融市场上一种有资产无负债、与商业银行明显区别的金融组织形式。这是因为，货币市场基金从投资者那里以基金份额的形

---

1 参见弗雷德里克·S. 米什金：《货币金融学》，中国人民大学出版社2011年版。

式而不是负债的形式取得资金来源，然后投资于金融市场上流动性高的短期证券。作为一种金融中介机构，它在资金融通过程中进行着期限转换、流动性转换。但就货币市场基金本身来说，并不直接具有杠杆效应，投资人购买多少基金份额，基金就有多少资产。货币市场基金的投资者可以是企业和个人，也可以是各种各样的金融机构，不同的投资者购买基金份额，基金投资于不同发行人的短期流动性资产，对银行体系的影响不同。

如果是个人或企业购买基金份额，其资产从存款转变为基金份额，这些存款由基金再投入到各种短期流动性资产上，资金流向因流动性资产的持有人而不同。如果是实体经济主体，则结果是存款仍然留存在实体经济中；如果是其他非银行金融机构，则实体经济的存款转化为商业银行的同业存款。这两种情况，商业银行的资产负债总量没有变化，负债的结构发生变化。如果是投资于商业银行体系持有的短期流动性资产，则商业银行的存款和短期流动性资产同时减少，商业银行资产负债总量发生等额变化。

如果是其他非银行金融机构购买的基金份额，则其在商业银行体系的同业存款也会因基金投资于短期流动性资产的持有人的不同而分为三种情况：当交易对手是实体经济主体时，非银行金融机构的同业存款转化为实体经济主体的存款；当交易对手是非银行金融主体时，是从一个非银行金融机构的同业存款转变为另一个非银行金融机构的同业存款。这两种情况，商业银行的资产负债总量显然也没有变化，但商业银行的负债结构即存款结构可能发生变化。当交易对手是商业银行时，则商业银行的存款和短期流动性资产同时减少，商业银行资产负债总量发生等额变化。

与上述第三种结果一样。

如果是商业银行购买了基金份额，首先是商业银行进行了信用创造，其资产和负债同时增加，资产增加了基金份额，负债增加了基金公司的同业存款。当基金公司将其存款投资于短期流动性资产时，结果也因交易对手不同而不同。如果是实体经济主体，则同业存款转化为实体经济存款，对实体经济的货币供应增加了。如果是非银行金融机构，结果是基金的同业存款转化为非银行金融机构的同业存款。如果是商业银行，则这家商业银行的资产负债又同时缩小，最后商业银行体系的资产负债总量又回到了初始的状态。

根据上面的分析，我们可以形成下表：

| | 购买实体主体发行短期债务 | 购买非银行机构短期债务 | 购买商业银行短期债券 |
|---|---|---|---|
| 实体主体购买 | 货币总量不变，货币结构因实体主体而变化 | 货币总量不变，由一般存款转变为同业存款 | 货币总量减少，商业银行负债由存款转变为债券 |
| 非银行机构购买 | 货币总量不变，货币由同业存款转变为一般存款 | 货币总量不变，同业存款结构因主体而变化 | 货币总量减少，商业银行负债中同业存款转变为债券 |
| 商业银行购买 | 货币总量增加，基金的同业存款转变为一般存款 | 货币总量增加，基金的同业存款转变为非银行机构的同业存款 | 货币总量不变，基金的同业存款转变为商业银行的同业存款 |

我们需要注意的是，由于货币市场基金的高度流动性，投资者一般都将其作为短期的、流动的、类似于存款的工具，基金本身成为类货币金融资产。很多国家实际上在统计货币供应量时，将基金份额纳入货币供应统计范围。如果是这样，我们设想一下，不论是哪个交易对手购买了基金份额，对社会的货币供应都等额

增加了。基金实际上被作为能够创造双重债务索取权的金融中介机构，具有信用创造功能。随后我们还会讨论这个问题。

除了货币市场基金外，在美国等发达国家金融市场上还有众多投资共同基金。它们在结构上与货币市场基金类似，代表自己的投资者向一系列的资产进行投资，包括但一般只有一定比例的短期证券投资。绝大多数的投资基金是开放式基金，不具备高杠杆率，不直接从事信用转换。像货币市场基金一样，基金份额持有人可以以基金净值自由赎回自己的份额。所以，这些基金都有一个特点，当市场信心下降，基金份额持有人担心投资失败，他们将争相赎回自己的基金份额，这种状况与银行面临的挤兑一模一样。

再来看回购协议（Repurchase Agreement, Repo）。回购协议又称再回购协议，是一种金融合同，市场参与者将其作为一种满足短期或长期资金需要的工具，一方同意卖出证券给另一方，并约定按特定价格在特定时间买回。所以，一个回购协议包含两部分的交易活动。首先，交易的资金借入方（例如银行，也就是正回购方）将特定的证券（通常是信用级别最高的债券）转移给资金的借出方（如货币市场基金、养老基金等批发性的存款人，也就是逆回购方），相应得到需要的现金。同时，上述交易还伴随着银行允诺在未来特定时间以高出现在价格的一定幅度将这些证券再购买回去。

需要注意的是，回购协议像其他衍生品一样，不能因为一方不能偿还债务而终止。没有违约的一方可以在这时拥有选择权，是持有债券还是收取现金。美国回购市场的发展，一个非常主要的原因是大量的资金掌握在机构投资者手里，如养老基金、共同基金等，这些机构被称为批发性的存款人，以有别于个人存款持有人。这种需求也来自于州、市政单位以及非金融企业。这些机构需要既可以迅速变现又可以有收益的产品。由存款保险制度保障的存款，对他们来说因为存在限额而没有意义。美国存款保险的最高限额是 10 万美元，对这些批发性的存款人来说早超出了限额。他们需要高的收益，又需要规避风险，回购协议可以提供相对较高的报酬，同时由于存在抵押品而降低了风险。

我们假设一家货币市场基金从某商业银行“购入”一定的资产或者说是抵押品 X 元，同时该商业银行同意在随后例如说第二日以 Y 元将这些金融资产购回，两者价差与初始价格的比例就是回购利率，即 (Y–X)/X，显然它与银行存款利率一样。通常，银行所能够收取存款的数量要少于作为抵押品的金融资产的价值，两者的差就是折扣率（haircut）。我们可以举一个例子。如果一项符合条件的资产价格是 100 美元，而银行以 80 元的价格将其卖出，并允诺隔日以 88 元的价格将其赎回，我们就可以说回购利率是 10%［即 (88–80)/80］，而这批抵押品的折扣率是 20%［即 (100–80)/100］。如果银行违约，未能按约定回购抵押品，投资者有权终止协议，并可以自主决定是保留还是卖掉这些抵押品。

我们假设回购交易只发生在金融机构之间，并假设非银行金融机构都在商业银行开户，商业银行都在中央银行开户。如果商业银行与商业银行之间进行回购交易，这与一般的资产交易没有区别，一家商业银行得到了存款货币，另一家商业银行得到了抵押品资产；从资金的流动看，是他们各自在中央银行账户上存款的增减。这时，商业银行体系的资产负债总量都不会变化，更不会影响到实体经济的货币运行。如果是商业银行与非银行金融机构之间发生的回购交易，当商业银行充当逆回购方时，相当于商业银行向非银行机构提供了贷款，并增加商业银行存款负债；而当商业银行充当正回购方时，相当于非银行机构为商业银行提供了资金，商业银行存款负债的规模将会缩减。如果是非银行金融机构和非银行金融机构之间的回购交易，结果是一家非银行金融机构在商业银行存款的增加，相应另一家非银行金融机构在商业银行存款的减少，不会改变商业银行负债总量变化。回购交易更经常地由中央银行在公开市场上使用，成为中央银行调节基础货币的重要手段。当中央银行要增加基础货币供应的时候，就会在公开市场上采取逆回购的办法向金融体系注入资金；而当中央银行认为要减少基础货币供应时，就可以在公开市场上采取正回购的方式从金融体系收回资金。我们用下表来概括：

| 正回购方<br>逆回购方 | 中央银行 | 商业银行 | 非银行金融机构 |
|---|---|---|---|
| 中央银行 |  | 商业银行向中央银行交付债券，中央银行增加商业银行存款，基础货币供应增加 |  |
| 商业银行 | 中央银行向商业银行交付债券并收回商业银行存款，减少基础货币供应 | 正回购方的商业银行向另一家商业银行交付债券，并取得资金，在中央银行存款相应增减 | 非银行金融机构向商业银行交付债券，并增加在商业银行的同业存款，商业存款负债总量增加 |
| 非银行金融机构 |  | 商业银行向非银行金融机构交付债券并减少其同业存款，商业银行负债总量减少 | 非银行金融机构之间债券和货币交换，在商业银行同业存款分别增减，商业银行负债总量不变 |

单纯一笔交易，回购协议相对显得简单。但回购交易十分灵活，除了双边回购，还有三方回购，而且回购交易被各类机构广泛应用，在金融市场活动中十分重要。我们在后面讨论时还将涉及。

再来看资产证券化（Asset Sucuritization）。美联储和国际货币基金组织都把资产证券化和抵押中介作为发达国家影子银行最主要的两种形式。[1]资产证券化是以特定资产组合或特定现金流为支持，发行可交易证券的一种融资方式。从发行量来看，资产证券化市场在美国是特别重要的资本市场组成部分。资产支持证券市场规模巨大，超过了其他所有的公司债。根据证券化基础资产的不同，具体又包括实物资产证券化、信贷资产证券化、证券资产证券化和现金资产证券化等。通过资产证券化，产生了一系列的金融产品。

我们可以以次级抵押贷款的证券化来说明资产证券化的过程。在美国，大约80%的次级抵押贷款是通过证券化融资的，即主要以住户抵押贷款支持证券化（residential mortgage-backed securities, RMBS ）的形式融资。其方式是先将数以千计甚至更多的住房抵押贷款打包，建立一个资产池，然后将资产池卖断给特殊目的公司SPV，由其发行投资级的证券为资产池融资。发行的债券相应进行分层（tranches）或设置不同的优先级别的CDO，其中优先等级（senior）的CDO具有最高的信用等级AAA，还有夹层（Mezzanine）CDO和评级

1 参见阎庆民、李建华：《中国影子银行监管研究》，中国人民大学出版社2014年版，第13页。

较差的 BBB 级的权益（Equity）级 CDO。发行者可以将信用等级较高的 CDO 出售给对资产资质要求较高的商业银行和共同基金，将评级不佳的资产出售给对冲基金等金融机构。如果最初的发起人破产，因 SPV 采取了破产隔离而不会受到影响。住户抵押贷款支持证券是资产支持证券的主要形式，其他资产支持证券的结构大多与之类似，如学生贷款、信用卡应收款、设备贷款，等等。

资产证券化衍生出一大批新的金融工具，其中具有代表性的就是抵押债务债券（Collateralized Debt Obligation,C-DOs）、信用违约掉期（Credit Default Swap，CDS）。抵押债务债券是对公司债券、资产支持证券、住房抵押支持证券的再证券化，其组合里包含着对次级贷款证券化，它们非常依赖回购市场。抵押债务债券在技术上类似，把抵押贷款债券中占比通常不超过 5% 的 BBB 及以下评级级别的资产再次建立资产池，并借助信用增级，按照期限、现金流和风险收益等打包，形成新的风险等级不同的 AAA、AA、BB、BBB 即权益级的资产池。显然，这一次的证券化将上一轮的证券化中 BBB 及以下评级的资产转化成了信用级别高的证券化产品了。我们可以设想，从理论上讲，还可以按照上述方式在 CDO 基础上继续创设证券化产品 $CDO^2$，然后在 $CDO^2$ 基础上再创设 $CDO^3$，甚至更高级别的 CDO 产品。当然，实际中这个过程不会持续不断进行下去，大部分的金融机构最多只创设到 $CDO^2$，个别情况下会产生更高层次的 CDO 产品。CDO 的设计原理可以用下图表示出来：

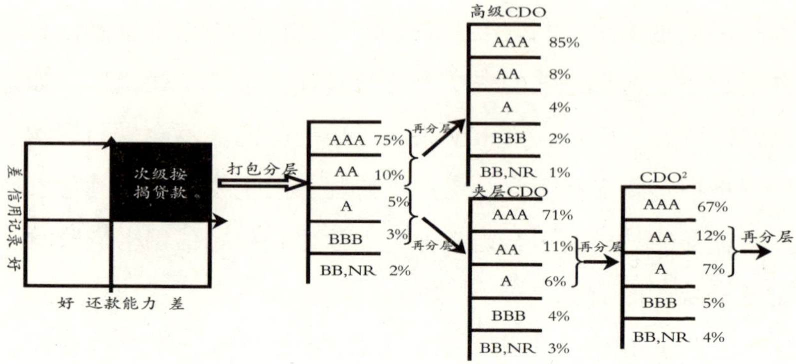


信用违约掉期是一种衍生品合同，通过这种产品交易一方向保险公司交付保险费，防止对手方违约造成的损失。信用违约掉期相当于以定期支付费用的方式购买了一种保护，或者说是针对某一个特定公司的风险溢价。通常 CDO 的持有者只需花费 CDO 合约价值的 5%—10% 左右的保证金，就能获得 CDO 违约后 100% 的赔偿。

对于资产证券化，我们已经难以像分析回购协议和货币市场基金那样分析其导致的货币资金流向。这些证券化产品可以为多种银行机构和非银行金融机构发起并销售，而投资者更是种类繁多，基本上参与资本市场的主体都可以成为投资人。从单一的证券化的环节看，仍然是债券发行一样的过程，发行人和投资人以及资金融出者和资金融入者是清楚的，相应的资金流动状况也是清楚的；但从最终投资人和最终借入者的角度看，中间则经历了多多少少的环节，这些环节上的投资人和资金借入者各种各样、相互交叉、往复变化，从最终的两端看其实都是中间人，发挥了中介的作用。

还有抵押中介。抵押中介与资产证券化并列成为发达国家主要的影子银行形式。抵押中介活动其实就是指对抵押物的重复利用。金融市场上有许多有抵押品但需要资金的机构，它们将抵押品抵押给自营经纪商，自营经纪商又将其作为担保品从其他机构获取资金，或者作为其他经济活动的担保品流转。如对冲基金，它们在活动中常常需要借入现金或证券，并采取抵押中介类的杠杆操作方法。对冲基金是采用对冲交易手段的基金，本意是指“风险对冲”过的基金。但现在对冲基金已经失去了最初设立的风险对冲的内涵，成为一种新的投资模式的代名词。它们在筹资方式上多为合伙人制的私募方式，美国对冲基金合伙人一般控制在100人以内，每个人出资额在1000万美元以上。在经营模式上，它们基于新的投资理论和极为复杂的市场操作技巧，利用各种金融衍生产品的杠杆效应，承担高风险，争取高回报。由于这样的行为特点，它们往往持有大量的高流动性证券，间歇性地需要大量超规模的资金，高杠杆操作十分普遍，成为金融市场上一支十分活跃并且强大的力量。

证券借贷。证券借贷也是常见的交易活动。保险公司、主权财富基金、养老基金以及央行授权的托管机构等，为了提高持有证券的收益而将证券借出，而那些进行证券空头交易的投资者为了到期交付证券而融入证券，同时它们把相应的现金担保品提供给证券融出方。这些融出证券的机构将收到的现金担保品作为抵押品再用于货币市场回购交易等获取利益，使金融市场上各种活动交叉重叠，更加复杂化。

影子银行体系还包括大量的私募基金、房地产信托基金（REITs）、专业金融公司、经纪商等，它们之间的活动也都是相互重叠交叉的。其中不少机构采取回购和其他短期担保协议等方式从金融市场上取得资金，然后投资于长期并且流动性低的资金用途上，进行杠杆操作和期限转换活动。

美国金融市场上金融机构创新和金融产品创新层出不穷，花样不断翻新。我们只选择与下述信用创造内容有关的主要品种和形式做一个简单介绍。

### （二）影子银行体系的信用活动链条

我们前面已经介绍了美国等发达经济体影子银行的主要金融产品和金融机构。但分析影子银行只拿显微镜分析，把影子银行体系内部的各个组成细胞当成影子银行体系整体，恐怕是走不通的。前面的分析也初步表明，不同的影子银行活动具有不同的特点，与银行体系有不同的联系，对银行功能的复制或替代也不尽相同。我们既需要对部分的分析，也需要对整体的分析；既需要分析，也需要综合；既需要具体，也需要抽象。国际货币基金组织和经济学家波萨（Zoltam Pozsar）指出，在美国等发达国家，影子银行通常涉及金融实体和活动网络，并将贷款人和借款人之间的信用中介过程分解为一系列独立操作的程序。[1]我们先连贯地看一下美国的影子银行体系信用活动可以如何分解为不同的环节，又如何形成一个有机的链条。

1 参见国际货币基金组织：《全球金融稳定报告》，中国金融出版社 2014 年版，第 70 页。

为了集中分析影子银行的信用活动，我们先将影子银行体系与传统的银行体系进行相对的隔离，单独分析影子银行自身的信用活动。从第二章描述影子银行体系与传统银行体系的关系图中，我们把影子银行体系分离出来，就可以形成下图。它只是把传统银行体系的信贷活动先撤除出去，不考虑传统银行体系向影子银行体系提供资金，同时传统银行体系也不直接从影子银行体系获得资金，这样我们可以更清楚地分析影子银行体系是如何从经济体系中获得资金，又如何向实体经济供应资金，作为一个“平行银行体系”自我循环并发挥作用。

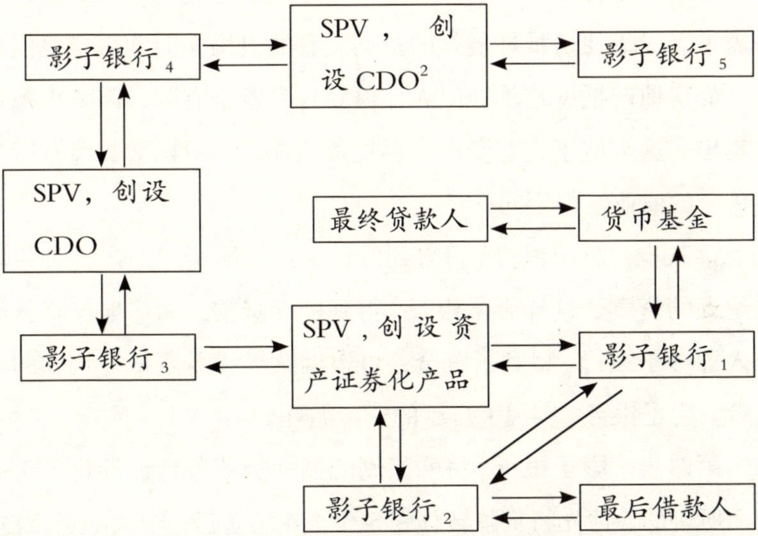


第一步，影子银行取得货币资金。我们这里讲的影子银行机构可以是银行构造的特殊机构如SPV，可以是非银行金融机构如养老金公司，也可能是其他金融活动主体如对冲基金。究竟是什么金融机构，并不影响我们的分析和结论。所以我们干脆就称其为影子银行$_1$。该影子银行机构用回购协议的方式与货币市场基金进行交易，这样货币市场基金的货币资金流入到影子银行$_1$，同时货币市场基金得到了该影子银行的债券抵押品。影子银行$_1$是市场上希望购入抵押贷款的投资人。当然，我们也可以把货币市场基金等作为影子银行活动的起点，它们直接从实体经济取得货币资金，是为影子银行体系供应资金的主体。

第二步，影子银行$_2$向实体经济供应资金。影子银行体系中的贷款人可以是多种机构，如房地产经纪商，向最终需求资金的购房者提供抵押贷款。美国金融市场发展到今天，实际上有许多为需求者提供住房抵押贷款的机构。有的机构先向购房者提供贷款，如房地产抵押贷款经纪人，但其自身资金有限，需要再把贷款卖出。这类似于先有资产、再找负债来源的机构。其经营行为与传统的商业银行不同。

第三步，影子银行$_1$将得到的资金用于购买房地产抵押贷款经纪人的贷款，这样影子银行$_1$得到抵押贷款，而房地产贷款经纪人即影子银行$_2$得到了资金，可以继续寻找需要抵押贷款的购房者。影子银行$_2$实现了自己的资金循环。

第四步，影子银行$_1$将购买到的抵押贷款进行证券化。正如前面所讲的，他先将贷款转移到 SPV，并建立起一个大的资产池。这个资产池是 SPV 的资产，通过不同的分层将这些资产区分开来。资产池进行分层，最初发生的损失将由分层后处于最底端的权益持有者来承担。如果再发生损失，将由资本结构顺序的下个层次的投资人承担。由此直到处于最高层次的 AAA 级分层的持有者。

经分层后，资产区分为优先级、夹层级以及劣后级或权益级。这些发行的不同评级的证券被销售到市场上，大致可以划分为两个部分：一部分被拥有大量资金的机构投资者购买，一部分被其他准备进行证券化的影子银行$_3$购买。对影子银行$_1$来说，经过这个过程后，资金已经实现回流，可以开始下一轮的购入资产—销售资产的循环。

第五步，影子银行$_3$将从影子银行$_1$以及其他方式取得证券化产品继续组建新的资产池，并大致按照相同的技术进行资产分级，然后进行信用增级后发行抵押债务债券即CDO，并向市场上销售。与上一个过程类似，投资人同样可以分为两类：一部分被一些机构投资者购买，另一部分被准备进行新的证券化的影子银行$_4$购买。影子银行$_3$的资金得到回流，可以继续进行新的购入资产—销售资产的循环。

第六步，影子银行$_4$对从影子银行$_3$取得的抵押债务债券再次构造资产池，再次进行信用增级和资产分级，然后向市场上发行新的抵押债务债券$CDO^2$。其结果与上述过程类似，这些债券同样又分成两个部分，一部分被投资人直接购买，一部分被从事证券化的影子银行$_5$购买。影子银行$_4$则完成了一次购入资产—销售资产的循环，可以进入下一轮循环。

上述整个过程，我们可以设想，理论上可以继续持续下去。同时正如前面所说的，一些环节上的影子银行和投资人在进行业务活动时，可以借助于CDS来进行保险。同时，每个环节上的影子银行机构都可以利用其得到的债券，通过抵押从拥有资金的货币市场基金、商业银行等处获得货币资金，这样就回到前面讲的

第一环节，并继续开始自己新的业务循环过程。所以，我们描述的只是环节比较齐全的一个链条。实际上，在美国复杂的金融市场体系中，循环可能从任何一个环节开始，然后持续下去。这样形成一个极为复杂、联系紧密的信用活动网络。

我们看影子银行系统的信用活动与传统的银行体系极为不同。比如，传统的银行以取得存款负债为经营前提，这点在前面已经做过论述，而影子银行这里最初的资金来源是货币市场基金取得的资金，由影子银行机构以回购协议或其他形式得到。传统的银行以贷款为资金运用，目的是持有贷款并获取存贷款利息差，经营模式为存款—贷款—存款的循环；而在影子银行这里，购买贷款不是为了持有，而是构造资产池然后将其出售，并获取购销价差，经营模式是购进贷款—销售证券化产品—购进贷款。传统的商业银行一般是被动地吸收存款、发放贷款，而影子银行系统则是主动地获取资产再寻求资金支持。传统的商业银行个体都具有独立的信用活动形式，发挥中介作用，为最终的投资人和资金需求者发挥中介作用；影子银行体系每个环节大多表现为直接融资活动，表现为资产的买卖，但从总体上实现了资金从投资者到需求者之间的中介作用。显然。传统的商业银行活动是典型的短链条的中介活动，而影子银行是明显的长链条的中介活动。

### （三）对美国影子银行信用创造机制的不同认识

对美国等发达国家影子银行信用创造机制问题的研究已经取得了一系列的成果，但一致的认识似乎犹未形成。耶鲁大学管理学院教授高顿（1990年）率先分析影子银行体系的信用创造机制。高顿和麦齐克（Metrick，2009）描述了一个以回购协议的运行为中心的影子银行体系的信用创造机制，高度抽象了影子银行体系的货币供给机制。辛格（2013年）分析了抵押品在增加信贷供应方面的重要作用机制。本特森（Bengtsson，2013）以全球金融危机过程中的欧洲货币市场基金为例，指出即使被认为很安全的货币市场基金，也会由于恐慌而出现挤兑现象，并最终危及整个金融系统的稳定性。我国学者对发达国家影子银行的信用创造问题也进行了研究。李波、伍戈（2011年）以美国次贷危机中次级贷款证券化为例，分析了影子银行的信用创造过程，并建立了一个一般性的数学模型；周莉萍（2011年）以美国影子银行为分析对象，将影子银行的信用创造机制区分为金融产品和金融机构所构成的影子银行信用创造机制，以及第三方支付体系所构成的影子银行信用创造机制。我们这里选择主要的观点加以阐述。

高顿区分了传统银行体系（traditional banking system）与影子银行体系信用创造活动的区别。他认为，影子银行体系中实际上是以证券化为特征的信用活动，影子银行体系就是"证券化银行体系"（securitization banking system）。他用下表来反映证券化银行体系与传统银行体系信用活动之间的区别。[1]

---

1　Gary B. 高顿，Andrew Metric, 2009，Securityzed Banking and the Run on Repo, working paper 15223，http://www.nber.org/papers/w15223.

| 传统银行体系 | 证券化银行体系 |
|---|---|
| （1）准备金<br>——监管者确定最低水平<br>——不足时可以从中央银行借入 | （1）折扣率<br>——由交易各方确定最低水平<br>——不能向中央银行借款 |
| （2）存款保险<br>——由政府进行保障 | （2）担保品<br>——现金、国债、贷款或其他证券化债券 |
| （3）存款利率<br>——当准备金不足时可以提高以吸引存款 | （3）回购利率<br>——当资金不足时可以提高以吸引交易对手 |
| （4）贷款通过资产负债表反映 | （4）贷款证券化<br>——一些证券化债券可以保留在资产负债表上并可以作为担保品 |

我们可以看出，在表的左侧描述的是我们所熟悉的传统银行体系的一些要素：准备金、存款保险、存款利率以及保存在资产负债表的要求。银行的信用创造能力可以通过法定的准备金要求，以及必要时向中央银行借款来得到保障和调节。与其相似的是证券化银行体系，对信用活动产生重要影响的是担保品的折扣率，当影子银行或证券化银行体系向回购市场融通资金时，他们必须拥有一定的可作为担保品的合格金融资产。存款保险是商业银行的存款在面临违约时政府给与储户存款赔偿的承诺。对于批发资金所有者来说不存在存款保险的保障，现在的证券化银行体系只能通过担保品来提供保障。当传统银行取得资金后，它向需要资金的企业发放贷款，并且把贷款反映在资产负债表上。而证券化银行体系资金只是短暂借出，贷款随后将被打包销售并转化为证券化的债券。这些债券中的一部分又将被用来作为担保品筹集资金，这样形成了一个完整的循环，并可以开始新的信用活动循环。

高顿的分析实际上把传统银行体系的信用创造与影子银行体

系的信用创造做了直接的类比，认为两者在机制上是类似的。他把回购协议称作影子银行体系的货币，而回购协议的创造取决于可作担保品的金融资产的多少和折扣率的高低，抵押品的价值则随基础资产如房屋的市场价格波动。这里有一个重要的因素，我们在前面也已经提到抵押中介活动，在美国、欧洲国家等发达国家，担保品、抵押品是可以重复使用的。高顿由此认为，这使其作用类似于商业银行的原始存款。抵押品的总规模和价格变化决定着整个影子银行体系的信用扩张能力，流转速度是信用创造的关键。而再抵押（rehypotization）融资形成了抵押品创造和信用创造的双重过程，我们在前面讲述证券化产品时已经涉及到这个问题。辛格（2013年）对这个过程作了机制化的描述：影子银行信用创造的基础资产是可以作为抵押品的金融资产，抵押品可以视为一种高能货币或基础货币；如果抵押品的数量确定，则决定影子银行信用创造的关键因素是折扣率；如果影子银行持续按照同样的折扣率进行信用创造，抵押品的再运用次数相当于货币乘数，则有：

影子银行信用创造规模 = 担保品 ×（1− 折扣率）× 抵押次数

由于影子银行信用创造活动是通过回购协议取得资金的，所以高顿认为，回购协议如同金融市场上各机构之间的货币，支撑了影子银行的信用创造。他在此基础上论证了在2007—2008年国际金融危机期间，由于泡沫破灭导致抵押品价格下降，进而导致回购协议被挤兑的情况。我们假设，在担保品不需要打折扣的情况下，影子银行信用规模是10万亿美元，现在如果平均折扣率上升到20%，抵押次数不变，那就意味着银行将会面临2万亿美元的资金缺口。在危机中，可能通过新发行一些债券可以弥补一些缺口，但可谓杯水车薪。特别重要的是，担保品的卖出导致资产价格下降，这又强化了这个循环；更低的资产价格、更少的担保品、更加关注清偿力、进一步提高折扣率。他认为，这正是危机中出现的情况。此外，其他短期的债务也经历了挤兑。如资产支持商业票据计划、结构化投资载体，等等。

但是，并不是所有的经济学家都这样认识影子银行的信用创造机制。汤震宇、刘博、林树、李翔在他们合作的一篇论文中指出，次级贷款机构和投资银行在次贷危机中扮演了十分重要的角色，他们为次级贷款者和市场富裕资金搭建了桥梁，成为次级贷款者融资的一个媒介。其中那些类似于商业银行这样的金融中介，在整个次级贷款运作模式中，将所有次级贷款机构和投资银行在总体上形成了一个巨大的“影子银行”。这个巨大的影子银行不是特指某一个单一的金融机构，而是各次级贷款机构和（或）投资银行相关业务部门的联合体。“影子银行”主要业务是通过发行以次级按揭抵押贷款为基础的各种CDO产品，通过金融市场来募集资金，形成“影子银行”的负债，对应着各种各样的CDO产品及其衍生产品，CDO的发行者一般保留权益级（Equity）的CDO，对应着“影子银行”的所有者权益；“影子银行”的资产业务主要是运用融来的资金购买按揭抵押贷款。金融产品通过金融市场的发行，实现了“影子银行”的负债和资产业务。一些机构以CDO为基础，再发行$CDO^2$，又实现了一次融资，它们通过保留或出售相关权益级CDO，实际上又出现了一家“影子银行”，所有“影子银行”相互作用就形成了“影子银行”体系的信用创造和派生作用。我们可以看出，他们所说的信用创造的过程是在我们前述的金融市场信用创造活动的后面的CDO创造的一系列环节，这显然与高顿的分析是不同的。用图可表示如下：

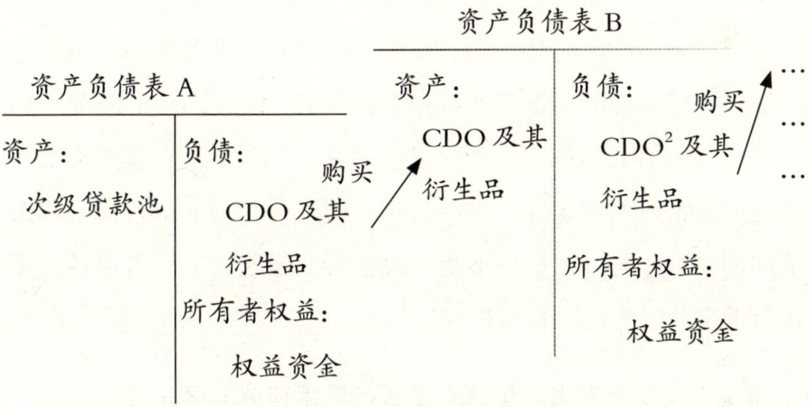


李波、伍戈也同意上述对影子银行信用创造的分析。他们将上述CDO创造的过程以数学方式进行了模型化。假设各影子银行留存的权益资金比例均为$r_d$，且$0 < r_d < 1, 0 < (1-r_d) < 1$，若最初的次级贷款池增加$\Delta B$，经过影子银行系统的n次扩张后，其资产总额增加到：$\Delta A = \Delta B \sum_{n=1}^{\infty}(1-r_d)^{n-1}$，因此，$\Delta A = \Delta B \sum_{n=1}^{\infty}(1-r_d)^{n-1} = \Delta B \frac{1}{1-(1-r_d)} = \frac{1}{r_d}\Delta B$，因此，理论上讲，如果（1）式中$r_d$很小（甚至趋向于0），那么，乘数$\frac{1}{r_d}$趋近于无穷

大，导致资产总额随之趋向于无穷大。现实中，由于无法定存款准备金率和其他金融监管指标的约束，乘数$\frac{1}{r_d}$可以很大（$r_d$很小），因此，影子银行体系具有更强的信用创造功能。如果考虑相反的情形，若最初次级贷款池的资产减少$\Delta B$，那么经过影子银行系统的收缩后，其资产总额也将以$\frac{1}{r_d}$的乘数比例迅速缩减，由此可见，影子银行体系具有极高的杠杆性和金融风险。

我们可以看到，他们的分析找到了与传统商业银行体系类似的机制，但这里决定信用创造的基础资产是次级贷款池资产，而决定创造能力的不是传统银行体系的法定存款准备金率，也不是高顿和辛格所说的担保品的折扣率和再融资次数，而是创设 CDO 产品时作为劣后级的权益产品部分所占的比例 $r_d$，它有点类似于传统商业银行的法定存款准备金率，但与传统商业银行信用创造不同的是，$r_d$ 的值大小并不受中央银行的强制约束，可由各影子银行根据其融资情况自行把握。

### （四）对发达国家影子银行信用创造的再分析

发达国家的影子银行体系是一种典型的长链条融资。从前面对影子银行活动过程的分析可以看出，高顿着重分析的是这个链条的一端，即影子银行从货币基金等批发市场获取资金的环节；而李波、伍戈等分析的是这个链条的另一端，即创设 CDO 等开始的环节。现在，我们还需要从影子银行总体对其信用创造机制进行研究。正如阎庆民（2015 年）、周莉萍（2014 年）等所说，影子银行只有作为一个体系来理解才具有概念意义。把握影子银行信用创造的机制，也需要从整个融资链条来认识，需要从整个影子银行体系来认识。李波、伍戈也一样指出，影子银行可能不仅仅特指某个单一的金融机构，而是各次级贷款机构和（或）投资银行相关业务部门的联合体。只有从整体的眼光看待影子银行体系，才能更深刻地认识它是如何复制流动性、期限匹配和杠杆化等商业银行核心特征并具有信用创造功能的。

影子银行体系包含众多的金融机构主体和多种多样复杂的金融产品。在介绍影子银行信用活动时，我们划分出不同的环节，但这种划分实际上是对影子银行体系信用活动的抽象。需要注意的是，这些环节的划分不是绝对的，而且在多个环节上都可以与传统的银行体系通过抵押融资或其他方式联系起来；同时，影子银行体系中包括众多金融机构，在空间上可能从任何一个机构开始循环，并且不一定按照固定的环节和顺序。不过，我们仍然可以从总体上和一定时点上大致做出划分，即有的金融机构发挥着为影子银行提供资金的作用，有的金融机构发挥着为影子银行提供信用创造“原料”的作用，当然有的是为资金流动提供条件，有的成为影子银行服务的对象，有的为影子银行寻找服务对象。这如同马克思在分析不同形态资本循环时所指出的，货币资本、商品资本、生产资本三者在空间上并存，在时间上继起。影子银行体系的各个部分发挥不同的作用，在空间上并存，在时间上继起。这是我们可以直接观察到的现象。

影子银行虽然复杂，但所发挥的作用像商业银行一样，简单说就是把资金从供给者那里以一定的方式提供给需求者，只不过影子银行完成这样的职能更加迂回曲折。如果我们观察其中的每个步骤和环节，都可以说是一次资金供求双方的结合。但进一步分析，从最终资金供给者和最终资金需求者的角度看，诸多的环节都不过是为最终资金供求双方提供的桥梁。资金究竟是如何通过影子银行的信用活动实现了转移，在这个转移过程中数量是否发生变化，这个问题只有从最终资金需求者和最终资金供给者的视角分析才更有意义。

影子银行与传统商业银行不同，一个很大特点是影子银行采取了发起—分销的商业模式。传统的商业银行都是先吸收存款，再发放贷款并持有贷款，是资金寻找贷款对象的过程。而影子银行的信用活动，表现出为最终资金需求者或者贷款人“寻找”资金的过程，贷款成为影子银行机构转换交易的对象。我们可以把贷款打包销售、证券化、创建 CDO 以及一系列的活动，都可以视为为最终资金需求者的贷款寻找资金的过程。正如我们在前面讲述的，当影子银行体系中的金融机构为最终资金需求者提供贷款之后，资金寻求的过程就开始了。整个影子银行活动，就好像是进行一场资金的接力活动，贷款销售给影子银行$_1$，影子银行就成为接力者；影子银行$_1$将其证券化并销售，购买者成为新的接力者；影子银行$_2$构建 CDO 并销售，新的购买者成为新的接力者。这个过程会一直持续下去，直到最后一个接力者。他将是最终的资金供给者。

值得我们注意的是，在这个过程中，并不是每个环节的信用活动和信用产品都具有一样的性质。比如，在构建贷款资产池并将贷款证券化的阶段，不具有流动性的贷款转化为具有流动性的证券，显然流动性转换发生了，但这个过程中不一定发生期限转换。单个的环节上通常也没有直接的杠杆出现。继续向下个阶段延伸，比如在 CDO 的构建阶段，可能既存在流动性转换，又存在期限转换。我们在第二章讲过，金融机构是不会放过套利机会的。最后，当货币市场基金等成为接力者的时候，流动性转换、期限转换、信用转换、风险转换等都已经发生了。从最终的结果看，最初影子银行中那些本来期限较长、不具有流动性的贷款，经过影子银行的信用活动，创造了一系列期限、流动性等都不同的金融产品，但结果都主要落在了货币市场基金及其与影子银行的回购协议上，回购协议不仅期限短，流动性也极强。这说明，影子银行信用活动与商业银行一样从总体上看是借短贷长，对期限转换功能的运用使其具有借超短贷短的倾向。同时也说明，影子银行是通过一系列的信用活动和一系列的金融产品实现商业银行金融中介各项职能的。换句话说，商业银行通过“存款—贷款—存款”实现的过程，在影子银行体系这里，却需要“货币市场基金—回购协议—短期票据—短期债券—长期债券—贷款—存款”甚至更长更多的环节。我们可以以下例说明。

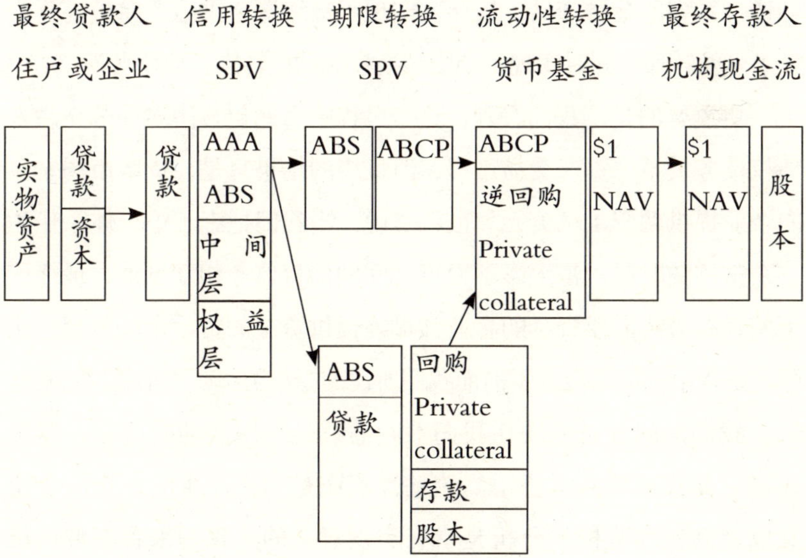

为了充分显示影子银行的信用活动特点，我们假设，除了其资金流动结算等仍然依托传统商业银行体系外，与传统商业银行体系不存在其他业务往来。影子银行有自己的资金供应者，即货币市场基金等批发资金供应商；有自己的信用活动机构，即各类投资银行、证券化机构和管道机构等；当然也有自己的客户，即融资链上那些最终需要资金的实体经济企业。

这里假设，A 企业需要 3 年期贷款 1 亿美元，影子银行$_1$将资金垫付给 A 企业；然后影子银行$_1$将贷款进行证券化，销售 3 年期贷款资产支持证券 1 亿美元，发生信用转换；影子银行$_2$构建 CDO，发行 1 年期抵押债务债券 1 亿美元，发生期限转换和流动性转换；影子银行$_3$将资产支持商业票据以回购方式从货币市场基金 M 取得货币资金 1 亿美元，再次发生期限转换和流动性转换。可以看到，在这个例子中，影子银行是通过一系列的机构、通过一系列的活动、创造一系列的金融产品，最终才实现了最终资金供给者向最终资金需求者的转移，同时实现了期限转换、流动性转换、信用转换。

更重要的是，我们看到，这个过程中虽然包含诸多环节、诸多债权债务关系、资产交易过程，但最终的结果只是，货币市场基金向企业提供融资 1 亿美元。也就是说，当我们把影子银行体系作为一个整体的时候，每个影子银行之间的债权债务相互抵消，最终剩下的只有最终需要资金的企业和最终提供资金的货币市场基金，实际上是货币市场基金成了前面我们所说的“接力运动”中的最后一员。

我们的问题是，现在我们看到的只是信用活动的过程，这里还没有让我们看到类货币高流动性资产是如何产生的。李波、伍戈以及高顿和辛格的分析是富有启发意义的。我们来看李波、伍戈描述的影子银行信用创造机制。这个机制描述了一个一般性的信用和金融资产创造机制，即在贷款或者某一项不具有流动性的资产作为原始资产基础上多次资产证券化的结果如何，我们也可以将其运用在其他类似的信用活动的分析。它是对于一项不流动的资产如何转化为完全流动的资产的全过程的数学描述，包括的既有未进行期限转换等核心功能的信用活动和金融产品，也有发生了期限转换的信用活动和金融产品。其描述的信用创造规模，是一定条件下完成长链条融资整个循环理论上能够形成的金融产品的总和。正如前面我们所看到的，对传统银行来说可能一次贷款就能解决的问题，影子银行需要多个环节，需要创造更多乃至数倍的金融产品才能做到。正如他们自己指出的："影子银行并不直接创造传统狭义流动性的货币资产，而是创造广义流动性的各种金融资产。"所以，他们的分析说明的实际上是一项不流动的资产如贷款转化为流动性资产过程中创造的金融产品的总和。他们还指出，CDO 等证券化产品具有一定的"货币"属性，因为它们随时可以通过回购交易变成现金（剔除一定折扣），形成对资产市场或实体经济的需求。但我们也要注意，这个过程中产生的金融产品绝大多数流动性相比较回购协议、商业票据等要低得多，且受众面小，要转化为货币还要经过一些必要的环节，或者需要承受一定的损失，而能够成为合格抵押品同样只能是其中的一个部分。所以，它们的绝大部分自身不能作为货币或者用来代替货币，而是使用货币进行投资的对象。它们虽然能够转化为货币，但其交易还需要占用大量的货币，而且存在相当大的交易风险。

我们再来看一下高顿和辛格所分析的信用创造机制，其实是影子银行能够获取货币资金的机制。因为影子银行机构只要有合格的抵押品，通过回购协议方式就可以取得货币资金，所以金融资产中能够成为抵押品的数量、折扣率和可以重复抵押的次数就成为决定机制。在第二章我们曾经指出，一些学者如周莉萍（2014年）认为，信用创造可以是指这些信用活动中创造的货币流量，影子银行信用创造的特点就是创造了多重的货币流量。但我们进一步思考，这个机制在任何时候都成立，在传统银行体系内也成立。如果从抵押品的角度看，商业银行的贷款也取决于抵押品的数量。它所说明的是抵押品与通过抵押品可以获得的货币资金的数量，但它是否就是影子银行信用创造机制本身呢？抵押品在影子银行信用创造中确实作用重要，但影子银行的信用创造机制本质上应当说不同于抵押品的作用机制。不过，我们也认为，他们把注意力集中在高流动性的回购协议等金融产品上，注重这些金融产品与货币之间的关系，这是富有启发意义的。

我们认为，理解影子银行信用创造的一个关键是必须从资金环流来理解。回忆一下前面论述的信用创造的内容，都只有在形成资金闭环的情况下才能具有信用创造的功能。现代信用货币制度下银行体系的信用创造、财务公司的信用创造，都是在资金可以实现闭环的情况下才有条件进行信用创造，形成乘数效应。而完全贵金属流通情况下，信用创造机制难以发挥作用，恰是资金难以形成闭环的结果，即贵金属货币虽然流入到银行体系，但很快又流出银行体系，所以信用创造机制难以形成。保险公司等非银行金融机构也是如此，在将吸收的资金运用出去后，这笔资金就基本上漏出，难以形成环流。只有在资金形成闭环的情况下，一笔资金衍生为多笔资金才具有可能性；而只有在一种金融资产具有类货币的高流动性的时候，这种闭环才可能形成。这是分析货币信用创造机制的可行思路。但我们看到，已有的对于影子银行信用创造机制的分析，大多没有放在形成资金闭环的条件下分析，而是在整个循环的一部分上分析，所以有的结论难以成立且令人费解。周莉萍注意到了资金环流与信用创造的关系，并在她的研究中多次论及资金环流、资金闭环等，但她似乎没有把影子银行信用活动中资金环流与信用创造的内在联系阐述出来。[1]

影子银行体系十分庞杂，如同前面所讲，其功能不一，创造的金融资产性质不同。如果我们把影子银行机构的资产负债表合并起来，可以得到一个归并的影子银行体系的资产负债表。在完全按照会计原则进行归并的情况下，归并后的资产负债表必然把影子银行机构之间的各种交易合并抵消，最终留下的是影子银行与其外部的经济主体之间的交易。我们的目的在于观察其内部活动的机制，只需要把各类机构的资产负债项目简单列出，相互交易的项目实际上就是这些资产负债项目，这样既可以分析影子银行体系内部与外部的交易关系，也可以分析不同影子银行机构之间的交易关系。以下是我们简单归并的影子银行体系主要的资产负债项目。

1　周莉萍指出："影子银行体系以金融产品的方式分流了储蓄资金，在金融体系内创造了一个机遇抵押品的资金循环机制。""从全社会资金环流角度而言，影子银行体系不是商业银行的一个客户，也不是一个普通的实体企业。"参见周莉萍：《影子银行体系：自由银行业的回归》，社会科学文献出版社 2013 年版，第 91–93 页。

| 资产 | 负债 |
|---|---|
| 存款 | 基金份额 |
| 回购 | 回购 |
| 票据 | 票据 |
| 债券 | 债券 |
| 贷款 | 贷款 |
| 股权投资 | 应付款项 |
| 衍生工具 | 资本 |
| …… | …… |

我们先从影子银行体系与其外部的资金关系分析。影子银行体系作为一个整体，是实体经济主体最终借款人与最终资金提供者之间的中介。假设影子银行体系增加一笔资金，会形成成倍的资金创造吗？我们可以以货币市场基金为例来说明。

假设影子银行体系吸收一笔资金，资金由实体经济中的企业采取购买货币市场基金的形式提供给影子银行体系。这一步经济交易的结果是影子银行在负债方增加资金份额，在影子银行体系的资产方等额增加存款。货币市场基金在接下来会将存款投资于影子银行体系内部的短期债券，把资金供应给其他影子银行机构。经过一个环节，也许多个环节，最终这笔资金以贷款的形式提供给实体经济主体，比如一家企业。由于货币市场基金与货币具有同样的流动性，企业获得的资金完全可以以货币市场基金的形式持有，这与持有货币没有区别。[1]这时，对货币市场基金来说，资金实现了回流。同时，该基金在负债方形成了新的基金投资份额，并在资产方形成了新的存款，上述过程将重新开始。可见，货币

1 实际上，只要与货币市场基金发生业务的各种机构都可能对其形成资金环流，从而形成货币市场基金信用创造的基础。

市场基金具有在规模上自我复制、不断扩大的特点。显然，与商业银行类似的货币信用创造的现象，在这种情况下出现了。

一些学者也认为货币市场基金具有信用创造的功能，但他们认为其创造的是存款货币。我们不同意这种观点。它创造的结果不会增加商业银行的负债。我们认为，它创造的基础是初始的基金份额取得的货币资金，它创造的结果是新的货币基金份额。它又不像传统商业银行那样受到存款准备金率的制约，理论上讲其信用创造能力无穷大。因此，我们应当重视货币市场基金类金融活动的信用创造。

接下来我们发现，影子银行体系一些金融资产在其内部即可实现资金闭环。影子银行体系各类机构虽然功能不尽相同，但都必须保持资产和负债的匹配，任何一个机构都必须配置流动性高的资产。货币市场基金份额如同货币，机构从货币市场基金获取资金或者资产配置中，都可能将一部分资金配置在货币市场基金上。比如，从事抵押贷款的经纪商将闲置的零碎资金保留在基金份额的资产上。我们前面讲过，货币市场基金实际上具有了结算功能，很多机构和个人尤其是金融机构都把一部分资金直接保留在基金账户上。显然，当货币回流到货币市场基金时，对于基金而言新的基金份额产生，可用的货币资金增加，新的信用创造循环相应开始。

更有意思的是，在影子银行体系中，具有类似信用创造功能的并不只是货币市场基金一种。例如资产支持票据，其流动性很高，收益性高于货币市场基金份额，能够在影子银行机构之间不断倒手。如果影子银行机构以资产支持票据的形式取得资金，这些资金用于支持影子银行体系进行资产证券化，其中同样有一些机构将暂时不用的资金回流投资到资产支持票据上，促使资产支持票据的规模扩大。显然，这样就形成了以货币为基础资产，以创造资产支持票据为对象的信用创造过程。类似的还有回购协议、信用级别高的短期债券等。

我们回到影子银行体系的资产负债表上，一个大胆但也顺理成章的问题是，是不是影子银行所有的活动都具有自我复制、自我膨胀的可能？我们认为理论上是肯定的，这取决于市场环境形成的各种正反馈效应。我们把前面分析影子银行活动环节的图表简化，原来依次进行的环节将在不同的环节形成环流。当然，现实中这些产品并非都能形成资金环流，或者形成环流的速度极为缓慢。可以理解，越是那些期限转换、流动性转换明显的短期、超短期产品上，资金回流的可能性越大，信用创造的可能性越大，它们成为“货币”的可能性就越大。在创造机制上，它们没有受到传统银行体系存款准备金的制约，杠杆率高，只受到信用创造赖以发生的基础资产回流的制约。如果我们假定影子银行机构都

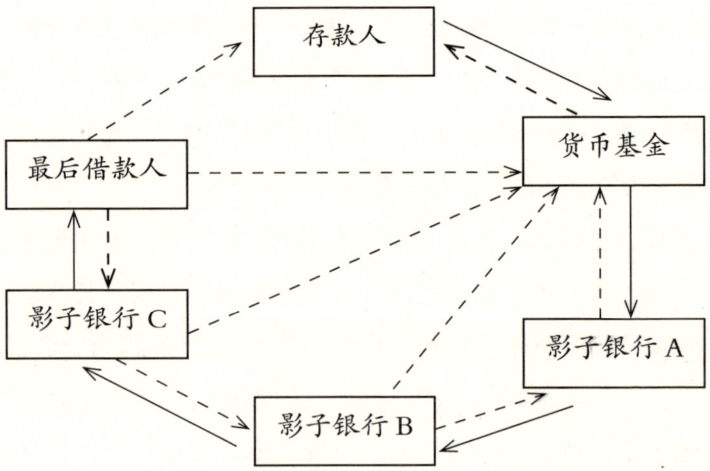

在传统商业银行开户保存货币资金，显然支持影子银行信用创造活动最底层的只能是商业银行创造的货币。一旦具备条件，这些目前依存于现有货币体系的“货币”就将成为货币形式独立发挥作用。

影子银行体系创造了类似于货币的金融产品，它们具有比商业银行创造的货币更高的收益性，流动性也不比货币差，当然风险也更高。这些工具不仅作为影子银行机构的货币使用，有的如货币市场基金份额也被实体经济主体所接受和使用。但究竟哪些金融产品可以算作影子银行创造的货币工具，我们认为这是一个实证的问题。需要注意的是，国际上对影子银行问题的关注和研究，特别是在雷曼兄弟公司倒闭和 Reserve Primary Fund 为代表的货币市场基金遭到挤兑等事件，使人们注意到影子银行的负债方类似于存款，具有一定的货币功能。高顿将回购协议等金融工具视为影子银行体系内的货币。波萨也曾指出，根据政府流动性支持而后信用担保程度的差异，货币可以划分为四个层次：通货和准备金、存款、回购工具、货币市场基金份额。[1] 回购工具由市场交易商发行，基金份额由货币市场基金发行，是经济体系中的“影子货币”。对此，我们的认识应当说是一致的，至少这些金融工具已经成为类货币高流动性金融资产。

我们上面的分析得出的结论是值得注意的。美国等发达国家影子银行体系一般不是由单个机构进行货币等高流动性资产的创造，而是影子银行体系作为整体进行期限转换、流动性转换、信用转换和杠杆化，实现高流动性产品的信用创造。影子银行体系

1　Zoltan Pozsar, *Shadow Banking: The Money View*, The Office of Financial Research ( OFR ) Working Paper,July2,2014.

进行信用创造的基础资产仍然是银行体系创造的货币。影子银行体系创造的结果是货币市场基金份额以及相近的高流动性金融工具，但这些金融工具主要是作为影子银行体系里的金融机构之间的货币性工具，它们是影子银行体系的“存款”，是主要为影子银行机构而创造的“影子货币”。

当我们分别考察影子银行机构和具体活动环节的时候，它们大都表现为一些简单的证券买卖活动，相邻环节的期限转换、流动性转换、信用风险转换和杠杆化并不明显，一旦我们将它们的活动合并成一个资产负债表，就能发现通过这个体系进行融资需要太多的环节，对最终融资者来说产品过于复杂，连贯起来看期限转换、流动性转换、信用转换以及杠杆化利用都在市场的刺激下达到极限，事实上很容易形成错配，造成风险。

同时值得重视的是，影子银行体系成为一个高流动资产的创造者，以其为基础的金融产品的流动性也会得到提升，相应地整个影子银行体系的流动性水平上升。我们在前面分析中没有论及影子银行体系与银行体系的资金关系，实际上影子银行的任何环节都可以与银行体系产生联系，两者互相作用，银行体系的资金源源不断地注入影子银行体系中，为各个环节上高流动性金融资产的创造提供支持，使整个影子银行成为一个庞大的高流动性资产创造器。

虽然我们说明了影子银行体系中具有与银行信用创造类似的乘数机制，但我们难以简单说明其基础资产和乘数。原因在我们前面的分析中实际上已经指出，影子银行是作为整体而具有信用创造功能的，它所创造的高流动资产是变化的，并且互为支撑，在顺周期时相互支持而膨胀，在逆周期时相互挤兑而萎缩。当然，如果能够调节其中的关键部分，如货币市场基金、回购协议以及高顿和辛格所说的担保品的折扣率和再融资次数，李波、伍戈提出的创设 CDO 产品时作为劣后级的权益产品部分所占的比例 $r_d$ 等变量，影子银行体系的信用创造活动也是可调节的。这方面还需要进行深入的研究和探索。

## 三、我国的影子银行及其信用创造

对我国影子银行可以从多种角度进行分析。传统的非银行金融机构的信用创造问题我们在第四章已经进行了分析。这里我们所说的影子银行主要是通常研究所分析指出较多的同业业务、理财业务以及已经在金融市场上出现的与西方发达国家类似的货币市场基金、回购以及资产证券化等金融活动和金融产品。我国的影子银行的主体实际上是“银行影子”，即以规避监管和贷款相关限制为目的，以不规范的会计记账为手段，通过创造信用货币为实体经济提供融资的活动。显然，对其是否具有信用创造功能，回答是肯定的。

### （一）我国影子银行的主要构成和主要活动

我国存在影子银行，这个原来曾经被质疑的问题现在已经不是问题。但对于我国影子银行体系包括的内容，认识上存在很大的分歧。廖岷（2013 年）就曾指出，可以从机构、业务、金融工具、商业模式等不同角度对我国影子银行进行分析和认识。[1]但受国际上对影子银行问题研究的影响，国内的许多观点是依照国际上的观点来界定我国影子银行的。例如，刘煜辉就曾指出："中国的影子银行包含两部分，一部分主要包括银行业内不受监管的证券化活动，以银信合作为代表，还包括委托贷款、小额贷款公司、担保公司、信托公司、财务公司和金融租赁公司等进行的储蓄转投资业务；另一部分为不受监管的民间金融，主要包括地下钱庄、民间借贷、典当行等。"这种从是否受到监管角度来分析的思路，显然受到麦考利等对影子银行定义的影响。正如前面我们已经指出的，我们的研究集中在货币和高流动性资产的信用创造问题上。那些从金融活动本质特点出发来研究影子银行问题的观点，对于我们来说更具有实际启发意义。例如，阎庆民、李建华认为，影子银行的内涵要求围绕信用中介、监管程度、系统性风险和监管套利等多重维度展开。他们进而提出了对我国影子银行的判断标准：一是是否属于信用中介机构或从事信用中介业务；二是是否具有期限转换、流动性转化、高杠杆和信用风险转移四个典型特征；三是是否能引发系统性风险。根据他们的标准，我国影子银行从广义上分析包括的机构和业务如下表所示：[2]

1　参见廖岷：《在金融深化背景下看待我国影子银行问题》，载《新金融评论》，2013年第2期，第1–14页。

2　参见阎庆民、李建华：《中国影子银行监管研究》，中国人民大学出版社2014年版，第55页。

| “三会”分业监管分业经营下的机构和业务 | 各部委和地方政府监管的类金融机构 | 当前不受监管的机构和业务 | 金融市场新型的影子银行业务 |
|---|---|---|---|
| 银行理财业务<br>信托理财业务<br>证券理财业务<br>基金理财业务<br>保险理财业务<br>金融公司业务<br>第三方支付结算公司<br>保理业务 | 典当公司<br>担保公司<br>融资租赁公司<br>私募股权公司<br>小额贷款公司<br>金融资产交易所 | 新型网络金融公司<br>民间融资<br>第三方理财机构 | 资产证券化<br>融券业务和回购业务<br>货币市场基金 |

上述内容是否属于真正意义的影子银行？他们认为需要对照三个标准对其一一进行研究。为此，他们对上述金融机构和业务逐个进行了分析。我们接受他们的观点。对于传统的非银行金融机构的信用活动，包括信托公司、保险公司、证券公司、金融租赁公司等的业务，很多学者将其列为传统的影子银行业务，我们在前面已经分析过。对于新型网络金融如第三方支付结算和网络货币等，我们在下一章将进行研究。典当公司、担保公司、融资租赁公司、私募股权基金、小额贷款公司等，就其法定经营范围来说，其信用活动特点总体上与非银行金融机构相似，甚至更为简单，这里不再重复。所以，我们以下研究的重点是各种理财产品、金融市场新型业务等问题。

值得指出的是，对我国影子银行的定义、内涵以及监管进行分析的文献较多，但对影子银行信用创造问题，特别是对中国影子银行信用创造问题进行深入研究的文献相对有限。我们注意到，李斌、伍戈曾经分析过我国影子银行的信用创造问题，他们所说的影子银行主要是对理财产品的分析，并包括了对于同业业务的分析。结论是，现在的同业业务具有信用创造功能，而理财产品不具有信用创造功能，不引起货币供应量的变化。[1] 孙国锋、贾君怡是从信用货币创造视角研究影子银行问题的，他们将我国的影子银行区分为两类：一是银行通过资产创造负债的会计手段创造信用货币所形成的银行影子，二是非银行金融机构通过货币转移途径扩张信用形成的传统影子银行。值得注意的是，他们区分了能够创造货币的影子银行活动和货币转移型的影子银行活动。[2] 裴平、印文将我国影子银行的信用创造机制划分为金融机构类影子银行的信用创造与民间融资类影子银行的信用创造两类。[3] 他们认为这两类影子银行都在传统银行体系外产生了以金融资产为媒介的债权债务关系，进而实现了信用创造。所不同的是，金融机构类影子银行是以正规金融机构为依托，主要通过发行理财产品等融资工具募集社会闲置资金，并以委托贷款、信托贷款、未贴现银行承兑汇票和购买企业债券等方式，绕过金融监管部门的贷存比例限制向社会注入资金，进而实现信用创造。而民间融资类影子银行则是通过私下的借贷活动，直接绕过金融监管部门的监管，在传统银行体系外产生新的债权债务关系，进而实现信用创造。可见，他们所说的影子银行信用创造主要是指理财产品的信用创造和民间借贷的信用创造。

---

1　参见李斌、伍戈：《信用创造、货币供求与经济结构》，中国金融出版社 2015 年版。

2　参见孙国锋、贾君怡：《中国影子银行界定及其规模测算——基于信用货币创造的视角》，载《中国社会科学》，2015 年第 11 期。

3　参见裴平、印文：《中国影子银行的信用创造及其规模测算》，载《金融与保险》，2014 年第 6 期。

我们下面将结合他们的观点重点分析我国目前银行影子业务、金融市场型机构信用活动的信用创造问题。

### （二）我国金融机构的银行影子业务与信用创造

我国商业银行体系是货币信用创造的主体，也是信用供给的主体。但是，商业银行的活动受到多种制约和监管。我们在前面分析指出，商业银行的活动在信用创造活动中受到清算、兑付、存款准备金、资本等约束，但实际上还受到信贷政策、各种监管制度和政策等的制约。在我国，存贷比作为一项监管要求曾经对商业银行经营影响甚大，现在仍在发挥作用的主要管理办法如合意贷款规模管理、资本充足率、宏观审慎评估，等等。这些制约使商业银行和金融机构存在很强的动机进行监管套利，成为导致我国各种理财产品得以迅速发展的一个基本背景因素。当然，从大的环境看，也是我国经济金融持续发展，收入水平不断提高，对理财需求不断扩大，同时金融业竞争加剧，加之我国金融发展与经济发展上存在诸多不适应的地方，很多金融需求难以满足，是这些多种因素交织在一起共同作用的结果。

我们假定在一定的基础货币条件下，商业银行体系达到法定存款准备金率的要求，不存在超额准备金，也就是商业银行体系的信用创造能力得到充分发挥。在这种情况下，商业银行对基础货币已经最大化利用，基础货币市场出清，相互之间没有借贷。非银行机构正如我们在上一章分析的那样，它们与商业银行体系没有发生借贷关系，只是发挥转移货币的作用，它们不能创造出任何的货币来。但现实情况与上述描述很不相同，由于上述市场的原因、调控的要求和监管的原因，基础货币存在没有得到充分利用的情况，不仅商业银行之间发生基础货币的借贷，商业银行也会将基础货币贷放给非银行机构，或者采用银保合作、银信合作、银证合作进行理财方式等所谓的银行影子业务将资金转移给非银行金融机构，最终通过非银行金融机构完成信用创造。由此可见，同业业务和理财业务是我国银行影子业务的明显特点。

首先看同业业务。同业业务是商业银行之间以及商业银行与非银行金融机构之间发生的资金往来业务。传统银行业中，同业业务主要是金融机构之间进行短期的头寸调剂，我们在前面曾经讲过，在不考虑非银行金融机构的情况下，如果银行之间发生资金往来，只是基础货币的交易，不会增加基础货币数量，也不会增加货币供应量。非银行金融机构更多地类似于一般企业，在商业银行开户，其资金融通业务类似于银行的一个特殊的部门，商业银行与非银行金融机构之间发生业务相对较少，对商业银行和非银行金融机构都不会有大的影响。但2010年以来，同业业务成为我国金融领域令人关注的一个方面，其信用创造问题也成为研究的重要内容。同业业务与一般的信贷业务在监管上、政策上存在差别，例如，同业存款不需要交纳存款准备金，同业代付有时实际上是贷款，但不需要占用资本金。这些导致一般的存贷款业务与同业业务的明显差异，促使商业银行通过同业业务来完成信用创造，向社会提供资金支持。这些业务活动很多在商业银行表外，或者不规范地记录在其他会计科目下，也不满足贷款管理的相关规定和要求。也正因为如此，成为具有中国特点的影子银行业务活动。

回顾我国同业业务的发展，我们看到，2010 年前后，同业业务有很大不同。此前，商业银行的同业业务主要包括同业存放、同业拆借、买入返售债券（卖出回购债券）等三类。其中，同业存放有两类。一类是结算性存款，指金融机构之间因日常往来结算而存入的清算款项。如某金融租赁公司在某商业银行开户，其业务往来形成在该商业银行的结算性存款。这部分存款均为利率较低的活期存款。另一类是非结算性存款，指金融机构为融资吸收的同业存放存款，如保险协议存款，其期限较长，利率也较高。同业拆借是金融机构之间开展的无抵押资金融通行为。具体形式包括场内交易和场外交易两种。场内交易是经人民银行批准进入全国同业拆借市场的金融机构间进行的交易。场外交易主要是商业银行与非同业市场成员之间的拆借交易。两者比较，场内交易是同业拆借的主要组成部分。买入返售债券是金融机构将其持有的资产抵押给同业机构，约定在未来一个时点按约定价格买回的资金融通业务。其标的物主要是国债、央票、企业债等，也在银行间市场进行。2010 年之后，我国的同业业务发生了很大变化。一方面，商业银行扩大了同业交易的机构范围，开始与各种资产管理计划形成的特殊目的公司（SPV）进行大量的交易，最典型的是商业银行向理财产品拆出资金。另一方面，同业业务的标的物范围扩大，贷款、银行承兑汇票、应收账款、各种收益权和受益权都成为同业业务的交易对象。这些业务的收益率很多不仅超出债券的收益率，有的甚至超过贷款的收益率。新的同业业务仍然依托原来同业存放、同业拆借、买入返售等的基本框架，但又形成了许多新的形式。比如从交易过程看可以分为直接交易模式和过桥模式，从交易标的可以分为票据回购和信托受益权回购等模式，从交易机构看又可以分为银信合作、银证信合作、银保合作，等等。我们关心的主要是，这些信用活动是否存在货币信用创造，即是否产生了货币资金增加的现象。这需要从一些具体的业务活动入手进行分析。

我们假设全社会的货币供应体系由中央银行和商业银行$_1$和商业银行$_2$组成，且不考虑现金流通。商业银行法定存款准备金率20%，则货币创造乘数为5。中央银行通过向商业银行贷款投放基础货币200万元，两家银行分别获得100万元的中央银行贷款，则两家银行可分别创造存款500万元。但从货币均衡的角度看只能供应900万元货币，中央银行采取贷款规模管理（当然也可以通过资本充足率管理、存贷比管理等监管手段），商业银行$_1$贷款规模500万元，商业银行$_2$贷款规模400万元。情况如下表所示：

| 中央银行 | | 商业银行$_1$ | | 商业银行$_2$ | | 实体经济 | |
|---|---|---|---|---|---|---|---|
| 资产 | 负债 | 资产 | 负债 | 资产 | 负债 | 资产 | 负债 |
| 贷款200万元 | 商业银行存款200万元 | 在中央银行存款100万元，贷款500万元 | 中央银行贷款100万元，企业存款500万元 | 在中央银行存款100万元，贷款400万元 | 中央银行贷款100万元，企业存款400万元 | 存款900万元 | 贷款900万元 |

我们看到对于商业银行$_2$来说，存款400万元需要交纳法定存款准备金80万元，但现在该银行有100万元，所以存在20万元非自愿超额准备金。我们假设现在还有另一家商业银行$_3$，且

中央银行对其没有贷款限制，商业银行$_2$就可以将其20万元超额准备金贷放给商业银行$_3$，商业银行$_3$就可以发放贷款并进行货币创造。同业代付、买入返售等同业业务具有类似的活动结果和活动方式。对此我们很好理解。

我们也可以设想，商业银行$_2$将资金20万元拆放给非银行金融机构，如信托公司、保险公司、证券公司等，而这些非银行金融机构由于不受贷款规模限制，又将20万元资金贷放给实体经济主体。我们把银行体系并表，商业银行将资金贷放给非银行金融机构，对商业银行体系来说，增加20万元同业放款，同时在负债方形成非银行金融机构同业存款20万元，信用创造发生。可表示如下：

| 中央银行 | | 商业银行 | | 非银行金融机构 | | 实体经济 | |
|---|---|---|---|---|---|---|---|
| 资产 | 负债 | 资产 | 负债 | 资产 | 负债 | 资产 | 负债 |
| 贷款200万元 | 商业银行存款200万元 | 在中央银行存款200万元，贷款900万元<br>同业放款20万元 | 中央银行贷款200万元，企业存款900万元<br>同业存款20万元 | 同业存款20万元 | 同业借款20万元 | 存款900万元 | 商业银行贷款900万元 |

非银行金融机构取得资金后，贷放给企业，其在商业银行的同业存款转化为对实体经济的贷款，所以商业银行原来账上非银行金融机构的20万元同业存款转变为实体经济的一般存款20万元。实体经济的货币资金由于取得非银行金融机构的贷款20万元而相应增加。具体如下表：

| 中央银行 | | 商业银行 | | 非银行金融机构 | | 实体经济 | |
|---|---|---|---|---|---|---|---|
| 资产 | 负债 | 资产 | 负债 | 资产 | 负债 | 资产 | 负债 |
| 贷款200万元 | 商业银行存款200万元 | 在中央银行存款200万元，贷款900万元<br>同业放款20万元 | 中央银行贷款200万元企业存款920万元 | 贷款20万元 | 同业借款20万元 | 存款920万元 | 商业银行贷款900万元<br>非银行机构贷款20万元 |

我们看到，由于商业银行$_2$与非银行金融机构的同业业务，使非银行金融机构获得了20万元资金，并发放贷款，导致货币供应量增加了20万元。在这种情况下，实际上仍然是商业银行发挥了信用创造的功能，非银行金融机构表面上代替银行发挥了信用创造的功能，为实体经济增加供应了货币资金，实际上是把同业存款转移给实体经济，发挥的是媒介作用，信用创造并不是在非银行金融机构的环节产生的。不少形式的同业类影子业务实际上是这种业务的变形。

我们还可以假设另一种情况。全社会的货币供应体系仍由中央银行和商业银行$_1$和商业银行$_2$组成。商业银行法定存款准备金率20%，中央银行通过向商业银行贷款投放基础货币200万元，两家银行分别获得100万元的中央银行贷款，分别创造存款500万元。但从货币均衡的角度看只能供应900万元货币，中央银行采取贷款规模管理，商业银行$_1$贷款规模500万元，商业银行$_2$贷款规模400万元。情况如下表所示：

| 中央银行 | | 商业银行 $_1$ | | 商业银行 $_2$ | | 实体经济 | |
|---|---|---|---|---|---|---|---|
| 资产 | 负债 | 资产 | 负债 | 资产 | 负债 | 资产 | 负债 |
| 贷款200万元 | 商业银行存款200万元 | 在中央银行存款100万元，贷款500万元 | 中央银行贷款100万元企业存款500万元 | 在中央银行存款100万元，贷款500万元 | 中央银行贷款100万元企业存款500万元 | 存款1000万元 | 贷款1000万元 |

现在商业银行 $_2$ 面临的问题是如何把不合乎贷款规模要求的100万元转化为银行影子业务。例如，票据贴现在我国的商业银行业务中归入贷款管理，占用贷款规模。假设商业银行 $_2$ 的超规模贷款刚好是票据贴现，它就可能将已贴现的票据打包卖给信托公司（也可以是证券公司、保险公司等）。信托公司等机构以打包资产为标的，发行资产管理计划募集资金。如商业银行 $_2$ 本身购买资产管理计划份额，该银行就持有了对资产管理计划的投资资产。这样对商业银行 $_2$ 来说，将原来的票据贴现转变为了对信托公司资管计划的投资资产，不再受监管约束，商业银行先卖再买负债不受影响，货币供应保持了原来的规模。

| 商业银行 $_2$ | | 信托公司资管计划 | |
|---|---|---|---|
| 资产 | 负债 | 资产 | 负债 |
| -票据100万元<br>+资管产品100万元 | | +票据100万元 | +资管产品100万元 |

我们也可以设想有其他商业银行，并且有贷款规模，如商业银行 $_3$ 来购买资产管理计划的份额，同时商业银行 $_2$ 承诺在一定时期回购资产管理计划的受益权。在这种情况下，商业银行 $_2$ 原来持有的票据资产转变为对商业银行 $_3$ 的同业资产。这样，通过两个银行联手操

作，商业银行$_2$账上原有的票据业务转变成了同业业务。商业银行$_2$的远期回购，使商业银行$_3$实际上只发挥了过桥方的作用，即商业银行$_3$是配合商业银行$_2$将票据贴现贷款转化为了同业业务。

| 商业银行$_2$ | | 商业银行$_3$ | | 信托公司资管计划 | |
|---|---|---|---|---|---|
| 资产 | 负债 | 资产 | 负债 | 资产 | 负债 |
| - 票据 100 万元<br>+ 同业 100 万元 | | + 资管 100 万元 | + 同业 100 万元 | + 票据 100 万元 | + 资管产品 100 万元 |

如果将两个商业银行的资产负债表并表，我们发现，商业银行$_2$与商业银行$_3$的同业资产和同业负债抵消，其结果与第一种情况完全一样，银行负债没有变化，只是把银行体系持有的票据贴现转变成了对资管计划的投资资产。

| 商业银行$_2$+ 商业银行$_3$ | | 信托公司资管计划 | |
|---|---|---|---|
| 资产 | 负债 | 资产 | 负债 |
| - 票据 100 万元<br>+ 资管 100 万元 | | + 票据 100 万元 | + 资管产品 100 万元 |

票据贴现是一种贷款业务，纳入贷款规模管理和资本充足率管理，转化为投资资产类的业务或者同业业务，就不再受这样的监管制约。但我们知道，不论是商业银行的票据贴现，或是投资业务，都导致对实体经济货币供应的增加。在这里，只不过增加的渠道从票据贴现 100 万元转化为投资资产 100 万元而已。通过转换，票据业务形成的过多的货币没有得到控制。这种情况，同样是原来的贷款业务或贴现业务的变形。其他类似的银信合作、券商资管通道、信托受益权等业务，也大多是这种由信贷资产转变为投资资产的模式。不论是银行与银行之间，还是发生在银行

与非银行机构之间，还是银行与资产管理计划之间，最终都增加了商业银行的负债，成为增加货币供应的渠道。孙国锋、贾君怡就曾指出："银行影子实质上就是银行的信贷业务。"[1]

再来看理财产品。理财业务是银行或其他金融机构如信托公司、证券公司、保险公司等向客户提供理财顾问服务，根据客户委托或授权，按照与客户约定的投资计划和方式进行投资和资产管理的业务。由于我国目前监管框架的基础仍然是分业经营、分业监管，理财业务也包括银行理财业务、信托理财业务、证券理财业务、保险理财业务以及各类金融公司如财务公司、金融租赁公司、汽车金融公司和消费金融公司理财业务等。这些业务产生了大量的理财产品，对我国传统的银行业也形成了激烈的竞争。以银行理财产品为例，可以分为保本理财产品和非保本理财产品。保本理财产品对银行来说，投资者购买理财产品的存款只是由原来的储蓄存款转变为结构性存款，银行体系的负债总量没有变化。对此不必赘言了。我们以居民购买理财产品投资信托贷款表外理财的形式来说明一下资金的流动状况。

我们假设商业银行$_1$为理财产品发行行，商业银行$_2$为信托计划托管行，商业银行$_3$为需要资金的企业的开户行。三家银行都分别在中央银行开户。

第一个环节，商业银行$_1$与商业银行$_2$与企业设立信托贷款计划，商业银行对储蓄者发售。储蓄者的存款转化为信托计划（类似于SPV）存款，信托计划存款在商业银行表现为同业存款。

1　参见孙国锋、贾君怡：《中国影子银行界定及其规模测算——基于信用货币创造的视角》，载《中国社会科学》，2015年第11期。

| 商业银行 $_1$ | |
|---|---|
| 资产 | 负债 |
| | - 储蓄存款<br>+ 同业存放 |

第二个环节，商业银行 $_1$ 将吸收完毕的信托计划资金划转给托管行商业银行 $_2$。

| 商业银行 $_1$ | | 商业银行 $_2$ | |
|---|---|---|---|
| 资产 | 负债 | 资产 | 负债 |
| - 在央行存款 | - 同业存放 | + 在央行存款 | + 同业存放 |

第三个环节，商业银行 $_2$ 将资金投入到企业开户银行商业银行 $_3$ 的账户上，形成对其的信托贷款。

| 商业银行 $_2$ | | 商业银行 $_3$ | | 企业 | |
|---|---|---|---|---|---|
| 资产 | 负债 | 资产 | 负债 | 资产 | 负债 |
| - 央行存款 | - 同业存放 | + 央行存款 | + 存款 | + 存款 | + 贷款 |

在上述过程中，信托计划表现为商业银行的表外活动，其资产是对企业的贷款，而负债是来自储户的信托计划存款，对商业银行就是表外资产和表外负债。我们看到，来自储户的资金最终流到了企业。但从整个商业银行体系看，负债并没有增加，只不过是从最初的一笔储蓄存款转化为企业存款，没有产生新的货币资金。我们还可以设想第二种情况，设立理财产品内购买企业债券；第三种情况，设立理财产品购买权益市场产品等，其结果与上述过程基本类似，或更为简化。

我们上面是从一个理财产品的设立运行来分析的，这给人的感觉是，金融机构设立理财产品，募集资金，然后将募集到的储蓄存款投到新的企业和项目上转化为企业存款，似乎是资金从理财产品投资者向企业的转移。但是，如果我们从银行体系和理财产品总体来看，这些资金在设立理财产品之前就已经由银行体系创造。我们假设全社会的货币供应体系仍由中央银行和商业银行组成。商业银行法定存款准备金率20%，中央银行通过向商业银行贷款投放基础货币200万元，商业银行创造存款1000万元。但从货币均衡的角度看只能供应900万元货币，中央银行采取贷款规模管理，商业银行现在需要采用理财产品的办法将贷款调出表外，以满足管理要求。但我们看到，这100万元贷款已经形成存款成为实体经济的资金。商业银行对100万元贷款发起设立理财产品，实体经济主体购买理财产品，最后达到100万元的要求，这100万元贷款最后转化为理财产品的投资，达到了出表的目的。但很显然，银行体系的负债总量没有变化，理财产品没有创造出新的货币，它发挥的作用如同我们前面分析的非银行金融机构一样。情况如下表所示：

| 中央银行 | | 商业银行 | | 理财产品计划 | | 实体经济 | |
|---|---|---|---|---|---|---|---|
| 资产 | 负债 | 资产 | 负债 | 资产 | 负债 | 资产 | 负债 |
| 贷款200万元 | 商业银行存款200万元 | 在中央银行存款100万元，贷款900万元 | 中央银行贷款100万元，存款1000万元 | 投资100万元 | 理财产品100万元 | 存款1000万元 | 贷款1000万元 |

伍戈、李斌对理财产品发行运用对货币供应量的影响做了总结，并形成了以下两张表。[1]

| 理财产品发行对我国货币供应量的初步影响 | | | | |
|---|---|---|---|---|
| **场景** | **购买主体** | **对商业银行存款的影响** | **对货币供应内部结构的影响** | **对货币供应量的影响** |
| 1 | 居民购买理财产品 | 居民储蓄存款减少A元，同业及其他金融机构存款增加A元 | $M_1$ 和 $M_2$ 都不变 | 货币供应量不变 |
| 2 | 企业购买理财产品 | 企业存款减少A元，同业及其他金融机构存款增加A元 | $M_2$ 不变 | 货币供应量不变 |
| 3 | 金融性公司购买理财产品 | 同业及其他金融机构存款在减少A元的同时增加A元 | $M_1$ 和 $M_2$ 都不变 | 货币供应量不变 |
| 理财产品发行的净影响 | | | | 货币供应量不变 |
| **理财产品资金运用对我国货币供应量的初步影响** | | | | |
| **场景** | **资金投向** | **对商业银行存款的影响** | **对货币供应内部结构的影响** | **对货币供应量的影响** |
| 1 | 理财资金投向实体经济 | 同业及其他金融机构存款减少A元，企业存款增加A元 | $M_2$ 不变 | 货币供应量不变 |
| 2 | 理财资金投向金融性公司 | 仅在同业及其他金融机构存款内部变动 | $M_1$ 和 $M_2$ 都不变 | 货币供应量不变 |
| 理财产品资金运用的净影响 | | | | 货币供应量不变 |

需要注意的是，同业业务与理财业务是密不可分的，我们

1 参见伍戈、李斌：《成本冲击、通胀容忍度与宏观政策》，中国金融出版社2013年版。

从前面的分析中也可以看出。尤为重要的是，我们单纯分析理财产品的时候，似乎其与货币供应的创造没有联系，但如果从整个银行体系来看，一定有商业银行的资金运用发生，例如贷款、持有资产、回购等。同时，理财业务已经成为联系传统银行体系与非银行机构对实体经济资金供应的渠道。理财产品筹集资金，以非银行金融机构的资产管理计划或类似产品为渠道，为实体经济提供资金供应，这是我国现阶段影子银行的一个非常突出的特点。

我国理财产品发展中面临的一个突出问题是资金池问题。这个问题在2013—2014年尤为明显。本来理财产品作为一种信托产品应当具有一对一的特质，不具有期限转换功能，但当采用资金池形式时，资金与投资资产的一一对应关系不存在了。很多资金池对应的资产期限长，而理财产品的期限都短，甚至出现了不断借新还旧、期限越来越短以支持投资资产的情况。现在虽经规范，但实际中仍然存在这样的情况。理财产品也可能产生以小理财托大理财、理财套理财等方式。这些做法很可能导致期限转换、流动性转换的接连发生，一些短期超短期的理财产品的滚动发行是否可以转换为类货币高流动性资产，需要我们高度关注。

### （三）我国金融市场新型机构和信用活动分析

经过多年的发展，我国金融市场上也逐步出现了发达国家金融市场上的新型金融机构和信用活动。最突出的是货币市场基金等共同基金，资产证券化，融资融券和回购业务，以及具有明显杠杆化的一些金融活动。

我国的资产证券化仍处于试点阶段，与美国等发达国家的资产证券化有明显不同。从管理角度看，美国等发达国家的资产证券化经过多年发展，早已进入常规发展阶段；我国信贷资产证券化尚在试点，发行需要经过有关部门审批。从证券化的基础资产看，美国主要是以住房按揭贷款为主；我国基础资产集中在对公贷款，住房贷款因规模较小、笔数繁多、手续复杂、成本较高而发展缓慢。从基础资产的质量看，美国次级住房抵押贷款是资产证券化的主要对象；我国的信贷资产证券化试点基础资产都集中在优质公司贷款，2016 年刚开始进行不良资产证券化试点。实际上，目前我国可证券化的信贷资产并不多。从产品结构看，美国等发达国家资产证券化主要采取“发起—分销”模式，产品结构十分复杂，一般进行多层打包、再证券化，原始资产的期限、风险特征与最终分销产品差异甚大；而我国的资产证券化基本上都是资产支持证券（ABS），结构相对简单，一般为单层证券化产品，不进行分层打包和再证券化。从市场增信要求看，美国的资产证券化需要外部信用增级，包括采用信用违约互换（CDS）等衍生品工具；我国资产证券化基础资产通过简单明了的劣后清偿安排，基本可以保证优先档证券评级所需的信用增级量，目前刚刚准备开展类似 CDS 的产品试点。从投资者主体看，美国资产证券化产品多为市场型金融机构购买，乃至大量被国际上的投资者持有；我国投资者以商业银行为主，虽然同样属于收益过手型，但收益率直接受制于基础资产的收益水平及证券化成本，最终很多是各家商业银行互相持有对方的信贷资产证券化产品。

事实上，我国各种银信合作、银银合作和银证合作等金融活动，是与资产证券化十分接近的类证券化活动。它们一般也以银行对企业的信贷债权，或者企业对企业的应收账款等作为基础资产；发起人一般将基础资产转移到信托、券商、基金公司、保险公司资管计划等，进行隔离或出表，形成各种各样的通道。各类信托受益权、资管计划一般通过私募渠道进行销售和融资，投资者多为银行理财部门和各类非银行资产管理机构。正是由于这些特点，我们认为这些活动更类似于中国的影子银行。

我国货币市场基金最早的是2003年12月成立的华安先进富利投资基金，此后经过不断规范，货币市场基金发展很快。虽然总体上我国货币市场基金的规模尚小于不少发达国家，但在基金行业结构中目前已经占到25%以上，高于世界总体和发达国家水平。与发达国家的货币市场基金一样，我国的货币市场基金分流银行存款且主要是储蓄存款，再投入到不超过1年的各类短期投资产品上。由于货币市场基金随时可以赎回，流动性极高，投资者大多将其纳入现金管理，与银行存款一样看待。但目前我国的货币市场基金尚未纳入货币供应量，当然也不实行法定存款准备金率管理。

回购业务在我国取得迅速发展，已成为中央银行公开市场操作和金融机构管理资金头寸的重要工具。目前我国同时存在银行间债券回购市场和证券交易所债券回购市场，两者在诸多方面存在差异。具体见下表：

| | | 银行间市场 | 交易所市场 |
|---|---|---|---|
| 参与者 | 类型 | 银行、非银行金融机构、各类投资产品 | 个人、企业、非银行金融机构 |
| | 限制 | 交易方向不限 | 非合格投资者只能开展逆回购 |
| 交易结算机制 | 交易机制 | 双边交易 | 指令驱动、集中撮合 |
| | 清算结算 | 双边清算、部分集中净额 | 中央对手方集中净额清算结算 |
| | 存续期管理 | 质押券替换无明确依据；不允许展期 | 支持质押券替换；支持到期展期 |
| 产品参数 | 回购期限 | 365天内双方约定回购期限 | 9个固定期限（1天、2天、3天、4天、7天、14天、28天、91天和182天） |
| | 交易规模 | 平均单笔交易金额约4亿—5亿元 | 10万元起，平均单笔5000万元 |
| 质押券 | 质押券机制 | 双方协商 | 标准券制度 |
| | 质押品类型 | 上市流通债券范围内自行确定 | 中证登认定的国债、信用债以及债券基金 |
| | 折算率 | 双方自行确定 | 中证登公布标准折算率 |
| | 质押券效力 | 逐笔交易逐只确定质押券 | 质押券不对应到具体交易 |
| 风险控制 | 限额管理 | 证券公司、基金须符合人民银行限额 | 普通投资者放大倍数不得超过5倍，直接拥有席位的机构不受杠杆限制 |
| | 事前检查 | 机构自行保证券足款足 | 须券足款足 |

特别需要注意的是，我国回购市场也存在杠杆交易。在银行间市场上，证券公司进行杠杆操作时必须获得较大规模的对手方机构的授信，对拟投资债券和拟质押债券进行精确的头寸管理，同时由于银行间市场需要逐笔结算，证券公司必须严格管理杠杆

操作的结算顺序，匹配债权资产和资金头寸，否则难以进行杠杆交易。但在交易所市场上，杠杆交易则容易得多。这是因为交易所采取日终净额结算，而融入资金及买入债券均可实时使用，不需要考虑资金与债券的匹配。例如，一家证券公司通过质押融入资金后，可以立即购买第二只债券，第一个交易融入的资金和第二个交易支付的资金在日终自动轧差，不需要转入转出。通过上述两次交易，该证券公司已经实现了 1 倍的杠杆。我们可以设想，如果该证券公司反复操作下去，即可达到 2 倍、3 倍甚至更高的杠杆。2015 年年中股市异动后，由于大量资金从股市流入到债市，加之投资者预期降息降准，导致交易所债券市场价格上升趋势明显，就曾出现众多投资者加杠杆进行投资的情况。特别需要指出的是，一些投资者不仅用足交易所市场本身的杠杆，还通过在场外结构化融资的方式进行融资，优先级与劣后级的比例普遍上升到 4：1，即 5 倍杠杆。如果考虑在交易所市场的杠杆，特殊时候综合下来可能杠杆达到 10 倍以上。

对我国金融市场上信用活动的分析表明，这些相对于传统银行体系而言新发展起来的机构和信用活动，虽然已经有相当大的规模，但尚未像西方发达国家那样成为一个既有明确分工又相互密切配合的体系。如同在金融市场上，这些机构和活动都有自己的领域，相互还没有有机地链接起来。就各类机构和各类信用活动发展水平而言，仍然是初级的。但我们也看到，我国的影子银行有具自身的特点，如果存在一个体系的话，它不像美国等发达国家，货币市场基金和回购协议以及资产证券化紧密耦合、相互支持、在不同金融产品之间形成资金环流，而是以理财产品这样的形式为主，将传统的银行业与证券业、保险业、信托业连接起来，并发生信用活动的。

## 四、影子银行体系与实体经济货币资金供应

影子银行体系的出现，使经济系统中存在“平行”的两个体系发挥储蓄向投资转化的功能。但这两个体系并不是有同等地位相互并列的，影子银行体系依存于传统银行体系而运行。影子银行体系的存在影响了传统银行体系的货币供应活动，并改变了实体经济资金供应的性质、结构和环境。我们在衡量货币供应量和社会融资规模时应当加以考虑。

### （一）银行体系、影子银行体系与实体经济资金供应

影子银行体系又被称为“平行银行体系”，给人的感觉是影子银行独立地为经济创造信用和创造货币。但实际上，影子银行离不开传统银行体系，正如班允浩、杨智璇所说：“影子银行体系是依托于商业银行体系而存在的。”[1]

影子银行不仅包括非银行金融机构及其业务，还包括银行内部的影子银行部门及其业务。这些业务不能归入传统的货币银行业务，但却发挥着类似的职能，如表内的货币市场账户，表外的资产证券化，各种代理类账户，结构性票据以及财务顾问业务等。银行体系内部的影子银行体系，正是整个影子银行体系最重要的交易对手。正是由于有了银行内部的这些影子银行部分，非银行

---

1　参见班允浩、杨智璇：《影子银行体系的信用生成机理及宏观效应》，载《武汉金融》，2012 年第 3 期。

机构以及证券公司、货币市场基金、证券化机构等，才能得以利用银行丰富的客户资源、资金资源以及项目资源，从而发挥了影子银行的功能。

传统银行对影子银行体系最重要和最直接的基础作用，是为影子银行体系提供支付手段和清算结算体系。所有的影子银行机构都需要串联到传统银行体系中，通过传统银行体系进行支付和清算结算。在一些文献中，常常提到影子银行的产生和存在，使货币资金流出了传统银行体系，进入了影子银行体系。这给人的感觉是，货币资金脱离了传统银行系统，完全进入了影子银行系统。但事实上，所有的非银行金融机构、市场型金融中介机构也都在商业银行开户保存资金。对银行体系而言，货币永远在它的账上，只不过在不同的影子银行机构之间不断划转流动而已。

从银行信用货币创造看，影子银行虽然与银行体系相互交织，相互影响，但仍不会创造和增加货币资金。在美国的影子银行体系里，实体经济主体如企业或个人购买了货币市场基金，然后基金购买影子银行机构发行的短期债券，影子银行机构再将其投资于更长期的债券，经过多个环节，最后以贷款或证券形式流入到企业。从货币资金的流动看，实体经济主体在银行体系的存款，转化为影子银行机构在银行体系的存款，最后又成为实体经济主体的存款，这只表现为银行体系负债结构的变化，不会导致银行体系的负债总量的变化。在我国的影子银行体系里，实体经济主体如个人或企业购买了银行发行的理财产品，货币资金通过理财产品的形式投入到理财产品对应的资产计划上，由这些虚拟的主体再投资到企业，最终也会到实体经济主体中。这个过程较美国等发达国家的货币资金流动环节相比还要简单，实际上是从储蓄存款或企业存款转变为理财计划的同业存款，最后由同业存款再转化为实体经济机构的存款。这里同样也只有银行体系负债结构的变化，商业银行负债总量并没有发生变化。我们从上面的分析可以看出，影子银行体系的出现并没有影响到银行体系的负债总量，更没有货币资金“流出”银行体系进入到影子银行体系的情况。影子银行自己不能创造货币，从总体上看影子银行体系就像是我们分析的非银行金融机构。我们假设银行体系向影子银行体系直接发生贷款等资产运用的情况下，影子银行体系成为银行体系供应资金的通道；在银行体系向影子银行体系直接提供融资的情况下，影子银行体系只具有转移资金的功能，对实体经济资金供应的作用是把原来已有的资金再投入到经济运行中去。

我们可以把影子银行体系作为一个特殊的经济部门。这样经济运行中就可以包括银行体系、影子银行体系和实体经济部门，这样可以更清楚地分析它们的资金关系。我们假设一种情况，货币供求本来是均衡的。原来通过传统银行体系来供应资金，现在改由通过影子银行供应资金。正是由于金融市场的发展，正是由于越来越多的流动性金融资产的出现，而影子银行的运行依赖于资产的交易，依赖于资产价格的增长，影子银行体系本身需要占用一定数量的货币才能实现自己的功能。所以单就影子银行体系从功能上对银行体系的替代而言，就一定会增加对货币资金的需求，或者说一定增加对货币的占用，否则它就无法运转起来。在既定的均衡条件下，原有的货币均衡将被打破，这使实体经济的流动性和货币资金相对减少了。影子银行体系出现后，不单是由于影子银行创造了类货币的金融资产而改变了货币的内涵，它从根本上也改变了原有的货币政策框架。在影子银行形成巨大规模的情况下，它本身形成的货币需求应当纳入到货币供求均衡的范畴内加以考虑。我们的结论是，在一个均衡状态下，影子银行的出现将打破这种均衡，扩大货币的需求。所以对实体经济而言，影子银行体系的出现不但不能增加对实体经济的资金供应，反而会打破原来的均衡状态，相对减少对实体经济的资金供应。

但我们的分析表明，影子银行体系的发展增加了经济的流动性，而且有的影子银行具有信用创造的功能，至少具有这样的潜力。这体现在两个方面，一方面，它使大量的不流动的资产转变为流动的资产，特别是将不具有流动性的金融资产转化为流动性的资产，整个社会的流动性水平大大提高了；另一方面，它创造了大量的高流动性的金融资产，包括与货币类似的高流动性金融资产。发达国家影子银行创造的货币市场基金、回购协议等一些金融资产流动性很强，与银行体系创造的货币非常近似。我们前面已经讲过，有的经济学家建议将回购工具和货币市场基金也纳入货币统计的范围。事实上，货币市场基金、回购协议现在就是美国货币供应量统计的内容。同时，我们的分析表明，影子银行创造的不止回购工具和货币市场基金，还包括大量的短期、超短期的信用工具如资产支持票据等，这些很多也被认为是类货币金融工具。从这一点来看，影子银行“增加了”类货币资产的供应。

需要指出的是，影子银行创造的流动性主要是影子银行体系的流动性，而不是实体经济主体的流动性。这些流动性极强的金融工具主要被银行和影子银行机构持有，而较少由实体经济机构持有。正如前面我们分析的那样，影子银行体系的特点是在自身体系内创造更大量的金融工具，才能完成一定数额对实体经济的信用。孙国锋、贾君怡指出："影子银行的功能是为实体经济提供信用。"[1]李扬和周莉萍也指出："信用创造就是为实体经济提供资金。""在实践中，理论所称的信用创造过程，就是金融机构对实体经济提供融资的过程。"[2]但我们看到，影子银行体系里创造的大量的高流动性信用工具并不直接形成对实体经济的资金供应，它们为保证影子银行系统本身发挥作用而提供支持。

影子银行的活动在顺周期和逆周期的时候，都扩大了对货币供应的影响。我们看到，在发达国家的影子银行体系下，随着经济逐步进入繁荣周期，金融机构和实体经济的信心都明显增强，导致影子银行体系的信用创造机器一个个被逐步打开，最后越来越多的信用创造机器启动并创造流动性资产，社会流动性越来越高。对货币这个信用创造的基础资产而言，单位货币对应的高流动资产也越来越多。顺周期的阀门都被打开，资产价格上涨刺激更多的资产进行证券化，更多的资产的证券化需要更多的高流动性金融资产，最后形成倒金字塔的金融资产结构不断膨胀。那些膨胀最厉害的部分正是压垮整个金融体系的最后一棵稻草。而一旦到达明斯基时刻，一切逆转过来。信心的丧失导致对流动性的囤积，流动性的囤积导致资产价格的下降，资产价格的下降导致更多的流动性的"兑现"，形成资产追逐货币的高潮。信

1 参见孙国锋、贾君怡：《中国影子银行界定及其规模测算——基于信用货币创造的视角》，载《中国社会科学》，2015 年第 11 期。

2 参见李扬、周莉萍：《信用创造》，载《金融评论》，2014 年第 1 期。

用创造机器被不断地关闭，最后甚至只能靠传统的银行体系特别是中央银行体系来支撑。相关的理论研究包括金融资产的以市定价（mark-to-market，Allen & Carletti ,2008），高杠杆率（Adrian & Shin），流动性囤积（Liquity hoarding，Acharya & Skeie ,2011），以及资产甩卖、市场冻结等，解释了影子银行体系的挤兑问题。这是一场证券化银行体系产生危机的过程，核心则是证券化银行体系"货币"创造、挤兑、消失的过程。这正是国际金融危机中我们看到的现象。

在我国影子银行体系发展处于起步阶段的情况下，我们已经能够看到类似的情况的积累。一方面货币供应量保持了高增长速度，另一方面实体经济领域里货币供求失衡。当然，我们并不把这种状况简单归结为影子银行体系发展这样一个因素。以往，我们更加注意影子银行体系带来的金融风险问题，关于其对货币供求的影响则被简单化处理。在一定制度条件下，影子银行的出现有其自身的理由。现代金融市场技术提供了更多的分散风险、管理风险、配置资源、促进储蓄向投资转化的工具。这些无疑都是正确的，但关于影子银行与货币的关系，对货币供求影响的处理太过简单化了。我们有理由保持怀疑的态度。

### （二）影子银行与货币供应量和社会融资规模的衡量

现在我们面临的问题是，如何处理影子银行体系对实体经济资金供应的影响。影子银行体系包括了我们所说的非银行金融机构。正如前面已经指出的，我们应当把影子银行体系作为金融体系的组成部分，还是作为实体经济的组成部分，也仍然是一个需要讨论的问题。我们通过下面的表进行分析：

| 银行体系 | | 影子银行体系 | | 实体经济 | |
|---|---|---|---|---|---|
| 资产 | 负债 | 资产 | 负债 | 资产 | 负债 |
| 银行贷款<br>外汇占款<br>证券投资<br>其他资产 | 现金<br>实体存款 | 对影子银行机构债权 | 对影子银行机构负债 | 现金<br>银行存款<br>外汇资产 | 商行贷款<br>净发行证券<br>其他负债 |
| 对影子银行机构债权 | 对影子银行机构负债，如存款 | 持有银行体系资产如银行存款 | 银行贷款等 | | |
| | | 对实体经济债权，如贷款 | 对实体经济负债，如基金凭证、信托凭证、商业票据 | 持有影子银行资产：如基金凭证、信托凭证、商业票据 | 影子银行贷款 |

我们前面分析了，银行体系现在创造的货币一部分被实体经济持有，一部分被影子银行体系持有。而且根据一些学者的观点，应当把影子银行创造的高流动性资产如货币市场基金、回购协议等纳入货币的范围。但根据我们的观点，影子银行体系是金融体系的组成部分，对影子银行的货币供应不应当作为对实体经济的货币供应，否则将夸大对实体经济的资金供应。而如果我们在计算社会融资规模时，笼统地把影子银行发行的债券、信托受益凭证、理财产品等纳入，也会人为夸大或者重复计算社会融资规模，虚增对实体经济的资金供应。

我们应当将银行体系和影子银行体系合并，这样才能得到金融体系对实体经济的资金供应，同时也可以把影子银行体系创造的高流动性金融工具纳入。出于这种考虑，我们可以把上表进行合并。假设影子银行体系对实体经济的所有资产运用都称为影子银行的特种贷款，实体经济对影子银行持有的债权都称为特种债券，影子银行机构与影子银行机构之间的债权债务关系相互抵消，银行体系和影子银行体系之间的债权债务关系相互抵消，我们在上一章分析基础上得到下表：

| 金融体系 | | 实体经济 | |
|---|---|---|---|
| 资产 | 负债 | 资产 | 负债 |
| 商行贷款<br>对实体的净证券和投资<br>外汇占款<br>其他 | 现金<br>实体经济存款<br>特种证券 | 现金<br>商行存款<br>减持外汇资产 | 商行贷款<br>向银行体系净发行证券和投资 |
| 影子银行对实体经济特种贷款 | 实体经济持有影子银行特种债券，包括货币市场基金等 | 持有影子银行特种债券 | 影子银行特种贷款 |

根据上表，我们有以下等式：

货币供应量＝现金＋存款＋货币市场基金等高流动性资产
＝银行贷款＋外汇占款＋银行对实体净证券投资＋非银行机构特种贷款＋影子银行特种贷款＋其他
＝社会融资规模

## 五、小结

本章是对影子银行信用创造问题的研究。我们的结论是，影子银行体系的信用创造仍然依赖于商业银行体系的货币，影子银行是一个将不流动的金融资产转化为流动性资产的体系，那些与货币高度类似、被金融体系作为可替代货币的高流动性资产持有的金融工具，构成了影子银行体系的“货币”。我们想重点强调的还有以下几点：

一是美国等发达国家的影子银行体系是一个信用创造的体系。单看个别的金融机构或金融活动，影子银行体系似乎并不具有信用创造的能力，其特征是直接融资的方式。但影子银行的一些机构和活动实际上是对传统商业银行体系的功能进行了分解，它们各自承担部分功能，集合起来发挥期限转换、信用转换、流动性转换和杠杆化等功能。当将其从整体上进行考察，会发现影子银行具有了类货币信用创造能力。对影子银行的考察可以从整体上进行抽象分析。

二是发达国家的影子银行体系内包含多种信用创造主体和机制。传统银行体系只有“存款—贷款—存款”的信用创造机制。在现在发达国家的影子银行体系里，金融功能已经发展到极致，在多种金融资产或金融活动主体上都能够形成信用创造机制。一个基本的观点是，要形成信用创造机制必须存在资金的闭环流动，只有在这种情况下，才可能出现一种金融资产自我复制并不断放大形成乘数效应的情况。影子银行体系里存在多种这样的金融资产和金融活动，它们以银行体系创造的货币为基础，创造了多种近似货币的“影子货币”。

三是我国影子银行体系尚处于发展的初级阶段。我国影子银行还没有像美国等西方国家那样发达，产品结构相对简单，产品层次相对单一，融资链相对较短，特别是市场型的金融中介机构还没有发挥出作用。从整体上观察，这些影子银行机构和活动还没有形成一个对银行体系各种功能进行“分解—整合”的分工严密的“信用创造机器”。值得注意的是，我国的银行理财产品与非银行机构之间形成的各种合作，也已经具备了发达国家证券化影子银行的雏形。

四是影子银行体系对实体经济的资金供应影响十分复杂。一方面，影子银行体系创造了多种多样的金融工具，产生了更贴近实际的风险管理方法，更大程度地提高了实体经济的资金可得性，也更大程度地提高了资源的配置效率。另一方面，影子银行本身构成一个巨大的交易体系，需要占用大量货币资金，影子银行的信用创造主要是为自身创造高流动性的“影子货币”，对实体经济的作用主要是融通资金。尤为重要的是，影子银行的信用创造具有极强的顺周期性，在很大程度上放大了经济的波动性和资金供求的震荡。

**参考文献：**

李扬：《影子银行体系发展与金融创新》，载《中国金融》，2011 年第 12 期。

李波、伍戈：《影子银行的信用创造功能及其对货币政策的挑战》，载《金融研究》，2011 年第 12 期。

何德旭、郑联盛：《影子银行体系与金融体系稳定性》，载《经济管理》，2009 年第 11 期。

夏伟伟：《影子银行的信用创造功能及其对货币政策的挑战》，

载《时代金融》，2014 年第 7 期。

尹泉：《我国影子银行体系的信用创造对货币政策影响研究》，安徽财经大学，2014。

彭文玉、孙英隽：《影子银行信用创造机制及其对货币供应的影响》，载《金融理论与实践》，2013 年第 4 期。

裴平、印文：《中国影子银行的信用创造及其规模测算》，载《金融与保险》，2014 年第 6 期。

孙国锋、贾君怡：《中国影子银行界定及其规模测算——基于信用货币创造的视角》，载《中国社会科学》，2015 年第 11 期。

周莉萍：《影子银行体系：自由银行业的回归？》，社会科学文献出版社 2013 年版。

于菁：《影子银行对我国货币政策的影响研究——基于 VAR 模型的实证分析》[J]，载《兰州学刊》，2013 年第 4 期。

周莉萍：《影子银行体系的信用创造：机制、效应和应对思路》[J]，载《金融评论》，2011 年第 4 期。

朱元倩：《中国的影子银行体系及其分类监管》，载《农村金融研究》，2013 年第 9 期。

肖崎，阮健浓：《我国银行同业业务发展对货币政策和金融稳定的影响》，载《国际金融研究》，2014 年第 3 期。

Gary B. 高顿，Andrew Metric, *Securityzed Banking and the Run on Repo*, working paper 15223，2009，http://www.nber.org/papers/w15223.

*Financial Stability Board. Shadow Banking: Scoping the Issues*[J]. Report of Financial Stability Board, 2011,（12）.

Moe T G. *Shadow Banking and the Limits of Central Bank Liquidity*

*Support: How to Achieve a Better Balance Between Global and Official Liquidity*[EB/OL].2012.

Paul Tucker. *Shadow Banking, Financing Markets and Financial Stability*[R].Report at Bemie Gerald Cantor, 2010.

Satyajit Das. *China's Shadow Banking System*[J].Econo Monitor, 2014,（1）.

Zoltan Pozsar, *Shadow Banking: The Money View*, The Office of Financial Research（OFR）Working Paper,July2,2014.

第六章

# 互联网金融的信用创造

## 一、引言

随着互联网技术的快速发展，互联网+蓬勃兴起，其中一个突出表现就是互联网金融。我国互联网金融的发展尤其引人注目，涌现出不少新业态新模式，一度呈现出爆发式增长的趋势。互联网金融对传统金融形成的冲击前所未有。比尔·盖茨甚至曾经预言，商业银行将在21世纪成为灭绝的恐龙。其依据就是，信息技术的发展让科技公司具备了像商业银行一样的金融中介功能，并借助于平台完成资金融通和资源配置。他的预言未免有些武断。今天，我们可以预见的情况是，信息技术既可能成为新兴金融活动赶超商业银行的杀手锏，同样也可以成为商业银行涅槃重生的催化剂。

事实上，对于互联网金融本身的认识仍然存在很大分歧。就通常所讲的“互联网金融”来说，很多情况下既包含了传统银行等金融机构对现代信息技术特别是互联网技术的应用即“金融互联网”，也包含了运用大数据、云计算等现代信息技术而形成的新的金融模式和金融活动即狭义的“互联网金融”。谢平、邹传伟、刘海二等是国内首先对互联网金融进行规范定义的学者。他们认为：互联网金融是在互联网技术与互联网精神影响下，从传统银行、证券、保险、交易所等金融中介和市场过渡到瓦尔拉斯一般均衡状态对应的无金融中介或市场情形之间的所有交易和组织形式。[1] 在他们看来，互联网金融是一个谱系，谱系两端的一端是必须借助传统银行、证券、保险、交易所等金融中介和市场发挥作用的市场状态，另一端是不需要金融中介和市场发挥作用的瓦尔拉斯一般均衡状态。这是一个有争议但也是有创意的观点，为我们理解互联网金融特别是互联网金融的发展趋势提供了更大的空间。

我们关注的重点仍然是借助互联网等现代科技手段形成的对传统金融中介职能能够发挥替代作用的那些金融机构和金融活动。这些新的甚至被有些学者认为与传统商业银行信用中介功能不同的金融机构和金融活动是否具有信用创造能力，是我们所关注的核心所在。从这个角度看，在大量的关于互联网金融的著述中，关于比特币等互联网货币的创造，相关论述和介绍较多，谢平、石午光（2015 年）对比特币等数字加密货币的相关文献进行了比较系统的梳理。谢平、尹龙（2001 年）较早研究了网络经济下的金融理论和金融治理问题，分析了货币供求理论的变化。周莉萍（2014 年）曾经把第三方支付（Third party payment）作为影子银行信用创造的组成部分之一，但对第三方支付在信用创造中的作用并没有作进一步的分析。靳超、冷艳华（2004 年）较早地研究了电子化货币、电子货币与货币供给的关系，认为如果允许借贷

1　参见谢平、邹传伟、刘海二：《互联网金融模式研究》，载《新金融评论》，2012 年第 1 期。

电子货币将发展成为独立的货币形式参与并增加货币总供给。印文、裴平（2016年）对电子货币的货币供给机制与规模进行了研究。孙国锋、邓婕、尹航（2016年）将电子货币定义为区别于银行信用法偿货币、代表私人债务的货币形式，通过模型分析了基于自由竞争市场的私人电子货币发行流通及其对信用货币体系的影响。

我们将继续沿用前面的分析方法，力求在纷繁复杂的互联网金融机构和活动中，重点搜索并锁定那些具有信用创造可能的对象。在本章的第二部分，我们首先对互联网金融进行综合判断，并按照其承担的金融功能理出不同的互联网金融活动形式及其主要特征。第三部分、第四部分分别分析互联网货币以及比特币独立的货币创造活动和第三方支付的机理等，着重分析其潜在信用创造功能并揭示信用创造可能发生的条件。第五部分探讨互联网金融活动对实体经济资金供应的影响，以及如何将网络货币及其创造纳入到货币供应量和社会融资规模统计。最后进行简要的总结。

## 二、互联网金融：一种新的金融模式？

是否由于互联网金融的发展，创造出了一种不同于传统直接金融和传统商业银行体系的新金融模式？这是我们需要首先回答的问题。在我们看来，一种新的金融模式，也应当在信用创造机制上有所体现。

### （一）主要互联网金融活动和业态

互联网金融发展到今天，已经形成了众多相互关联的金融专业代表性企业和业态，一定程度上替代了传统银行的功能，拓宽了金融服务的领域和范围，这些领域主要包括支付、融资、投资理财、风险管理以及货币供应等关键节点。我们来分别进行简要的分析。

支付领域。支付中介是商业银行最古老、最基础的功能，也是传统银行体系最核心的功能之一。区别于传统金融机构的支付功能，我国将非金融机构提供的支付服务定义为第三方支付。互联网金融活动的支付以移动支付为基础，而移动支付的基础是移动通信技术和设备的发展，特别是智能手机和掌上电脑的发展。第三方支付通过担保交易、实名认证、数字证书、手机动态密码等提供安全性保障，具有移动和线下多渠道支付和个性化服务、即时到账等特点。由于第三方支付与淘宝、滴滴打车、大众点评等商业模式的有机结合，第三方支付正在快速发展。目前在我国的代表性企业有支付宝、财付通，在国外则有 PayPal 等。

融资领域。互联网企业纷纷试身融资业务，衍生发展出许多网络融资模式。根据借款方的不同，可划分为小贷公司、P2P、众筹以及网络资产交易平台等。互联网融资平台充分运用互联网技术，通过大数据的方法掌握客户的信用状况、业务信息以及信用评级等，有效地提高了融资效率，降低了融资成本，增强了企业特别是小微企业的融资可获得性，同时对客户的持续监督和风险控制也建立在信息技术基础之上。互联网融资平台的典型企业包括阿里小贷、拍拍贷等，在国外则有 Prosper、Sharpost 等。

投资理财领域。互联网金融在这个领域的发展，对商业银行形成了最现实的冲击。随着互联网平台客户流量和沉淀资金规模的不断增加，互联网金融的业务触角正在加快向代理基金、余额理财等领域拓展。这在很大程度上是由于互联网金融支付交易与资产增值模式的结合，实现了将零星资金理财化。同时互联网金融利用监管空白，降低了经营的成本，刺激了一些互联网企业推出一批低门槛、随用随取、连通消费的资产服务类产品。具体包括网络基金、网络保险和综合性网络理财平台等。这些平台分析客户理财状况和理财需求，为客户提供理财工具和理财规划。在我国最典型的代表是余额宝，国外则有 InsWeb 等。

风险管理领域。最突出的是网络征信。互联网金融征信的数据来源于互联网本身形成的大数据。它的基础是社交网络生产和传播的信息，通过搜索引擎实现对信息的排序和检索，通过云计算实现对海量信息的高速处理。互联网金融采集的信息包括客户的大量行为数据，在内容上更加全面，征信的范围更加广泛，征信的成本更加低廉。在我国典型的代表是芝麻信用分，在国外也有 Credit Karma 等。

网络货币领域。在原有电子化货币继续发展的同时，基于互联网已经出现了多种多样的虚拟货币形式，其中既有以法定货币为基础的，也有完全独立于法定货币的虚拟货币形式；前者如诸多机构发行的电子货币，后者如比特币。有完全属于虚拟经济领域的虚拟货币形式，也有在虚拟经济和现实经济之间游走变化的货币形式；前者如魔兽金币，后者如 Q 币。

宋首文、郑天游、柴若琪和赵晶晶、刘飒等对国内外的互联网金融活动做了一个简要的归纳。[1] 我们根据他们的归纳和有关资料整理如下：

1　参见宋首文、郑天游、柴若琪：《互联网 + 银行：传统商业银行模式的新突破》，载《新金融》，2015 年第 6 期；赵晶晶、刘飒：《基于金融功能的互联网金融模式评估》，载《金融监管研究》，2014 年第 12 期。

| 领域 | 业务 | 国内 | | 国外 | | 优势 |
|---|---|---|---|---|---|---|
| | | 商家 | 主要特征 | 商家 | 主要特征 | |
| 支付 | 第三方支付 | 支付通、财付通 | 担保交易、实名认证，个性化服务界面，线上向线下发展 | Paypal | 快捷便利的支付方式，支持多币种交易 | 安全、快捷、便利、个性化 |
| 融资 | P2P | 阿里小贷、拍拍贷 | 向小为企业提供贷款，大数据、云计算技术对信用数据分析评估 | Prosper | 为资金交易提供场所 | 贷款速度短小快、征信成本低、经营方式灵活 |
| | 众筹 | 淘宝众筹、追梦网 | 向互联网投资人募集资金，向小微企业、个人提供资金援助 | AngelList | 提供资金匹配平台，包括股权众筹和债权众筹 | 融资速度快 |
| | 资产交易平台 | 陆金所 | 企业和金融机构为参与者，委托贷款债权、信贷资产证券化 | Sharpost | 个人为主要参与者，互联网上的证券交易所 | 提供综合性服务，操作快捷便利 |
| 投资理财 | 网络基金 | 余额宝 | 无初始资金限制，收益率高于活期储蓄 | Paypal | 货币基金，收益率高于活期存款 | 操作简单、流动性强、便利 |
| | 网络保险 | 保险网店、众安在线 | 基于大数据的保险定价，提供低门槛保险产品 | InsWeb | 提供互联网保险专用平台 | 操作方便、定价准确 |
| | 综合网络理财平台 | 君泓一户通 | 起步阶段：涵盖证券、基金、私募产品等各类资产和第三方支付 | Fidelity | 打造一站式金融账户，提供资产管理等综合服务 | 提供综合性理财、投资服务、客户黏性高 |
| 风险管理 | 网络征信 | 芝麻信用分 | 运用集团内部的海量数据，通过大数据分析技术构建征信系统 | Credit Carma | 向消费者提供免费信用评分，联合谷歌和征信机构 | 数据来源可靠，成本低、征信范围广 |
| 虚拟货币 | Q币 | 腾讯公司 | 由腾讯公司发行的虚拟货币，可用来支付QQ所有服务 | 比特币 | 基于区块链技术的去中心化货币形式 | 具有匿名、交易不可复制合独立的支付网络，但易于用于洗钱等非法交易 |

## （二）互联网金融：新金融模式的起点

谢平、邹传伟、刘海二在2012年合作的论文《互联网金融模式研究》中最早提出了“互联网金融”的概念。[1]此后，吴晓灵、万建华、阎庆民、姜建清、马云等一大批专家学者和业界人士从不同角度提出了对于互联网金融的认识。李麟等曾经对不同的互联网金融的界定归纳为五种观点，即新模式论、新业态论、产品服务论、传统金融功能延伸论、广义狭义论等。[2]各种观点纷纭杂陈，但也逐步形成了一个基本的共识，那就是互联网金融作为金融活动的核心功能不变，股权、债权、保险、信托、支付等金融行业和金融产品契约的内涵也没有变，存在的金融风险和外部性问题也不会变。[3]

互联网金融作为金融活动当然不会改变金融的本质特征，但对互联网金融，要害则在于对其特殊性的分析。我们认为，互联网金融作为金融活动的“一般”，对其不变的一面认识相对是一致的，但使互联网金融作为金融活动的“特殊”是什么呢？事实上，互联网金融的特殊性，最主要也是影响最大的，正是互联网技术对于金融活动带来的巨大和深远的变革。以互联网为代表的现代信息科技，特别是移动支付与第三方支付、大数据、社交网络、搜索引擎和云计算等，对金融的影响广泛而深刻，集中体现在支付、信息处理和资源配置三个方面。具体如下：

---

1　参见谢平、邹传伟、刘海二：《互联网金融模式研究》，载《新金融评论》，2012年第1期。

2　参见李麟 等著：《互联网金融生态——基于生态视角的互联网金融模式创新》，中国金融出版社2015年版，第1–4页。

3　参见阎庆民、杨爽：《互联网＋银行变革与监管》，中信出版社2015年版，第11页。

| | 支付方式 | 信息处理 | 资源配置 |
|---|---|---|---|
| 传统金融 | 物理网点分散支付 | 信息通过人工进行处理、信息不对称，并且标准化、碎片化、静态化 | 银行、投资银行等作为中介匹配资金借入方和借出方 |
| 互联网金融 | 超级集中支付系统和个体移动支付统一 | 信息处理和风险评估通过网络化方式进行,在云计算的保障下,资金供需双方信息通过社交网络解释和传播，被搜索引擎组织和标准化，最终形成时间连续、动态变化的信息序列，由此可以给出资金需求者的风险定价或动态违约概率，而且成本很低 | 资金供需信息直接在网上发布并匹配，供需双方直接联系和交易，不需要经过银行、券商或交易所等中介 |

金融的本质是在不确定环境中进行资源的跨时间和跨空间的配置，其核心是对接资金供需双方的信息进行资源的期限管理、风险管理。银行、证券公司、交易所正是通过其处理信息的能力、管理风险的能力，相应产生了间接金融和直接金融的不同模式。由上表看，互联网金融与传统金融的显著区别在于，互联网技术为借贷双方提供了比传统金融更为成本低廉、便捷有效的信息和风险处理方法，使得双方可以直接通过互联网进行交易。谢平、邹传伟、刘海二等用下图来表示传统金融与互联网金融存在的区别。图中上半部分表示传统的直接金融和间接金融。可以看到最终储蓄者要么通过商业银行等金融中介实现向最终借款人的资金融通，要么通过证券交易所等金融市场中介完成资金的融通。下半部分表示他们所说的互联网金融，在他们看来，由于互联网最大程度地克服了信息不对称问题，最终储蓄人和最终借款人可以直接进行交易，无需借助金融中介机构。

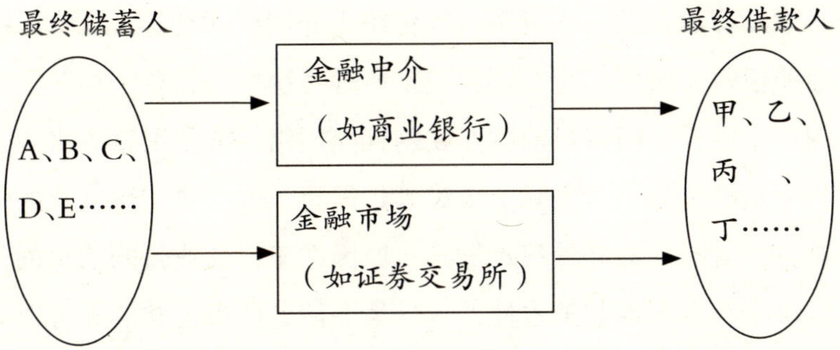


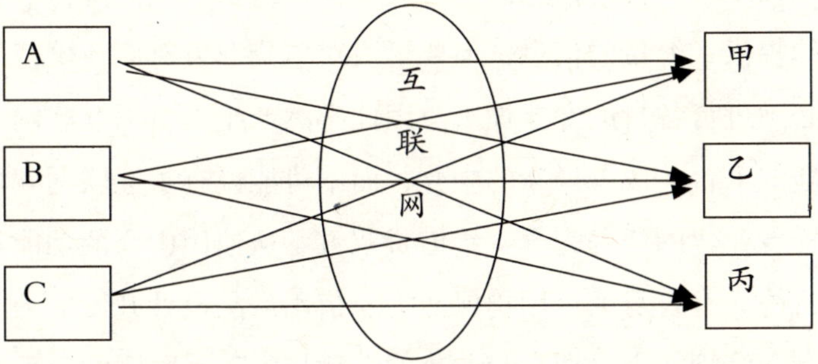


但我们进一步可以看出，这样的互联网金融并没有将其与传统的直接金融和间接金融区别开来。即便存在上图中最终储蓄人与最终借款人之间的直接借贷，难道它不属于直接融资吗？而从金融中介的角度看，金融中介的功能本身就包括信用中介和信息中介两个方面。格利和肖（1966 年）以及后来的本斯顿和乔治（Benston & George，1976）、法玛（Fama，1980）等通过分析金融资产交易的不可分性和非凸性等证明，阿罗—德布鲁范式（Arrow & Debreu）在现实中不存在，金融中介是不可或缺的。从信息中介角度看，一些互联网金融活动可能不再以传统的商业银行、投资银行、证券交易所等为中介，但我们也可以说它是以互联网本身为中介。换句话说，互联网金融要成为独立的金融模式，互联网必须发挥与银行、投资银行等传统中介同样的功能。“去”掉了商业银行、投资银行、证券交易所等传统中介，要“加”上互联网这个中介。但就目前的互联网社交网络、搜索引擎等来说，作为大众的信息平台实际上很难满足需要，因而要实现大众的借贷双方的直接交易必然很难做到。原因在于，商业目的信息的价值取决于其专有性和独占性，一旦某一信息成为公共的并可以为人们直接掌握，作为信息已经不具有价值或价值大大降低。互联网固然提供了海量的信息，但要形成对借贷双方有商业价值的信息，必须进行各自的专业加工。因此必然产生大量以互联网为基础的新的平台，或者说新的中介，而不可能说有了互联网就可以把这样专业化的任务完全交给借贷双方。从信用中介的功能看，金融机构具有自身的信用担保能力、信用产品设计开发能力、风险控制和管理能力，拥有专业化的金融技术，互联网的出现并没有改变金融中介存在的理由。勒兰德和帕勒（H. Leland & D. Pyle，1976）以及后来的戴蒙德（D. Diamond，1984）提出的金融中介和银行存在的理由仍然是成立的，我们在互联网世界里也需要中介机构“保证投资回报”、消除“核实成本”等功能，存款作为特殊的金融商品的存在，不正因为有其特殊的理由吗？事实上，当这些传统金融中介与互联网技术融合后，其竞争力只会得到更大的提高而不是削弱。所以，未来的结果，可能是传统银行、证券公司和证券交易所等与一些新型金融中介特别是信息中介共同利用互联网为金融活动服务，互联网既是个人的平台，也是中介机构的平台。互联网技术首先带来的是信息中介的功能更加完善，传统的银行和金融市场中介的功能将进一步解构，更加多样化和专业化的中介机构和服务机构将会不断增加，具有新的特殊功能的信息中介、信用中介机构也会出现。当然，借贷双方依托发达的互联网直接进行交易在数量上也会大大增加，“自金融”活动越来越普遍，金融普惠性服务功能较现在将大大提高。因此，未来的金融图景应当如下所示：

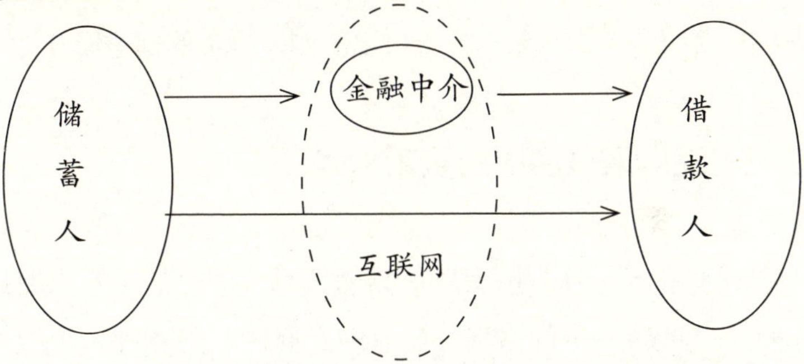


由上可见，现有互联网金融活动基于技术进步而作为独立金融模式的特征还不明显。目前主要的互联网金融活动都依托于传统银行体系和金融市场，是在传统银行体系和金融市场基础上的信用活动。现有的互联网融资活动基本上都是既存金融活动的翻版，颇为被看重的依托互联网进行的“自金融”活动，一时尚难已成为主导。其他的要么是直接融资形式，要么是类银行业务。如典型的互联网金融模式 P2P，名为网络借贷，实际上是网络证券发行；众筹包括股权众筹和债权众筹，P2P 实质上是债权众筹活动。如果以穿透式的眼光看待，对这些信用活动的属性我们都不难理解。

但我们也认为，现有的互联网金融正在形成通向新金融模式的起点。我们现在仍然生存在“现实世界”里，虚拟世界如同现实世界的塔尖，可谓“小荷才露尖尖角”。但未来必然形成一个倒金字塔，人类将主要生活在我们今天所说的“虚拟世界”里，今天的“虚拟世界”正是人类明天的现实生活。虚拟世界必然需要新的金融模式与之相适应。例如，在互联网货币领域正在产生新的变化，特别是诸如比特币和网络货币等与传统的银行体系货币创造没有直接关系的互联网货币的出现和发展，这些一定会改变原有的金融格局，嬗变或推动形成新的金融模式。我们下面关于信用创造问题的研究将着重围绕第三方支付以及网络货币的创造展开。

## 三、互联网金融中的货币形式

在我们看来，互联网金融最具创新意义的仍然是互联网货币（Internet Currency）的出现。现有的互联网上的各种货币形式，有的依托于现有的银行体系货币而创造，有的具有独立的创造方式。从长远看，互联网货币与新的支付体系的结合，对于现有的金融体系将形成真正的冲击。

### （一）电子货币、数字货币与虚拟货币

信息技术的发展，不断催生新的货币形态，我们所说的货币在内涵上和外延上都已经发生很大的变化，而且在事实上影响着实体经济资金的运行状况。在通常所讲的法定货币的基础上，我们先认识三个既有联系又有区别的概念：电子货币、数字货币、虚拟货币。

电子货币（Electronic Money，E-money）就是存储于银行账户或者是网络账户上的一组发挥货币作用的数字符号。巴塞尔委员会（1998年）曾经将电子货币定义为：在零售支付机制中，通过销售终端、不同的电子设备之间以及在公开网络上执行支付的

储值或预付支付机制。这里的储值指保存在物理介质如硬件和卡介质上的可用来支付的价值，而预付支付机制是指在电子计算机转账系统上用于支付的电子数据，通常称为数字现金。作为现代经济高度发展和金融业技术创新的结果，电子货币是支付手段职能以电子和通信技术发展为基础不断演化的表现和结果。许多人认为，网上银行的账户余额、消费卡里剩余的残值、手机话费的余额，都可以说是电子货币的具体形式。[1]

"数字货币"（Digital Money）也是现在经常用到的一个概念，但人们的认识并不统一。有时，人们以"数字货币"来指现有法定货币体系下因清算方式的改进出现的现钞之外的"记账货币"。有时，"数字货币"指互联网上出现的非法定货币发行主体发行的可发挥支付作用的价值形式，实际上就是类货币或代币。有时，"数字货币"特指利用网络加密技术在互联网上创造的货币形式，如广为人知的比特币。[2]所以，数字货币既可以是以多用途预付费储值卡和网络支付为代表的数字化货币，也可以是以银行卡为代表的现有货币体系的数字化，也可以是基于互联网新技术推出的全新的法定加密电子货币体系。

"虚拟货币"（Virtual Currency）通常是指在网络游戏、社交网络和网络虚拟世界等网络社区中被用于与应用程序、虚拟商品和服务的交易中使用的发挥货币作用的价值形式。但也有人认为大量非金融机构正在发行虚拟货币或者准虚拟货币，如众多商

1　参见谢平、尹龙：《网络经济下的金融理论与金融治理》，载《金融研究》，2001年第4期。

2　参见王永利：《央行数字货币的意义》，载《中国金融》，2016年第8期。

家发行的预付卡，互联网企业用于在网络社区计价支付的虚拟电子货币。不仅成千上万的商家在发行各种各样的储值卡、预付卡，各种互联网平台也在发行使用范围不一，流通属性各异的虚拟货币。万建华认为，虚拟货币是类似于电子货币的支付工具。[1]

看来，这三个概念存在模糊不清的问题。陈道富、王刚根据欧洲央行（2012年）对电子货币、数字货币和虚拟货币的理解整理成下表，从中可以理解三者的联系和区别，其中虚拟货币以比特币为例。[2]

| | **电子货币** | **虚拟货币（比特币）** |
|---|---|---|
| 货币形式 | 数字货币 | 数字货币 |
| 计价单位 | 法偿货币（如美元、人民币） | 无法偿地位的发行者发明的货币单位 |
| 可接受性 | 被发行人以外的机构接受 | 一般限于特定的虚拟社区，伴随使用范围扩大和被公众了解，可接受性将显著提高 |
| 法律地位 | 受监管 | 不受监管 |
| 发行人 | 依法设立的电子货币发行机构，不一定是中央银行和商业银行 | 非金融私人公司 |
| 货币供给量 | 某一时点固定，但央行可以根据经济发展需要进行跨时期调整 | 逐渐增加，总量设定上限，没有中心发行管理机构对供给量进行调整 |
| 赎回可能性 | 提供以面值赎回的保证 | 不提供保证 |
| 是否受监管 | 是 | 否 |
| 主要风险类别 | 操作风险 | 法律风险、信用风险、流动性风险、操作风险（欺诈风险） |

1　参见万建华：《金融e时代——数字化时代的金融变局》，中信出版社2013年版，第156页。

2　参见陈道富、王刚：《比特币的发展现状、风险特征和监管建议》，载《国务院发展研究中心调查研究报告》，2014年第1期。

在我们看来，电子货币是基于法定货币而产生的，它的发行主体既可以是中央银行，也可以是其他金融机构，也可以是非金融机构。它通过发行商先收取一定的货币资金，然后再发行用于支付和交易目的并能够被其他自然人和法人接受的电子化的货币价值，其特点是发行人把自己确认的价值存储在某种电子介质中。我们也可以说，电子货币是用现金或法定货币从发行机构兑换的“特殊货币”，之所以称之为特殊货币，是因为当发行者不再是传统银行机构之时，其信用基础已不再是中央银行或商业银行，而是发行机构的信用。当然，作为电子货币的发行者，必须经过监管者的批准同意。

再看虚拟货币。它与我们使用的法定货币相脱离，具有法定货币的某些特征和职能，在特定的虚拟环境下并部分地在与特定虚拟环境相关的实体经济中，发挥支付工具的作用。它实际上是对应于法定货币而言的，我们也可以说法定货币以外发挥货币职能的工具都可以称之为虚拟货币。美国财政部金融执法系统（FinCen，The Financial Crimes Enforcement Network）在2013年就曾发布过一个规范虚拟货币的指引，把货币分为两大类：一类是真实货币，由国家发行，作为法定货币流通，并作为交换媒介和支付媒介被使用和接受；另一类是虚拟货币，它们作为真实货币的替代品，或具有与真实货币同等的价值发挥作用，但不具有法定货币的地位和全部属性。由此我们认为，把不是中央银行—商业银行等机构发行的电子货币视为虚拟货币也是成立的。当然，更多的时候我们使用虚拟货币的概念，是指在虚拟经济领域中充作货币的工具。

至于数字货币，是货币的存在形式。只要一种能够发挥货币职能的工具采取了数字化的形式，就可以视为数字货币。虚拟货币存在数字化的问题，当然法定货币也存在数字化的问题。现在虚拟货币基本上都是数字货币，面对虚拟货币的竞争，不少国家政府都在研究国家货币数字化和发行数字货币的问题。2016年初，中国人民银行在北京举行了数字货币研讨会，引起了各方面的广泛关注。一些学者进而认为，数字货币本质上应当是国家发行的法定货币。[1]

值得注意的是，谢平、邹传伟、刘海二认为，现在互联网上的虚拟货币只是互联网货币的雏形，互联网上将出现真正的互联网货币。他们由虚拟货币归纳出未来可能出现的互联网货币的六个特征：一是由某个网络社区发行和管理，不受监管或很少受到监管，特别是不受或较少受到中央银行的监管；二是以数字形式存在；三是网络社区建立了内部支付系统；四是被网络社区的成员普遍接受和使用；五是可以用来购买网络社区中的数据商品或实物商品；六是可以为数据商品或实物商品标价。[2] 的确，现在不少即使在狭义虚拟经济领域的虚拟货币都具有或者部分具有了这些特征。

### （二）从对实体经济资金影响看互联网货币形式

我们不准备对电子货币、数字货币、虚拟货币等进行辨析，

1 参见陈宝山：《从贝币到“数字货币”》，载《金融时报》，2016年8月15日。
2 参见谢平、邹传伟、刘海二：《互联网金融手册》，中国人民大学出版社2014年版，第91页。

而想主要集中在信用货币的创造和对实体经济货币资金供应的影响上。在我们看来，通常所说的互联网上的货币形式其实又可以划分为五大类。

第一类本质上就是法定货币，或者说是法定货币的电子化、网络化、数字化形式。商业银行开展的网上银行业务、电话银行业务、手机银行业务均属于此类。这时的互联网货币实际上是在互联网上存在的银行存款货币。我们在支付使用的时候，表现为发出各种支付指令的网上传输，但最终是银行账户上存款货币的划拨转账。显然，这时的互联网货币仍然是银行存款货币，是既有的货币供应量的组成部分。

第二类以法定货币为基础创造，由特定的发行主体发行，由发行主体以外的经济主体接受并使用，以提供网络货币金融服务而盈利。这种形式的发行主体一般在银行开立一个或多个账户，使用者将存款资金转移给发行主体，发行主体以自己的负债形式的“资金”交付使用者，使用者可以在具有协议关系的商店、厂家以至社区使用。这种形式大多与第三方支付活动相关联。它虽然以法定货币为基础，但实际上是发行商自己的信用。

在我国，以法定货币为基础创造的互联网货币主要就是非金融机构发行的各种储值卡。《人民币管理条例》明确禁止制作和发售代币票券，所以理论上一切代币票券都是违法的。根据《信用卡业务管理办法》规定，信用卡的发行者仅限于商业银行，同时商业银行和非银行机构按规定都不能发行预付卡、储值卡。现实中大量流通的预付卡的发行主体是非金融机构。这类商业预付卡可以代替现金发挥支付、度量商品价值等实体货币的基本职能，有的拥有一张可以流通的巨大运营网络，如上海百联集团推出的OK卡，在上海许多商场都可以使用，已经达到了准货币的程度。它们具有信用创造功能，实际上增加了实体经济的资金供应，我们在后面还要研究。

第三类是以互联网为依托出现的私人货币形式。这些货币形式大多以有一定规模的社区为基础，这些社区既可以是实际经济社区，也可以是实际经济基础上的互联网社区。互联网平台派生了社区，社区集中了流量，流量背后是真实的社会人，他们需要沟通，需要各种交往，当然也少不了真实的经济活动。在这些相应的社区里，互联网货币以一般等价物的形式流通，正是社区组织所带有的社会性，为这种互联网上的一般等价物充当价值尺度、支付手段和流通手段提供了保证。它的发行主体一般是非银行的私人部门，可以是企业，可以是社团，可以是互助组织，发行主体负责兑换和回收，其形式各异，不少形成小区域的货币形式。现在大家讨论比较多的有美国的社区货币、中国台湾的花币、日本的R币等。虽然这些货币形式不能与法定货币这样的一般等价物相比，大多只能局限于很小的范围使用，但确实增加了实体经济的货币形式。我们可以把它看成是实体经济中不同于银行货币的私人货币形式。

第四类是发行主体在发行互联网货币的同时，提供可供消费的商品和服务，但发行主体一般不负责货币的兑换和回收。此类货币就是通常所说的网络虚拟货币，具体又可以划分为两类：一类是网络游戏币，如魔兽金币、天堂币、盛大元宝等，一般用于游戏道具、装备购买和交易。一同加入某游戏的玩家，自然愿意以其都接受的筹码作为交易换算的手段。一类是门户网站或即时通讯服务商发行的多用途专用币，如Q币、百度币，可以购买网站的虚拟商品和服务，也可用于支付通常使用人民币的商品购买。

这类互联网货币本来只能用来购买发行主体提供的商品和服务，但现在一些主要的货币形式逐步出现了跨界使用和交换的趋势，从本来服务于互联网虚拟经济领域开始向实体经济领域渗透。如Q币可以通过银行卡、固定电话、手机等多种形式进行充值，与官方的兑换比例一般在0.8—1之间，用户可以用来购买虚拟社区的虚拟商品和服务，也可以享受微信提供的增值服务，购买杀毒软件、支付版主工资和投票选秀等。这些活动还催生了大量虚拟货币交易网站和卖家，提供Q币与人民币的双向兑换服务。总体上看，这类互联网货币对实体经济的影响还不明显，但未来的趋势尚难以定论。

第五类是以比特币为代表的去中心化互联网货币。一般的网络货币都有一个发行主体，或者说都有单一的发行中心，但还存在比特币（Bitcoin）这样的虚拟货币形式，它是非单一发行主体的虚拟货币的代表。比特币是世界上第一支数字加密货币，由计算机生成的一串串复杂的代码组成，通过固定密码编码和计算方法产生，创造比特币的过程被称作“挖矿”。所谓“挖矿”，就是用计算机解决交易和使用产生的一系列数学运算，比特币网络会自动调整数学计算的难度。不管身处何方，任何一个人都可以下载并运行比特币客户端在互联网上挖掘、购买、出售和收取比特币，不存在统一的比特币发行和管理机构，也无需官方审批或中心服务商提供服务。但比特币的预设程序使其按每 4 年减半的方式控制发行量，并将在 2140 年达到总量上限 2100 万个。鉴于这样特殊的方法，它的发行速度和发行数量挂钩，发行的总量越多，“挖矿”的难度将越大，并使发行的速度越来越慢。目前，全球已经生产出 1200 多万个比特币。比特币的这个特点，有点类似于黄金。它总量有限，而且获取的成本越来越高。在使用中比特币采用点对点类似电子邮件的传输模式，交易双方可以随意变化收款地址来隐藏自己的身份，其一次一密的做法几乎可以做到完全匿名交易。所以，比特币是一种具有去中心化、总量有限、高匿名性特征的虚拟货币。比特币受到投资者和市场的追捧，现在已经由其衍生出诸多虚拟货币，如 Litecoin、Peercoin、Primecoin 等，这些虚拟货币与比特币略有区别，但在设计的主要思想上则是一致的。

比特币的使用首先在虚拟领域里，但是现在一些国家也接受在实际经济领域中使用。在英国、德国、西班牙等国家，都承认了比特币的货币地位，并将与比特币相关的交易活动纳入了金融监管。[1] 显然，任何一种货币形式的增加都将增加实体经济的货币供应。

在上述互联网货币形式中，第一种实际上是法定货币的电子化，相应的货币已经计入货币供应量。第四种、第五种形式虽然也开始影响到实体经济，但目前主要是在虚拟经济领域里发挥作

1 在我国和俄罗斯、日本等国家，比特币被定位为虚拟商品，不承认其货币属性。美国、芬兰等国家也不承认其具有货币属性，但认为它是一种金融工具，对其交易实行牌照管理。

用，即便考虑其对实体经济的影响，也可以简单地以其一定比例计算增加的对实体经济货币供应。第三种理论上存在，国外也有实践，但在我国目前还未出现。第二种对实体经济影响最为明显，我们重点来分析其信用活动和信用创造机制。如果不作说明的话，我们下面所说的互联网货币就是指这种货币形式。

## 四、第三方支付、虚拟账户与信用创造

研究互联网货币创造，需要与第三方支付和虚拟账户问题的研究结合起来。我们认为，第三方支付平台构成了互联网货币的发行主体，形成了自身的账户体系，并可能形成资金的闭环流动，存在形成信用创造的可能性。当允许第三方支付与信用支付结合起来时，信用创造实际上已经把这种可能性转化为现实性。只要允许发生基于互联网货币的借贷活动，信用创造就可能产生。

### （一）第三方支付的基本原理

在了解第三方支付之前，我们先了解一下通常的银行支付活动。除了现金支付外，我们通常的支付都是通过银行进行的。收支双方都在银行开有账户，支付一方向银行发出支付指令，银行将资金由其账户划拨到收入一方的账户上。支付的具体过程，会由于收支双方是否在同一家商业银行而不同。我们可以举例说明如下。

假设 A 企业和 B 企业均在商业银行$_1$开户，甲企业向乙企

业支付 100 万元。通常由甲企业向商业银行通知支付给乙企业（也可以由甲企业向乙企业开出支票），商业银行只用减少企业 A 存款 100 万元，同时增加企业 B 存款 100 万元即完成支付功能。可表示如下：

单位：万元

| | 商业银行$_1$ | | A 企业 | | B 企业 | |
|---|---|---|---|---|---|---|
| | 资产 | 负债 | 资产 | 负债 | 资产 | 负债 |
| 存款 | | -100<br>+100 | -100 | | +100 | |

现在假设 A 企业在商业银行$_1$开户，B 企业在商业银行$_2$开户，仍然是上面的支付需求，由于涉及到两个银行之间的资金划拨，最后必须通过中央银行才能完成支付功能。具体过程一般是，企业 A 通知自己的开户银行商业银行$_1$向企业 B 支付 100 万元，商业银行$_1$减少企业 A 在自己账户上存款 100 万元，同时通知中央银行向企业 B 开户银行支付 100 万元。中央银行减少商业银行$_1$在其账户上存款 100 万元，同时增加商业银行$_2$在其户头上的存款 100 万元。商业银行$_2$收到增加的中央银行存款 100 万元后，在企业 B 存款账户上增记 100 万元，实现企业 A 向企业 B 支付 100 万元的程序。在这个过程中，由于增加了中央银行的环节显得复杂一些。相关内容我们在第三章中已经涉及到。同样用表表示如下：

单位：万元

| | 中央银行 | | 商业银行$_1$ | | 商业银行$_2$ | | 企业 A | | 企业 B | |
|---|---|---|---|---|---|---|---|---|---|---|
| | 资产 | 负债 | 资产 | 负债 | 资产 | 负债 | 资产 | 负债 | 资产 | 负债 |
| 央行存款 | | -100<br>+100 | -100 | | +100 | | | | | |
| 商行存款 | | | | -100 | | +100 | -100 | | +100 | |

第三方支付在我国由中央银行监管。根据 2010 年中国人民

银行制定的《非金融机构支付服务管理办法》规定，第三方支付是指非金融机构作为收付款人的支付中介所提供的网络支付、预付卡、银行卡收单以及中国人民银行确定的其他支付业务。我们可以看出，第三方支付的核心是非银行机构借助互联网等现代信息技术，采用与银行签约方式，在用户与银行体系支付系统建立连接的电子支付模式。

我国第三方支付是与网络销售的电子商务模式相伴而生的。我国电子销售自2003年开始崛起，当时面临的一个核心矛盾是，销货者担心收不到货款而不敢发货，而消费者担心收不到货物或收到假货而不敢付款。支付宝等第三方支付的出现形成了一个对消费者和供货商都有利的电子销售模式。消费者在网上认购所需消费品并利用银行卡将对应货款划给第三方，第三方按照消费者的要求通知供货方供货，并向第三方提供发货单；消费者收到货物后通知第三方，或者由供货方告知第三方消费者已收到货物；第三方向供货方划拨相关款项。这个过程克服了线上交易中钱货时空分离的限制，满足了线上各方交易的需要。我们可以用图表示如下：

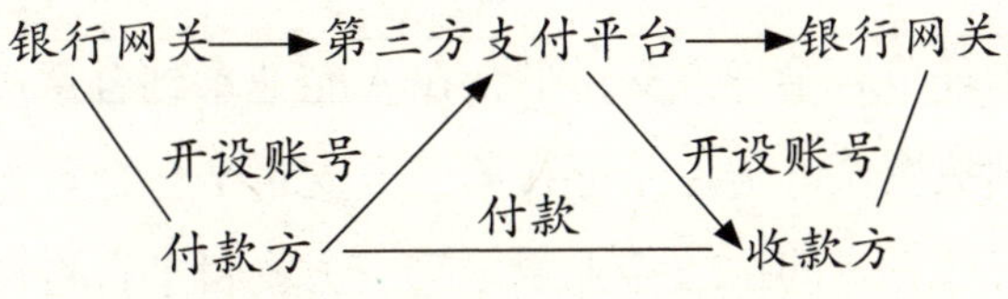


我们可以看到，在引入第三方支付后，对于收付款方来说最主要的是从一个账户体系变成了两个账户体系。第三方支付平台要完成支付任务必须建立一套新的账户体系。这使支付过程被划分为两个环节：付款方先把资金划拨给第三方支付平台，经核实收到所买货物后第三方支付平台再把资金划拨到收款方账上。加上了第三方支付这个中介，我们上面讲述的支付过程变得更加复杂了。为了简单起见，我们假设第三方支付平台以及 A 企业和 B 企业均在商业银行$_1$开设账户。

第一个环节，A 企业将款项划拨给第三方支付平台，商业银行$_1$按照 A 企业的要求，减少其存款账户 100 万元，同时增加第三方支付平台存款 100 万元，所以只有负债结构的变化。对 A 企业来说，其存款减少 100 万元，用于预付给第三方平台公司，所以 A 企业减少 100 万元存款，增加 100 万元对第三方支付平台的预付充值款，只是资产结构的变化。而对于第三方支付平台来讲，接受了 A 企业的预付充值款 100 万元，并转存在了商业银行$_1$，所以资产和负债同时增加 100 万元。也用表表示如下：

单位：万元

| | 商业银行$_1$ | | A 企业 | | 第三方支付平台 | |
|---|---|---|---|---|---|---|
| | 资产 | 负债 | 资产 | 负债 | 资产 | 负债 |
| 存款 | | -100<br>+100 | -100 | | +100 | |
| 充值款 | | | +100 | | | +100 |

第二个环节，第三方支付平台在 A 企业拿到合意产品后在虚拟账户上划拨资金。但由于存在第三方支付平台，首先在其虚拟账户里进行核算。即按 A 企业要求第三方支付平台将预付充值款 100 万元支付给 B 企业，第三方支付平台在其账户上减少 A 企业的预付充值款 100 万元，同时增加 B 企业的暂收充值款 100 万元，即好像银行转账一样。这个过程并不涉及银行资金的变化。用表

可表示如下：

单位：万元

| | 第三方支付平台 | | A 企业 | | B 企业 | |
|---|---|---|---|---|---|---|
| | 资产 | 负债 | 资产 | 负债 | 资产 | 负债 |
| 充值款 | | -100<br>+100 | -100 | | +100 | |

第三个环节，B 企业将资金收归银行账户。商业银行$_1$按照第三方支付平台的要求，减少其存款账户 100 万元，同时增加 B 企业存款 100 万元。用表表示如下：

单位：万元

| | 商业银行$_1$ | | 第三方支付平台 | | B 企业 | |
|---|---|---|---|---|---|---|
| | 资产 | 负债 | 资产 | 负债 | 资产 | 负债 |
| 存款 | | -100<br>+100 | -100 | | +100 | |

如果我们将两个过程合并起来即为下表，可以看到其结果与不存在第三方中介作用时完全一样，第三方支付平台只是一个中介，资金从这个平台上流过，但最终就是从 A 企业流向 B 企业。由于存在这个支付中介，增加了在平台上虚拟账户资金虚拟流转的环节。我们上面所说的资金在第三方支付平台通过充值款表示的价值流动，其实都是支付平台账户体系表示的资金关系。

单位：万元

| | 商业银行$_1$ | | A 企业 | | B 企业 | |
|---|---|---|---|---|---|---|
| | 资产 | 负债 | 资产 | 负债 | 资产 | 负债 |
| 存款 | | -100<br>+100 | -100 | | +100 | |

当 A 企业和 B 企业以及第三方支付平台不在同一家商业银行开户的时候，会涉及到商业银行在中央银行存款的转账，情况比在同一家商业银行开户会更复杂。我们假设，A 企业、B 企业以

及第三方支付平台分别在商业银行$_1$、商业银行$_2$、商业银行$_3$开户。仍然是A企业向B企业支付100万元，第一个步骤A企业把资金汇划给第三方支付平台，即在支付平台充值。我们表示如下：

单位：万元

| | 中央银行 | | 商业银行$_1$ | | 商业银行$_3$ | | A企业 | | 第三方支付平台 | |
|---|---|---|---|---|---|---|---|---|---|---|
| | 资产 | 负债 | 资产 | 负债 | 资产 | 负债 | 资产 | 负债 | 资产 | 负债 |
| 央行存款 | | -100 | -100 | | | | | | | |
| | | +100 | | | +100 | | | | | |
| 商行存款 | | | | -100 | | +100 | -100 | | +100 | |
| 充值款 | | | | | | | +100 | | | +100 |

第二个步骤，同样是第三方支付平台在A企业拿到合意产品后在虚拟账户上划拨资金。第三方支付平台在其账户上减少A企业的预付款100万元，同时增加B企业的充值款100万元。

单位：万元

| | 第三方支付平台 | | A企业 | | B企业 | |
|---|---|---|---|---|---|---|
| | 资产 | 负债 | 资产 | 负债 | 资产 | 负债 |
| 充值款 | | -100 | -100 | | | |
| 充值款 | | +100 | | | +100 | |

第三个步骤，B企业将资金收归自己的银行账户。第三方支付平台将资金汇划到B企业，我们也可以用表表示如下：

单位：万元

| | 中央银行 | | 商业银行$_3$ | | 商业银行$_2$ | | 第三方支付平台 | | B企业 | |
|---|---|---|---|---|---|---|---|---|---|---|
| | 资产 | 负债 | 资产 | 负债 | 资产 | 负债 | 资产 | 负债 | 资产 | 负债 |
| 央行存款 | | -100 | -100 | | | | | | | |
| | | +100 | | | +100 | | | | | |
| 商行存款 | | | | -100 | | +100 | -100 | | +100 | |

显然，第三方支付平台虚拟账户的介入，是其区别于原来的支付方式的主要区别。

## （二）第三方支付的核心：沉淀资金和虚拟账户

我们从前面的分析可以看出，第三方支付的一个重要特点是，由于消费者将货款划给第三方和第三方将货款划给供货方存在一个明显的时间差，这个时间差中资金实际上沉淀在了第三方的账户上。例如上例中，A企业在将资金100万元汇划给第三方支付平台，而第三方支付平台尚未将资金划拨给B企业之前，资金已经进入到了第三方支付平台在银行的账户。所以，第三方支付平台的资产负债表是：

单位：万元

| | 资产 | 负债 |
|---|---|---|
| 在商业银行存款 | 100 | |
| A企业充值款 | | 100 |

A企业既没有将货币借给第三方支付平台，也没有同第三方支付平台进行任何交易，但其资金实实在在地已经成为第三方支付平台在商业银行的存款。对企业来讲，它并不认为这笔资金已经使用出去，而是认为这笔资金仍然是自己的存款，或者转存在了第三方支付平台。所以，这一笔资金已经有了法律上的所有人和实际上的所有人两个所有人。我们也可以这样来理解，A企业把自己在商业银行的存款转存在了第三方支付平台，自己的存款不过是从银行的账户上转到了第三方支付平台的账户上；第三方支付平台暂时掌握了客户的资金，然后又存在了商业银行。

在网上交易规模不大的时候，只会有很少的“过路资金”暂时留存在第三方支付平台的账户上。但随着网上交易规模的扩大和第三方支付业务的增加，收支双方大量地成为平台的客户。众多客户为了交易的便利，会在支付机构留存一定的金额，收到支付款项的企业同样不会急于全部将其“兑现”为存款，至少是经常保留一部分在支付平台上。这使平台所留存的资金规模将会扩大。如我国现在网上交易规模已经达到万亿元的量级，第三方支付平台的沉淀资金已经不是一个小数目。其资产负债表会成为以下情况：

单位：万元

| | 资产 | 负债 |
|---|---|---|
| 在商业银行存款 | 100+50+10+…… | |
| 吸收客户充值款： | | 100+50+10+…… |
| A 企业 | | 100 |
| B 企业 | | 50 |
| C 企业 | | 10 |
| …… | | …… |

我们可以看到，第三方支付平台的沉淀资金池类似于银行吸收存款资金形成的沉淀资金池。第三方支付平台是将资金存放在了商业银行，这些存放在商业银行的资金从管理上被称为客户“保证金”存款。商业银行吸收的是存款，第三方支付平台归集的是客户的预付款或者储值款。我们在表中只列举了企业，实际上支付机构主要是吸收众多个人客户的资金。

吸收存款本来是商业银行的专营业务，而互联网上第三方支付机构构建了虚拟账户体系，与商业银行一样形成了具有货币功能的存款账户。我们将其称为“虚拟账户”，是相对于银行的账户体系而言的。对于第三方支付平台和客户而言，虚拟账户并非“虚拟”；对企业和个人来说充值款在观念上是其实实在在的“存款”，对第三方支付平台来说它是硬硬实实的债务。第三方支付平台所记录的余额理论上应当等同于客户的银行存款，客户“存”在支付机构的是购买的预付价值，类似于客户购买了支付机构发行的预付费卡，客户付出和收入的资金也都是指预付价值。但实际上对客户来讲是一样的，客户会把它当成与在银行的存款一样。为了分析的方便，我们在论述中把客户在第三方支付机构的预付款、暂存款或者充值款、预付费等统称之为“存款”。

客户把资金从原来的银行账户转入到支付机构的虚拟账户会发生什么变化？我们来作些分析。

从货币资金的存放地点来看，客户将资金存入银行账户时，客户的实有货币资金进入该账户中；如客户将资金充值转入虚拟账户，则客户的虚拟账户资金余额被记录在支付机构内部记账系统中，它所对应的实有货币资金转化为支付机构在开户银行的账户中，即支付机构可以支配的沉淀资金。

从银行账户的所有人来看，银行存款账户的所有人当然是客户本人，资金是以客户本人实名存放在银行的。但如果客户资金转入虚拟账户后，沉淀资金账户的所有人是支付机构，现在资金以支付机构的名义存放在银行。

从银行账户的控制人看，客户在银行的账户当然由其本人控制，客户可以通过柜台、网银等渠道直接向银行发布支付指令。而如果转入虚拟账户后，沉淀资金账户不受客户控制，而是由支付机构控制，支付机构向银行发布支付指令可以调动资金。客户可以控制的是在虚拟账户上的“存款”或储值额。

从记账管理人看，前者银行的记账系统为客户记录实有货币资金余额及变动情况；后者支付机构的内部记账系统为客户记录虚拟账户资金余额变动的情况和记录，但这个资金变动更像影子货币变动情况。而银行的记账系统只为支付机构记录沉淀资金的数额及其变动情况，这个变动是实际货币资金的变动。

从资金的安全性看，银行账户的资金余额直接对应客户的本人存款，受存款保险条例保护；而在虚拟账户中的资金实际上是客户购买的支付机构的预付价值，不是客户本人的银行存款，当然不受存款保险条例的保护。

沉淀资金池和虚拟账户的形成，使第三方支付平台的客户达到一定规模时，将形成自己的资金环流。比如，A 企业将自己持有的 100 万元资金转移给 B 企业，它们不再经过银行账户，而是在第三方支付平台上的虚拟账户体系完成，第三方支付平台只用将 A 企业户头上的存款即存储值减少 100 万元，而在 B 企业的户头上增加 100 万元即可。这时，不同客户之间的支付完成了，但并没有银行货币资金的实际流动，第三方支付平台在银行的存款没有发生变化。回忆一下前面我们讲述的商业银行、财务公司等的信用活动，就能够认识到，这时第三方支付平台在商业银行的存款已经类似于商业银行等机构在中央银行的支付准备金了，它显然具备了转化为一个商业银行和进行信用创造的基本要件。

我们还需要注意的是，随着第三方支付平台的发展，客户越来越多，一家平台不只与一家商业银行存在业务关系，而可能与多家商业银行存在资金联系。平台的业务开展到哪里，就需要把资金联系扩大到哪里，否则支付就难以实现。平台机构逐步会与多家商业银行开设保证金账户。这时，第三方支付平台不仅是客户与商业银行支付清算的对手方，而且当客户覆盖范围达到一定程度时，第三方支付平台通过其与不同商业银行开立的中间账户对大量交易进行轧差，变相成为商业银行之间交易清算的对手方。比如，商业银行$_1$的客户群和商业银行$_2$的客户群，同时也是第三方支付平台的客户群，当两个客户群出现交易时，就可以分别由平台对两个商业银行计算出各自客户群的收支额，轧差后的净额再进行资金结算，这就使第三方支付平台在一定程度上发挥了类似中央银行支付清算的功能。根据我国有关规定，第三方支付机构开设的保证金账户最多不得超过5家，即所谓的“一托四”，意指一家保证金主存管银行账户加上四个保证金账户。但在实际中第三方支付机构一般是“一托几十个保证金账户”。个别大的第三方支付平台甚至有上百个保证金账户。[1]第三方支付平台不仅形成了对于商业银行的竞争关系，也形成了对于中央银行的竞争关系。

由上我们可以看出，目前互联网支付正试图摆脱对商业银行的依赖，形成与商业银行并列的账户体系和自己的支付闭环，甚至可以替代中央银行的功能。现在第三方支付尚未完全形成自我体系，且仍然依赖于商业银行体系。一旦这些互联网支付机构借助有效手段实现清算划拨及保证金的自我控制，新的支付链条形成，互联网支付就可能抛开现有银行支付体系独立运行，这对中央银行—商业银行支付的中介地位将形成直接冲击。

### （三）沉淀资金的使用和信用创造

第三方支付平台已经具备了信用创造的条件，但能否进行信

1　参见张宇哲：《网络支付界定监管边界》，载《财新周刊》，2015年第9期。

用创造，最关键的一步还在于平台是否有使用沉淀资金即保证金的权利。实际上这也正是第三方支付平台监管的核心问题。

不得利用客户沉淀资金进行贷款，这是第三方支付机构监管的红线。显然，这条红线限制了支付平台的信用创造能力。但在我国第三方支付平台上存在信用支付业务。当一个客户需要一个商品，而自己没有资金或资金不足时，平台经审核允许其进行信用支付，即平台先垫付资金，然后由客户再偿还资金。这实际上是平台向客户提供了一笔贷款。我们可以设想不同的情况来分析这个问题。

第一种情况，第三方支付平台实际上通过其关联公司向客户提供贷款。假设A企业购买B企业的产品，但A企业资金紧张，平台允许其进行信用支付，通过自己的关联企业如小贷公司为A企业贷款支付给B企业。这时，平台的关联公司小贷公司将其资金先划拨给第三方支付平台，平台再将资金代划拨给B企业，完成交易过程，同时A企业欠下对小贷公司的一笔债务。其结果实际上是，小贷公司向A企业贷款，资金借贷关系上不涉及第三方支付平台，第三方支付平台在其虚拟账户系统的运转就如同前面我们分析的情况一样。

第二种情况，第三方支付平台公司“动用”客户的保证金给A企业贷款，支付B企业后导致客户保证金总额减少。为了分析简单起见，我们假定平台公司与A企业、B企业、第三方支付平台都在同一家商业银行开户。第三方支付平台原有客户保证金100万元，并暂存在其开户商业银行。现在假设A企业需要购买B企业的产品10万元，但A企业没有资金，第三方支付平台准备将客户保证金10万元直接支付给B企业，同时A企业欠下第三方支付平台 10 万元的债务。从表面上看，资金变化的情况可以表示如下：

单位：万元

| | 商业银行 | | 第三方支付平台 | | B 企业 | |
|---|---|---|---|---|---|---|
| | 资产 | 负债 | 资产 | 负债 | 资产 | 负债 |
| 存款 | | -10<br>+10 | -10 | | +10 | |

但如果我们看第三方支付平台的资产负债表，其向 A 企业贷款前后表示如下：

| 贷款前 | | 贷款后 | |
|---|---|---|---|
| 资产 | 负债 | 资产 | 负债 |
| 在商业银行客户备付金存款 100 万元 | 客户存款 100 万元 | 在商业银行客户备付金存款 90 万元<br>对 A 企业贷款 10 万元 | 客户存款 100 万元 |

第三方支付平台贷款后的资产负债表表明，其客户保证金从 100 万元减少到 90 万元，同时对 A 企业的贷款增加 10 万元。但如果我们回忆一下在前面各章中所讲的信用创造的内容，以及本章所讲的第三方支付的原理，这里表示的 A 企业向 B 企业的支付过程省略了一些重要的环节。从理论上来讲，平台向 A 企业贷款 10 万元，首先在平台的虚拟账户上应当同时增加 A 企业的存款 10 万元和贷款 10 万元。即：

单位：万元

| | 第三方平台 | | A 企业 | |
|---|---|---|---|---|
| | 资产 | 负债 | 资产 | 负债 |
| 在商业银行存款 | 100 | | | |
| 对客户贷款 | +10 | | | +10 |
| 吸收客户存款 | | 100+10 | +10 | |

我们在前面已经讲过，这种情况其实已经说明第三方支付平台创造了信用。它的负债本来只有 100 万元，现在增加到 110 万元。只不过因为第三方支付平台直接就将资金支付给 B 企业，这个环节被忽视了。第三方支付平台之所以能够向 A 企业贷款，就是因为客户在它这里形成的资金池有 100 万元资金，而这些资金暂时不会全部动用。正是因为 A 企业接受贷款后在平台有了 10 万元存款，第三方支付平台向 B 企业的支付活动才能够发生。这个接下来的环节是：A 企业要求把在平台的 10 万元存款支付给 B 企业，平台减少 A 企业在其账户上的存款，同时要求商业银行将其 10 万元存款支付给 B 企业。

单位：万元

| | 商业银行 | | 平台 | | A 企业 | | B 企业 | |
|---|---|---|---|---|---|---|---|---|
| | 资产 | 负债 | 资产 | 负债 | 资产 | 负债 | 资产 | 负债 |
| 在商行存款 | | 100 | 100-10 | | | | 10 | |
| 平台存款 | | | | 100-10 | -10 | | | |
| 平台贷款 | | | | | | 10 | | |

第三种情况，第三方支付平台完成 A 企业向 B 企业的支付要求，但不动用客户保证金。我们在前面已经讲到，第三方支付平台已经形成了完整的账户体系。对于客户而言，在第三方支付平台账户上的金额与其在商业银行账户上的金额没有区别。客户的资金往来完全可以在第三方支付平台的账户中完成收支，只有在超出第三方支付平台的签约商业银行之外或客户需要对与第三方支付平台没有关系的业务对象支付时，才会涉及第三方支付平台在商业银行储存的客户保证金的变动。这种情况与我们看到的商业银行客户之间资金收付的情况一样。例如，我们假定 A 企业在

第三方支付平台预储款 100 万元，B 企业没有储存任何金额。第三方支付平台在商业银行的客户保证金存款为 100 万元。我们可以将第三方支付平台的资产负债表表示如下：

单位：万元

| | 资产 | 负债 |
|---|---|---|
| 在商业银行存款 | 100 | |
| 吸收客户存款： | | |
| A 企业预付款 | | 100 |
| B 企业预付款 | | 0 |

现在如果 A 企业购买 B 企业的产品，向 B 企业支付货款 10 万元，两个企业根本不再需要通过银行进行划账，而只用通过第三方支付机构就可以完成。道理很简单，第三方支付平台只用在 A 企业的账户上减少 10 万元，同时在 B 企业的账户上增加 10 万元即可。至于第三方支付平台在商业银行的客户备付金总量不会发生变化。仍然是 100 万元。我们可以用表表示如下：

单位：万元

| | 资产 | 负债 |
|---|---|---|
| 在商业银行存款 | 100 | |
| 吸收客户存款： | | |
| A 企业预付款 | | 90（100-10） |
| B 企业预付款 | | 10 |

现在我们假设，第三方支付平台的客户 C 企业没有资金，但是它需要购买 B 企业的产品 50 万元。第三方支付平台如果允许 C 企业进行信用支付，其实质相当于第三方支付平台给予其提供 50 万元的信用。具体的步骤首先是，第三方支付平台向 C 企业提供 50 万元的贷款。上面的资产负债表转化为：

单位：万元

| | 资产 | 负债 |
|---|---|---|
| 在商业银行存款 | 100 | |
| 对客户 C 贷款 | 50 | |
| 吸收客户存款： | | 150 |
| A 企业 | | 90 |
| B 企业 | | 10 |
| C 企业 | | 50 |

显然，C 企业如果没有在第三方支付平台的存款，就不可能向 B 企业支付货款。现在 C 企业接受第三方支付平台的贷款，在账户上有了 50 万元存款。这笔资金是第三方支付平台“创造”出来的，它归集的客户的保证金存款并没有变化，仍然是 100 万元，但客户在它账上的存款却增加为 150 万元。在它向 B 企业支付后，第三方支付平台的资产负债表将转变为下表：

单位：万元

| | 资产 | 负债 |
|---|---|---|
| 在商业银行存款 | 100 | |
| 对客户 C 贷款 | 50 | |
| 吸收客户存款： | | 150 |
| A 企业 | | 90 |
| B 企业 | | 60（10+50） |
| C 企业 | | 0 |

可见，第三方支付平台通过信用创造在不动用客户存款保证金的情况下，完成了对 C 企业的贷款和 C 企业对 B 企业的支付活动。只要我们对前面银行信用创造的内容理解了，这些内容都不难理解。我们所要强调的只是，第三方支付平台在形成完整的账户体系的情况下，当客户足够多，在账户体系内形成自我循环的情况下，即使我们观察到其客户的保证金没有变化，也可能在其内部形成信用创造。当然这种信用创造是依托银行信用存款为基

础的，机制与商业银行一样。

第三方支付平台具有信用创造并转化为商业银行的条件，这是需要加强对第三方支付平台加强监管的原因所在。比如，要求第三方支付平台不得动用客户保证金，客户保证金与第三方支付平台的其他资金严格区分管理，第三方支付平台的账户管理实行实名制，等等，这些都是限制第三方支付平台进行信用创造的措施。但从上述分析看，即使这些都符合监管要求，仍然可能存在对客户借贷进行信用创造的可能。我们尚不了解是否有第三方支付机构利用这一功能进行信用活动。

现实中突出的问题是，第三方支付平台在严格监管下，通过与投资产品的对接，形成对货币运行的冲击。最典型的是支付宝基础上形成的余额宝。2013 年 6 月 13 日支付宝上线，在短时间内得到快速发展，通过客户备付金沉淀了大量资金。余额宝的特点是：投资者的支付宝账户资金转入余额宝，余额宝嵌入天弘基金的增利宝货币市场基金。余额宝认购天弘基金的增利宝货币基金不需缴纳任何手续费，与增利宝基金存在 T+0 转换机制。这样客户可以根据自己在支付宝中的购物需要，将资金从增利宝中调出，或将资金从余额宝中调出转入增利宝。这样使余额宝使用者可以获得远高于活期存款的利率。余额宝的吸引力不仅在于其账户与货币基金账户对接，也不在于两者之间建立了即时转换机制，还在于天弘基金通过协议存款形成的高收益。这样的高收益预期以及每天都能看到收益增长的体验效果，大大增强了其对消费者的吸引力。由于余额宝的成功，诱使我国基金也出现了大量“第三方支付 + 基金”的金融产品。这类金融产品试图与支付挂钩，平时作为投资品获取收益，购物消费时又可以迅速转换为支付工具，其结果是打通了投资与支付的界限，金融产品与货币的界限。从对货币控制的影响看，一方面对活期存款构成了挑战，改变了活期存款与定期存款的比重，推高了银行业整体的融资成本；另一方面余额宝可以作为支付工具，因其迅速在可用资金和投资的基金之间进行转换，模糊了货币供应层次和货币供应统计范围。对余额宝本身是否应当缴纳存款准备金，也曾一度引起争议。[1]除了支付+基金的模式外，实际上还有支付+其他金融资产的模式。从国际经验看，“支付+货币基金”对货币的冲击最为明显。自20世纪80年代末肇始，欧美国家出现许多这类产品。在基金等金融产品可以迅速转变为货币的情况下，显然也应当研究这些具有高流动性的金融产品是否应当纳入货币范围的问题。

## 五、互联网货币与实体经济的货币资金供应

互联网金融创造出了具有信用创造能力的货币形式，或者一旦具备条件就可以产生信用创造能力。这对于实体经济的资金供应具有潜在的巨大影响，应当引起重视。

### （一）互联网货币增加了实体经济货币资金

我们关于第三方支付和虚拟账户的分析，同时也是对于互联网货币创造的分析。从上文可知，沉淀资金的形成是一个最为关键的

1 参见盛松成、张璇：《余额宝投资存款应受存款准备金管理》，http://finance.com.cn/zl/china/20140318/192618542843.shtml.

问题。第三方支付平台其实就是互联网货币的发行机构，当存在沉淀资金时，说明就存在了相应的互联网货币。对于实体经济机构如个人和企业来说，他们通过充值的方式拥有了对于发行机构的债权，而债权的形式即充值的载体如各种商业预付卡、储值卡等，就是我们所说的互联网货币的一种。所以，在不存在信用创造的情况下，互联网货币的供给量就等于沉淀资金的数额，而沉淀资金的表现形式是在商业银行的客户保证金存款。所以，对于第三方支付平台或者互联网货币发行机构而言，其资产负债的基本模式应当如下：

| 资产 | 负债 |
| --- | --- |
| 在银行存款——客户存款保证金 | 吸收客户存款——客户充值总额 |

从对实体经济来说，实体经济主体的货币，可以是现金，也可以是存款，现在转化为各种储值卡、预付卡等互联网货币的形式，原来的货币已经又在银行系统发挥货币的作用，现在又出现储值卡、预付卡等同样在实体经济中发挥作用，结果原来的一元钱变成了两元钱。对实体经济来说，总的货币供给成倍增加了。由于这类机构不存在缴纳存款准备金的问题，理论上它可以持续创造下去。但如果具有信用创造能力，其机制就如同我们前面分析的财务公司一样，它以预付储值款的方式吸收存款，创造类存款负债。但对于第三方支付机构或者互联网货币的发行机构存在明确的制度要求，它不能进行创造。这样，我们可以把这类发行机构发行的互联网货币直接加总并记入对实体经济总的货币供应量中。

需要注意的是，我们从社会融资规模的角度难以衡量因为互联网货币供应而引起的变化。这是因为，互联网货币是实体经济中的机构发行的，还没有纳入金融体系。另一个例子是比特币，它在实体经济中发挥作用，增加了实体经济中的货币供给，但也不能在社会融资规模中反映出来。不过我们可以将这些金融活动模拟为一种金融中介，像资金流量表处理其他项那样将其纳入到统计中，既然我们在货币供应量中可以考虑纳入，当然也就可以在社会融资规模中考虑纳入。

如果我们从金融体系的角度看，实体经济中增加了类货币的金融工具，相当于节约了金融体系货币的使用，这可以从货币流通速度的变化上来解释。从货币供给的角度看，互联网货币替代了现金和存款的使用，从而增加银行体系的基础货币，降低现金漏损率，提高货币乘数，这些都可以导致银行体系信用创造能力的提升，在同等情况下扩大金融体系的货币供应。

如果允许互联网货币发行机构进行信用创造，它就转化为类银行机构，应当纳入到中央银行的存款准备金管理中，以调节其信用创造能力。

### （二）货币供应格局：私人货币再度兴起

在前面几章的论述中，我们一直都是以银行体系的货币信用创造为基础的。影子银行体系的信用创造活动，只是创造了大量近似于货币的高流动性金融工具，而且这种创造活动也是以原有的货币体系为基础的，并没有改变中央银行—商业银行货币供应体系。但互联网货币则不同，种类繁多，有的以银行体系货币为基础进行信用创造，有的直接形成了新的货币发行主体。这明显改变了货币供应的格局。万建华曾从互联网金融的角度指出，随着货币的电子化，货币发行者的结构也在多元化，银行体系不再是唯一的货币发行者，在电子化时代，货币似乎已经是谁都可以创造了。[1]这样的说法现在看有点夸张，但也正在发展成为一个可能的趋势。

我们前面的论述虽然不与历史完全对应，但总体上符合货币制度发展的历史脉络。物物交换的阶段，不存在货币，我们没有加以分析。我们的分析是从贵金属货币制度开始的，随后进入了信用货币的阶段。在信用货币发展的初期，实际上是多元化的发行主体结构。当时欧洲很多信誉良好的大企业发行的商业票据都可以流通，同时商业银行也可以发行货币。所以，这个阶段货币发行者以私人机构为主，私人货币占主导地位。只是到了中央银行产生，中央银行垄断了货币发行，经济中的货币通过中央银行—商业银行体系创造，最终才形成了法定货币取代私人货币的局面。

法定货币制度虽然成为世界上主导的货币制度，但不间断地受到一些经济学家特别是新自由主义学派的怀疑，其中最著名的人物当推哈耶克和米尔顿·弗里德曼。哈耶克被推崇为最彻底的经济自由主义的代表人物，他先后发表《通向奴役的道路》《自由宪章》《哲学、政治学和经济学研究》等著作，倡导私人企业制度和自由市场经济，包括竞争性的私人货币制度。在《货币的非国家化》一书中，他指出政府在货币发行上并没有天然的优势，相反，货币发行单一主体的制度，正是导致通货膨胀乃至经济周期性波动的重要原因，而通过竞争性的私人货币制度，才能够通过竞争机制维护货币的稳定。所以他主张货币发行私有化，通过

---

1　参见万建华：《金融 e 时代——数字化时代的金融变局》，中信出版社 2013 年版，第 156 页。

市场的优胜劣汰筛选出币值稳定、信誉良好的货币。而货币主义大师弗里德曼提出建立一个自动化的货币系统，取代中央银行，以实现其按稳定的速度增加货币供应的理论主张。

事实上，私人货币即使在法定货币占绝对统治地位的情况下也很难消除。在有的专家看来，20世纪大学食堂的菜票就曾经发挥了准私人货币的作用，可以在食堂买饭菜，可以在小卖部买各种日用品，可以在同学们之间相互借贷。在现代市场经济中，私人货币更是随处可见，如各种商品和服务优惠券、信用卡积分、航空里程积分等等。但互联网金融的兴起，大大促进了私人货币的发展。现在事实上已经形成了法定货币与互联网货币并存的局面，这势必影响中央银行的货币调控和对实体经济的资金供应。未来私人货币的发展不可限量，否定之否定的历史发展逻辑已经把答案告诉了我们。

## 六、小结

在这一部分的内容中，我们研究了近年来令人关注的互联网金融与信用创造相关的问题。

一是研究了互联网金融作为一种新的金融模式的可能性。在我们看来，互联网金融作为一种新的金融模式的特殊性尚未显现出来。互联网金融所谓的“去中介化”，一方面使一些金融活动摆脱了传统的银行体系和金融市场中介机构，另一方面又以互联网本身为中介。传统的金融中介同样可以利用互联网这个平台，未来将产生新的更多的中介，同时自金融活动也必然大量增加。

现在互联网金融中最可能发挥历史性影响的是互联网货币，这恰与信用创造问题有关。

二是描述了互联网货币的主要形式。我们所说的互联网货币包括了非金融机构发行的各种替代法定货币流通的工具，也包括了不以法定货币为基础、完全为虚拟经济领域服务的货币性工具。这些货币形式的产生与各种各样的互联网账户相结合，形成了新的支付网络，有的支付网络完全独立于现有的银行体系。这将形成在现有货币支付体系以外的具有分庭抗礼能力的新的货币支付体系。

三是研究了互联网货币和第三方支付平台虚拟账户的运作机理。第三方支付平台通过虚拟账户体系完成客户支付活动，利用客户支付的时间差形成了资金池，并且具备了资金闭环的条件。当其发展到一定程度，实际上可以发挥类中央银行的作用。只要利用虚拟账户体系出现借贷活动，信用创造活动就会产生。我们现在通过观察第三方平台是否动用客户支付保证金来判断，并不能够得出正确的结论。

四是初步分析了互联网金融对于货币资金供给的影响。互联网金融出现的货币和虚拟账户的特殊作用是，它改变了我们现在的中央银行—商业银行货币供应体系，多主体的私人货币供应格局将会形成。由此我们看到，不光是互联网货币对于法定货币的替代，同时也可以看到一些互联网货币自身的信用创造机制。正是由于这个原因，我们现行的以中央银行—商业银行信用创造为基础的货币调控机制将被解构，新的货币调控机制亟需建立。

**参考文献：**

谢平、邹传伟、刘海二：《互联网金融手册》，中国人民大学出版社 2014 年版。

阎庆民、杨爽：《互联网 + 银行变革与监管》，中信出版社 2015 年版。

万建华：《金融 e 时代——数字化时代的金融变局》，中信出版社 2013 年版。

李迅雷：《我国新金融发展研究——背景、现状和政策》，中国金融出版社 2013 年版。

弗里德里希·哈耶克，姚中秋译：《货币的非国家化：多元货币理论与实践分析》，新星出版社 2007 年版。

王东升：《弗里德里希·哈耶克》，江西人民出版社 2005 年版。

李麟 等著：《互联网金融生态——基于生态视角的互联网金融模式创新》，中国金融出版社 2015 年版。

谢平、陈超、陈晓文：《中国网络借贷：市场、机构与模式》，中国金融出版社 2015 年版。

王国刚、张扬：《互联网金融之辩析》，载《财贸经济》，2015 年第 1 期。

李继尊：《关于互联网金融的思考》，载《管理世界》，2015 年第 7 期。

程华：《互联网金融的双边市场竞争及其监管体系催生》，载《改革》，2014 年第 10 期。

姜建清：《迎接互联网金融发展和大数据时代带来的挑战》，载《中国城市金融》，2014 年第 10 期。

靳超、冷燕华：《电子化货币、电子货币与货币供给》，载《上海金融》，2004 年第 9 期。

谢平、尹龙：《网络经济下的金融理论和金融治理》，载《经济研究》，2001 年第 4 期。

帅青红：《Q 币、U 币、POPO 币与电子货币》，载《电子商务》，2007 年第 1 期。

雷曜：《互联网语境下的货币概念》，载《中国金融》，2013 年第 17 期。

陈道富、王刚：《比特币的发展现状、风险特征和监管建议》，载《国务院发展研究中心调查研究报告》，2014 年第 1 期。

印文、裴平：《电子货币的货币供给创造机制与规模》，载《国际金融研究》，2016 年第 12 期。

Solomon, E.H. *Virtual Money*, Oxford University Press.1997.

BIS,*Implication for Central Banks of Development of Electronic Money*，Basle,October.1999.

European Central Bank, *Virtual Currency Schemes*, October, 2012.

Benjimin,J.,2004,*Electronic Money:New Day or False Dawn?*,Review of International Political,Economy, 8(2):197-225.

Reddy,Y.V.,2002,*Report of the Working Group on Electronic Money*, Reserve Bank of India Mumbai.

第七章

# 离岸货币市场的信用创造

## 一、引言

离岸货币市场（Offshore Currency Markets）又称欧洲货币市场（Euro Currency Markets），是指在发行国以外存放并进行交易，而且不受发行国法律管制的货币市场。例如，日本银行存放在法国银行的英镑存款，称为欧洲英镑；而新加坡银行向越南公司提供的日元贷款，即为欧洲日元。

最早的离岸货币产生于20世纪50年代，市场上最初只有欧洲美元。当时，原苏联和东欧国家为了避免其美元资产被美国冻结，将其原存放在美国的美元存款转存在欧洲的银行。此后，美国和其他国家的一些企业和个人为逃避税收等原因，也将其美元资产转存在美国以外的银行，但起初总规模也不过10多亿美元。20世纪60—80年代，随着资本管制的放松和货币自由兑换的发展，欧洲货币市场得到快速发展，规模也越来越大。一些学者估计，到90年代欧洲货币规模已有6万亿美元以上，而1999年美国的$M_2$只有不到5万亿美元。我们可以想象，这些巨额的“无国籍”的资金自由流动，对于本国货币政策的影响和资金运行的影响究竟如何，引起理论学术界和政策制定部门的广泛关注和高度重视是必然的。从 2009 年我国开始进行跨境贸易人民币结算试点以来，人民币在跨境结算中使用比重不断增长，人民币离岸市场随之快速发展。目前，离岸人民币资金估计在 1.5 万亿元以上。一些学者和政策制定部门就大量资金流出、流入产生的影响，以及对货币政策产生的可能的冲击，也进行了广泛和深入的研究。

研究离岸市场对本国货币政策影响的前提是弄清楚离岸市场的信用创造机制，但离岸市场上的信用创造问题一直是一个存在很大分歧的领域。由于美元在欧洲货币中占比长期保持在三分之二以上，处于主导地位，欧洲美元市场是规模最大、最为典型的离岸市场，离岸市场发展对本国货币供求以及货币政策的影响的研究也主要以欧洲美元市场的研究为基础。20 世纪 60 年代以后，许多著名的经济学家如弗里德曼（Friedman）、Makin、Swoboda、Klopstock 等都参与了讨论，邱连中（1987 年）、陈浪南（1993 年）、张文朗（1996 年）是较早研究欧洲货币市场信用创造机制的国内学者。对欧洲美元市场的大量研究表明，认为欧洲美元市场存在信用创造能力并导致欧洲美元规模不断扩张，基本上是理论界的共识，但对于欧洲美元信用创造机制和能力的大小则存在明显的分歧。保罗·克鲁格曼、茅瑞思·奥伯斯法尔德在其著名的《国际经济学》中以实例描述了欧洲美元的货币创造机制，他们强调在欧洲美元市场上的资金流动对美国基础货币和货币供应量都不产生影响。对人民币离岸市场信用创造问题，吴宇（2012 年）、伍戈和杨凝（2013 年，2016 年）、李艳丰和曹龙骐（2013 年）以及 Peter M. Garber（2012 年）等国内外一些学者也进行了研究。其中，李斌、伍戈所著《信用创造、货币供求与经济结构》一书中比较系统地论述了关于欧洲美元信用创造研究的情况和主要成果，同时借鉴欧美学者对欧洲美元市场信用创造机制的分析，对离岸人民币市场信用创造问题，包括离岸人民币市场与跨境资金流动的渠道、离岸市场货币创造机制以及离岸市场对我国货币政策的影响等，进行了全面分析。

我们将在吸收借鉴上述研究成果的基础上，以人民币离岸市场为背景，研究货币信用创造问题和信用创造机制存在的特殊性。在第二部分，我们分析单纯现金流动情况下离岸市场信用创造问题，这是在存在大量现金流动情况下需要考虑和注意的；第三部分，分析完全存款货币流动情况下离岸市场信用创造问题，我们将分析离岸市场信用创造对货币供应量产生的影响；第四部分，分析离岸市场资金流动对国内货币供求和货币政策机制的影响，以及如何应对这种变化。最后进行简要的小结。

## 二、现金跨境流动与离岸货币市场信用创造

典型的离岸货币市场即欧洲货币市场有其自身的特点，与国内的市场不同，一般欧洲货币市场不存在用支票支取的存款，即不存在活期存款。在境外流通的本国现金货币也不属于离岸货币研究的内容。离岸货币指的是境外发挥货币作用的本币存

款，境外现金流通则属于货币替代问题，而不是货币离岸问题。但目前一些学者如伍戈、杨凝（2016年）和沈光朗、谢波峰（2006年）、程元荣和王超（2014年）等在研究离岸货币问题时，都把包括境外本币现金的流通作为离岸市场问题。考虑到人民币现金跨境流动规模较大，且由于对离岸市场资金流动的一些误解多是从现金流动角度而生，我们这里也把现金跨境流动纳入离岸市场的范围进行分析。

### （一）现金流出流入的渠道

现金流出境外流通是一国货币发挥储备货币、世界货币职能作用并对其他国家货币替代的过程。货币替代是开放经济下的必然现象。其实，“格雷欣法则”描述的劣币驱逐良币的情况，正是金属货币流通情况下的货币替代现象。在信用货币条件下，货币替代则是良币驱逐劣币的现象。现在，美元作为国际储备货币，在拉美一些国家完全替代了本国货币。据有关专家估计，美国境外美元现金的流通量达7000亿美元以上。在我国人民币跨境流通的过程中，人民币作为结算、交易、支付、投资的手段被当地居民认可并接受，同样也会对这些国家的货币产生替代作用，逐步使境外一些国家和地区成为人民币流通的场所，滞留境外的人民币数量不断增加，影响越来越大。

我国人民币的流出流入随着改革开放以来我国与各国之间贸易和交往的增加逐步出现。1993年1月20日，国务院颁布108号令《国家货币出入境管理办法》，对人民币实行出入境限额管理，具体限额由中国人民银行规定。人民银行和海关总署随后规定，允许内地居民携带不超过6000元的人民币出境。在开放边民互市和小额贸易的地点，可根据实际情况，由人民银行省会城市中心支行、营业管理部会同海关确定，报人民银行总行和海关总署批准后实施。此后，人民币境外流通的规模不断增加。根据实际情况变化，从2005年起，将居民出境携带现金限额调整为2万元。境外使用人民币现金的主要渠道是：

一是大量居民跨境旅游消费。随着我国居民收入的增加，出境旅游消费的规模不断扩大。在一些国家和地区，尤其是我国周边国家和地区，人民币成为被普遍接受的货币。

二是大量边贸支付。主要是通过边境小额贸易和边境居民的互市贸易进口支付流出。我国已经逐步形成西南、西北、东北三大边贸区，人民币成为交易货币。

三是规模越来越大的地下经济。主要指跨境进行的各种非法经济活动，如走私、毒品贸易、赌博等使用人民币。

我国境外人民币流通主要在东南亚地区、东北亚地区和中亚地区。其中尤以东南亚地区为最。对东南亚国家而言，人民币成为硬通货，可以自由流通，其地位接近于美元。越南全境人民币都可以自由流通，银行开办人民币业务。东南亚国家民间有大量人民币现金。2011年东盟论坛提供的数据表明，人民币在越南、缅甸、老挝的存量接近300亿元。人民币在这几个国家被称为“民间储备货币”，目前境外滞留规模仍在继续上升。港澳台地区和内地经济合作关系紧密，人员往来频繁，人民币流通水平相对较高。特别是CEPA协议签署以来，人民银行在2003年和2004年分别允许中国银行在香港和澳门开展人民币清算业务，为人民币在境外流通提供便利，并采取多种措施促进内地与港澳金融合作，人民币可以通过多种途径在港澳地区进行兑换，港澳地区人民币可以方便使用，兑换店比比皆是，许多商店直接接受人民币使用。总的情况是，人民币集中在港澳台地区和东南亚地区流动，接受程度较高，人民币在这些地区日常支付、贸易结算、投资储备中都有广泛的使用。人民币已经实现了区域范围的流通。当然，在世界其他地区，人民币使用和流通依然有限。

### （二）以人民币现金为基础有可能形成信用创造

我国人民币在境外使用的特点是，地区集中，数额巨大。正如前面我们已经指出的，仅在越南、老挝、缅甸的存量就已经达到数百亿元。目前，人民币仍然保持较快的净流出速度，在2015年下半年以来因国际金融形势变化速度减缓。但总体看，人民币国际化尚处于起步阶段。根据一些专家的研究，2010年末境外人民币流通规模占人民币货币流通规模的19%，与部分国际货币的境外流通水平存在很大差距。人民币已正式加入国际货币基金组织特别提款权货币篮子，下一步人民币作为投资货币和储备货币的地位将会进一步提高，人民币流向境外的规模必将进一步扩大。

| | 美元 | 德国马克 | 港元 | 人民币 |
|---|---|---|---|---|
| 货币境外流通占比 | 55% | 35% | 60% | 19% |
| 样本时间点 | 1995年 | 1994年 | 2009年 | 2010年 |

我们在前面的分析表明，一种货币资产的集中存放是进行

货币信用创造的前提。正如我们在第三章中所讲述的老约翰的例子一样。人民币现金在香港和东南亚地区的广泛使用，必然推动银行和各种非银行机构开展人民币业务。考虑到银行等机构受到严格的监管，而且银行开展人民币业务都有正规的渠道，我们对银行等金融机构的活动可以存而不论。但各种兑换店和地下钱庄是否具有信用创造的功能，则需要进一步的分析。

根据我们前面关于信用创造问题的分析，如果兑换店或地下钱庄具有一定的规模，吸收的人民币现金达到一定数量，客户群体形成，并建立了自己的账户体系和支付结算网络，理论上完全具有信用创造的能力。我们假设在越南一个边贸区只有一家兑换店，大家平日里把收到的人民币都存放在这家兑换店。它收存的人民币现金达到 100 万元，而当一些人如居民甲暂时需要人民币资金时，兑换店向其提供临时的贷款 10 万元，就可以形成信用创造行为。如果取得贷款的居民甲支付的对象居民乙仍然是这家兑换店的客户，兑换店存款的数额就会超过其持有的人民币现金的数额，出现乘数效应。我们这里不再展开，仅用表表示如下，回忆一下第三章里描述的老约翰的情况就可以理解。

| | 兑换店 | | 居民甲 | | 居民乙 | |
|---|---|---|---|---|---|---|
| | 资产 | 负债 | 资产 | 负债 | 资产 | 负债 |
| 贷款前 | 现金 100 万元 | 存款 100 万元 | | | | |
| 贷款给居民甲 | 现金 100 万元<br>贷款 10 万元 | 原存款 100 万元<br>居民甲存款 10 万元 | 存款 10 万元 | 贷款 10 万元 | | |
| 居民甲支付后 | 现金 100 万元<br>贷款 10 万元 | 原存款 100 万元<br>居民乙存款 10 万元 | | 贷款 10 万元 | 存款 10 万元 | |

如果这些兑换店具有信用创造的功能，其特点也同老约翰这家在贵金属货币流通情况下的金匠铺的经营特点一样。我们不妨做一些进一步的分析。

首先，兑换店进行信用创造的基础资产是人民币现金，它对于兑换店的作用与金币之于老约翰是相似的。他们都不能控制基础资产的数量，金匠铺决定不了金币的数量，兑换店也决定不了人民币现金的数量。

再如，他们都希望存款人和借款人都是自己的客户，借款人的支付对象也是自己的客户。金匠铺向客户贷款后，如果贷款人支付对象还是自己的客户，就不用动用金币；而兑换店的贷款对象取得贷款后，接受其支付资金的人如果仍然是其客户，就不用动用一分钱的人民币现金。

还有，他们都不像商业银行那样可以通过中央银行取得流动性支持。商业银行在自己遇到资金困难时，可以向中央银行申请资金支持，中央银行作为最后贷款人承担维护金融稳定的职责。金匠铺和兑换店只能依靠自己保留足够的准备金以免陷入流动性不足的境地。

我们上面所讲的情况说明，如果人民币现金流出境外，在境外具备条件的情况下，以人民币现金为基础可以产生信用创造，最终使境外居民所持有的人民币资金的数量将会超过流出的人民币现金的数量。但事实上，兑换店或类似的机构要具有信用创造能力是很难的。原因在于：它们所收存的人民币现金波动性很大，有时数额很大，有时数额很小；它们的客户变动性很大，客户的支付经常超出兑换店的客户群，所以不得不使用人民币现金，这形成了具有派生能力的基础资产的漏损；它们相互之间没有形成网络，还不能构成一个有效支付体系。这些内容，与我们在第三章中分析贵金属货币流通情况下信用创造能力难以形成具有类似的道理。

如果现金流出后被银行吸收，将转化为存款货币的信用创造问题。我们下面将研究这个问题。

### （三）以人民币现金为基础信用创造的影响

我们先来看人民币现金流出流入国境的影响。如果国内的居民或者企业将人民币现金支付给境外的居民或者企业，现金实实在在从国内流向了国外。我们假设国内市场货币供求处于均衡状态，现在国内的居民 A 将现金 5 万元支付给越南的居民甲，如果这笔现金的流出同时构成了整个国家现金的净流出，我们至少要注意到会产生以下几个方面的影响。

首先，流通中的现金原来全部由国内居民持有，现在划分为国内居民持有的部分和国外居民持有的部分。

其次，我们可以看到，原来货币供求处于均衡状态。现在由于一部分现金从国内居民手中流向国外居民，国内现金的供给量减少了。由于现金是货币供给量的组成部分，总的货币供应量也相应减少了。

第三，现金属于基础货币的组成部分。现金流出后，这部分资金就不会在国内发挥基础货币的作用，所以国内银行体系赖以进行信用创造的基础资产减少了。根据我们前面讲述的信用创造理论，货币供应量在下一个过程将会收缩。现金的流出直接降低了国内银行体系信用创造的规模。

如果我们考虑到货币供应量结构的进一步变化，还会产生更加复杂的影响。流出去的现金还会流回本国。我们可以设想一下，把上述过程颠倒回来，越南的居民甲对我国的居民 A 支付 5 万元人民币，并形成了整体上的现金净流入，就会产生与上面所述三个相反的效果：国内现金增加、货币供应量增加、发挥作用的基础货币增加、银行体系信用创造能力增强。所以，在考虑现金流入流出作用的时候，我们始终关注的是流入流出的净结果及其影响。

当国外逐步积累形成一定规模的人民币现金量，以这些现金为基础，可能发生信用创造活动，就像上面所讲到的兑换店。为了便于分析，我们假设这个兑换店具有信用创造能力，当它的客户用其创造的存款进行收支时，特别是发生了对我国居民的收支时，会产生什么影响呢？

我们继续按照前面所举的例子进行分析。假设这家兑换店的资产负债表如下所示。在兑换店的客户之间，他们可以通过其存款账户的划拨来实现。现在，它的一个客户要将其存款 10 万元支付给我国居民，结果会是如何？

单位：万元

| 资产 | 负债 |
| --- | --- |
| 现金 100<br>贷款 100 | 存款 200 |

这些兑换店的活动主要是不规范活动，它们不会与银行体系建立起统一的支付网络。如果它与银行网络建立了联系，我们就可以纳入下一环节关于存款货币跨境流动内容的分析。现在，兑换店的客户如果要向我国居民支付，只能将其在兑换店

的存款转化为现金，然后用人民币现金支付给我国的居民。当这笔支付活动结束后，兑换店的资产负债表转化为：

单位：万元

| 资产 | 负债 |
| --- | --- |
| 现金 90<br>贷款 100 | 存款 190 |

这说明，当我们只考虑现金流通时，即使以流出境外的人民币现金为基础产生了信用创造，由之形成的购买力也不会对我国需求和货币供应直接产生影响。因为，它要发生对我国的支付作用，就必须还原为人民币现金。在这种情况下，我们只需要考虑人民币现金跨境流入流出问题的净结果就可以了。

## 三、存款货币跨境流动与离岸货币市场信用创造

正如我们前面所讲，离岸货币市场是一个存款货币市场。我们研究离岸货币市场时一般不用考虑现金流通问题。不过，通过与前面分析内容的对比，我们可以更深刻地理解离岸货币市场的信用创造问题。

### （一）存款货币的跨境流动及影响

我们从前面分析可以看出，现金流动就像实物货币如金币的流动一样，流出去后就与国内的货币流通和经济主体没有直接关系了。当然它仍然是中央银行的负债，但已脱离国内的银行体系去发挥交易和支付手段的作用。存款货币的跨境流动不一样，它必须通过银行之间的支付结算和清算网络才能完成。

我们仍然以人民币资金的跨境流动为例来进行分析。

从我国的实践看，存款货币的跨境流动可以通过个人、非金融企业、一般金融机构和中央银行进行。从个人看，人民币资金可以从个人在国内金融机构的账户流向境外的个人账户，同时也可以从境外的银行汇回或支付到国内的银行。从非金融企业看，在与境外企业进行贸易或对境外企业进行投资时，境内企业可以通过银行体系将人民币资金转移到境外企业的账户上；境外企业也可以通过这两条途径将人民币资金转移到境内企业的账户上。从金融机构看，境内银行等金融机构可以对境外项目进行人民币贷款，使人民币资金最终流向境外企业的账户上；境外从事人民币业务的金融机构也可以将其人民币资金投入到国内的证券市场，或者向国内的企业提供人民币贷款。从中央银行看，主要是通过货币互换协议实现人民币资金的跨境流动。货币互换协议由我人民银行与其他国家的中央银行签订，当达到预定条件协议启动，人民银行向相关国家中央银行提供人民币资金。

金融机构是通过各种各样的账户体系为存款货币的流动提供渠道的，这涉及到境外主体在境外银行体系的账户、境外主体在境内银行体系的账户以及境内主体在境内银行的账户等。由于人民币的清算只能通过我国的银行体系来进行，为了让人民币存款跨境流动，必须让其能够在国内外账户之间流动，这就需要在境内外的账户体系之间建立联系，让境外主体持有的人民币存款可以像境内主体一样存放。我们目前有以下几种账户联系方式。一是清算行模式。由我人民银行确定我在境外经营的商业银行作为清算行（RMB clearing bank），境外银行作为参加行在该清算行开立账户。清算行可以在人民银行开立清算账户，或者为境外参加行在人民银行开立托管账户。[1]二是代理行模式。由境外从事人民币业务的参加行选择境内商业银行作为代理行，并在该代理行开立人民币同业存款账户。三是货币互换模式。特指央行之间建立货币互换协议，境外央行可以在我人民银行开立人民币账户。四是专用账户模式。由境外机构在国内银行开立的特种账户，用于在境内进行证券投资，如人民币合格境外机构投资者（RQFII）。五是NRA模式。指境外非金融机构直接在我国境内银行开立可进行结算的人民币账户。有了这些账户把境内外非金融机构、银行、中央银行联系起来，人民币存款才能进行跨境流动。实际上，央行互换协议的规模甚小，专用账户模式和NRA模式都需要接受我国的金融监管规定，严格来说都不是真正的离岸市场金融活动，只有通过清算行模式、代理行模式形成的由境外企业和个人持有的人民币存款，构成人民币离岸市场的主体。但我们可以想象，境外企业或个人的人民币存款，可以选择不同的方式，上述模式中除了货币互换，企业和个人理论上可以面临多种选择。如果将它们一起进行考察，实际上把所有流出境外的人民币资金都纳入了考察范围。

现在我们假设境外还没有人民币资金，但境外经济活动需

1 清算行模式最初由中银香港和中国银行澳门分行承担，采取了通过清算行在人民银行开立托管账户的办法，一度是主导方式。随着我国人民币海外业务的发展，人民银行选定商业银行海外分行承担清算行，这些商业银行海外分行通过境内母行建立与人民银行的联系。如果分析了上述清算行模式和代理行模式，对这种清算行的资金关系不难理解。我们在研究中不再涉及。

要人民币存款发挥作用。在初始阶段只有一笔经济活动，境内的企业 A 购买了境外的企业甲的产品 100 万元，企业甲愿意接受人民币存款。我们假设除了中央银行以外，境内只有两家商业银行，A 企业在商业银行$_1$开户，境外的阿尔法商业银行选择境内的商业银行$_2$作为代理行，境外甲企业刚好就在阿尔法商业银行开户。我们来看一下这笔资金是怎样由 A 企业的账户流入到境外甲企业的账户上去的。

第一步，境内的 A 企业要通知其开户银行商业银行$_1$将其资金 100 万元支付给境外的甲企业，商业银行$_1$减少 A 企业在其账户上的存款。

第二步，中央银行将这笔资金转移到商业银行$_2$的账户上，它减少商业银行$_1$在其存款账户上 100 万元，同时增加商业银行$_2$的存款 100 万元。对商业银行$_2$来说，这笔资金是代阿尔法商业银行收入的资金。

以上两步我们可以用表表示如下：

单位：万元

| | 中央银行 | | 商业银行$_1$ | | 商业银行$_2$ | | 企业 A | |
|---|---|---|---|---|---|---|---|---|
| | 资产 | 负债 | 资产 | 负债 | 资产 | 负债 | 资产 | 负债 |
| 商行存款 | | | | -100 | | | -100 | |
| 央行存款 | | -100 | -100 | | | | | |
| | | +100 | | | +100 | | | |
| 暂收款 | | | | | | +100 | | |

第三步，商业银行$_2$将这笔资金转移到阿尔法商业银行的账户上。它减少代收资金 100 万元，同时为阿尔法商业银行增加 100 万元存款。

第四步，境外的阿尔法商业银行将资金记入甲企业的账户上。它在境内的商业银行$_2$有存款100万元，同时为甲企业计入100万元存款。

这样，这笔100万元的人民币存款终于从境内的A企业流入到境外的甲企业的账户上。我们可以把第三、第四步用表表示如下：

单位：万元

| | 商业银行$_2$ | | 阿尔法银行 | | 企业甲 | |
|---|---|---|---|---|---|---|
| | 资产 | 负债 | 资产 | 负债 | 资产 | 负债 |
| 存款<br>代收 | | +100<br>-100 | +100 | +100 | +100 | |

我们来看一下这笔资金流动产生的最终影响。

从中央银行看，因为清算的需要，减少商业银行$_1$的存款100万元，增加了商业银行$_2$的存款100万元，其资产负债不变，只是负债的结构发生了变化。从商业银行$_1$来说，客户的企业存款减少100万元，在中央银行的存款减少100万元。从商业银行$_2$来说，在中央银行的存款增加100万元，同时增加了境外阿尔法银行的同业存款100万元。如果我们把两个商业银行合并起来观察，也就是从商业银行体系的角度看，资产负债总量也没有变化，只是负债结构出现了变化，从原来企业存款100万元变成了境外商业银行同业存款100万元。由此我们看到：一笔存款货币的流出没有改变我国中央银行的负债总量，所以基础货币的数量没有变化；也没有改变商业银行体系的负债总量，但负债的结构发生了变化。货币供应量是否有变化？这取决于货币供应量的统计口径。国内企业的存款转变为国外银行的同业存款，而国外银行的同业存款是不统计在货币供应量的范围内的。所以，尽管银行体系的负债总量没有变化，但统计的货币供应量的确减少了。

对境外市场来说，阿尔法银行的甲客户收到 100 万元人民币存款，阿尔法银行由于吸收这笔存款在资金来源方增加了一笔存款，同时这笔存款又由其以同业存款的形式存在了代理行商业银行$_2$那里。这样，境内的人民币资金成为境外主体持有的资金，并存放在境外的银行，一笔真正意义的离岸货币资金形成了。

上面我们采用的是代理行模式，如果采用清算行模式情况又如何呢？我们仍以上面的例子来加以说明。境内的 A 企业购买了境外的甲企业的产品 100 万元，甲企业愿意接受人民币存款。我们假设除了中央银行以外，境内 A 企业在商业银行$_1$开户，境外的阿尔法商业银行选择中国银行（香港）或中国银行澳门分行开立人民币账户，该行是人民银行指定的清算行（以下简称中银海外），境外甲企业在阿尔法商业银行开户。我们也可以分几个环节来描述如下。

第一步，境内 A 企业通知开户行商业银行$_1$向境外甲企业支付款项 100 万元。结果 A 企业在银行的存款减少 100 万元，商业银行$_1$的企业存款减少 100 万元，它同时通知中央银行将款项支付境外，所以其在中央银行的存款也减少 100 万元。

第二步，中央银行减少商业银行$_1$的存款 100 万元，同时将这笔资金转移到境外清算行中银海外的账户上，增加其存款 100 万元。境外的中银海外增加了一笔在我国中央银行的存款，这笔存款是其为企业代收的资金。我们将以上两步用表表示如下：

单位：万元

| | 中央银行 | | 商业银行$_1$ | | 中银海外 | | 企业A | |
|---|---|---|---|---|---|---|---|---|
| | 资产 | 负债 | 资产 | 负债 | 资产 | 负债 | 资产 | 负债 |
| 商行存款 | | | | -100 | | | -100 | |
| 央行存款 | | -10 0 | -100 | | | | | |
| | | +100 | | | +100 | | | |
| 暂收款 | | | | | | +100 | | |

第三步，中银海外将资金转移到阿尔法银行的账户上，代收的资金转变为阿尔法银行在中银海外的同业存款。

第四步，阿尔法银行将资金转记到甲企业的账户上，资金最终转到该企业的户头。我们也可以用表表示如下：

单位：万元

| | 中银海外 | | 阿尔法银行 | | 企业甲 | |
|---|---|---|---|---|---|---|
| | 资产 | 负债 | 资产 | 负债 | 资产 | 负债 |
| 存款 | | +100 | +100 | +100 | +100 | |
| 代收 | | -100 | | | | |

我们来看一下这种资金跨境流动产生的影响。从国内的商业银行体系看，企业存款减少100万元，同时在中央银行的存款减少100万元。显然，企业存款属于货币供应量的范围，所以货币供应量减少了。

从中央银行来看，国内的商业银行存款减少100万元，同时国外的清算行存款增加100万元。虽然中央银行负债总量没有变化，但负债的结构发生了变化，对境内金融机构的负债减少，而对境外金融机构的负债增加。中央银行对境内银行等金融机构的负债是基础货币的组成部分，而对境外金融机构的负债则不可能属于境内的基础货币。由此可见，国内金融体系的基础货币供应减少了，因此国内银行体系的信用创造基础也下降了。

从境外清算银行中银海外的角度看，它持有了一笔中央银行的资产，在中央银行账户上出现一笔存款，同时增加了一笔境外商业银行的同业存款。

从境外参加行阿尔法银行的角度看，它在清算行中银海外持有一笔人民币存款，同时吸收一笔甲企业的人民币存款。阿尔法银行成了欧洲货币银行，它吸收的这笔人民币企业存款成为离岸人民币资金。

我们再来看采用NRA模式，情况会更加简单一些。因为NRA账户实际上是境外的企业在境内的银行机构开立的人民币账户，境内企业的资金流向这样的账户其实与双方都是境内银行和境内企业的资金往来一样。现在假设境内A企业在商业银行$_1$开户，而境外甲企业在境内的商业银行$_2$开户。A企业要将100万元人民币支付给境外甲企业。具体程序如下。

第一步，企业A通知商业银行$_1$向甲企业支付100万元。A企业在商业银行$_1$账户上的存款减少100万元，商业银行$_1$负债方存款减少100万元，同时在中央银行存款减少100万元。

第二步，中央银行将资金转移到商业银行$_2$。中央银行减少商业银行$_1$的存款100万元，同时增加商业银行$_2$的存款100万元。

第三步，商业银行$_2$将资金转移到企业甲的账户上。商业银行在中央银行增加存款100万元，同时为企业甲增加存款100万元。

上述过程我们可以用表表示如下。

单位：万元

| | 中央银行 | | 商业银行$_1$ | | 商业银行$_2$ | | 企业A | | 企业甲 | |
|---|---|---|---|---|---|---|---|---|---|---|
| | 资产 | 负债 | 资产 | 负债 | 资产 | 负债 | 资产 | 负债 | 资产 | 负债 |
| 存款 | | -100<br>+100 | -100 | -100 | +100 | +100 | -100 | | +100 | |

这和我们在第三章讲述国内企业银行转账一样。从中央银行看，资产负债没有变化，只不过其存款从这个商业银行转到另一个商业银行，所以基础货币的总量不变。从商业银行看，一个银行的资金减少，另一个银行的资金增加，商业银行体系的资产负债没有任何变化。从实体经济中的企业来说，一个企业的资金转移为另一个企业的资金，这里发生的变化是，原来属于国内企业的资金，现在转化为一家境外企业的资金。根据我国现在的货币供应量统计办法，境外企业在境内银行机构的存款统计在货币供应量内，所以最终也不会引起货币供应量的变化。

境外机构采用在境内商业银行开立专用账户或者特种账户时，其资金流动的状况与上述 NRA 账户基本一样。所不同的是，目前这些机构都是境外的银行，交易对手主要是境内的金融机构。如境内的商业银行$_1$将存款 100 万元支付给境外阿尔法银行，境外阿尔法银行在境内商业银行$_2$开有专用人民币账户。实际结果是：商业银行$_1$减少在中央银行的存款 100 万元；中央银行减少商业银行$_1$存款 100 万元，增加商业银行$_2$存款 100 万元；商业银行$_2$增加在中央银行存款 100 万元，同时增加阿尔法银行同业存款 100 万元。结果是阿尔法银行在商业银行$_2$增加了 100 万元的同业存款。

单位：万元

| | 中央银行 | | 商业银行$_1$ | | 商业银行$_2$ | | 阿尔法银行 | |
|---|---|---|---|---|---|---|---|---|
| | 资产 | 负债 | 资产 | 负债 | 资产 | 负债 | 资产 | 负债 |
| 同存<br>央存 | | -100<br>+100 | -100 | | +100 | +100 | +100 | |

可以看出，中央银行的负债只发生结构变化，且发生在国

内银行金融机构之间，所以基础货币的总量没有发生变化。境外的银行在我国银行的存款属于同业存款，而银行同业存款目前按照统计规定不纳入货币供应量的统计范围。所以，虽然国内机构与其交易不会引起基础货币即中央银行负债总量的变化，但因为国内一些非银行机构的存款纳入货币供应量的统计，如果国内的资金流入这些账户，会引起国内货币供应量的减少。

最后我们来看货币互换。2008 年以来，我人民银行先后与韩国等 30 多个国家和地区的中央银行或货币当局签署了双边本币货币互换协议，总金额已超过 3 万亿元人民币。但这只是协议金额，并非实际动用金额，实际动用金额现在还很小。通过该协议，任何一方都能以一定数量的本币交换等值的对方货币，用于双边贸易投资结算，或者为金融市场提供短期流动性支持。协议发起时，按交易当日汇率来计算应互换的双方金额，到期后双方换回本币，资金使用方同时支付相应的利息。我们假设境外货币与我人民币汇价为 1，境外阿尔法银行需要人民币 100 万元，向境外中央银行提出融资要求。境外中央银行向我人民银行发起互换协议，我人民银行同意后即可生效。资金流动过程是：人民银行资产方增加互换资产 100 万元，负债方同时增加境外中央银行存款 100 万元；境外中央银行资产方增加在我人民银行存款 100 万元，在负债方增加我人民银行在其存款 100 万元。如果境外中央银行向阿尔法银行提供融资，且阿尔法银行在我指定的清算行中银海外开有账户，境外银行就可以将资金转移到阿尔法银行的账户上。不过，这时资金已经是在境外的流动，不再属于跨境流动。人民银行在与境外中央银行发生货币互换后，100万元人民币资金已经流入到境外的资金账户上了。所以，这个资金流动的过程可以简单表述如下：

| 境内中央银行（人民银行） | | 境外中央银行 | |
|---|---|---|---|
| 资产 | 负债 | 资产 | 负债 |
| 在境外央行存款<br>100万元 | 境外央行存款<br>100万元 | 在人民银行存款<br>100万元 | 人民银行存款<br>100万元 |

发生货币互换后，我人民银行资产负债表资产负债两方同时增加了100万元。从业务活动特点看，与向国内的一家银行发放贷款结果类似，这是人民银行的一种信用创造行为。但不同的是，增加的负债是由境外的中央银行持有的资产。这部分中央银行负债是否算在基础货币内十分重要，如果算在基础货币内，说明互换协议发生后增加了中央银行基础货币；如果不算在基础货币内，说明货币互换业务的发生，对国内基础货币不产生影响。目前在我国是不计算在内的。由于货币互换发生在中央银行之间，不涉及境内商业银行和实体经济主体的资金往来，所以不影响货币供应量。

前面我们逐条途径分析了资金流出及其可能产生的影响。如果我们与现金的流动对比一下，就会发现非常有意思的现象：我们讲现金流出时，的确有现金流出境外了，而存款即使“流出”境外了，却始终在我们银行的账上。实际上存款也的确流出境外了。这句话的含义是说，这些存款的所有权人发生了变化，当所有权人变化为境外的经济主体，我们就说这笔货币资金流出到境外了，而境内经济主体所持有的货币资金减少了。

如果一笔离岸货币由境外的企业或金融机构支付给国内的企业或金融机构，对资金运行又有什么影响？我们把上述过程逆向推导就可以得到结果。

我们综合李斌、伍戈（2015年）的分析和归纳，把上面的内容整理成下表：

| | 清算行模式 | 代理行模式 | NRA模式 | 特种账户模式 | 货币互换模式 |
| --- | --- | --- | --- | --- | --- |
| 人民币资金流出 | 境内金融机构在人民银行的账户流入到清算行或参加行在人民银行的账户 | 境内金融机构流向境外参加行在境内代理行的账户 | 境内金融机构账户流向境外企业在境内银行的NRA账户 | 境内机构账户流向境外银行在境内银行的账户 | 境内中央银行流向境外中央银行 |
| 人民银行资产负债表的变化 | 负债方：境内金融机构存款减少，境外金融机构存款增加 | 不涉及央行资产负债表变化 | 不涉及央行资产负债表变化 | 不涉及央行资产负债表变化 | 央行资产负债等额增加，负债方增加境外央行存款 |
| 境内商业银行资产负债表的变化 | 资产方在人民银行的存款减少，负债方各项存款减少 | 负债方各项存款减少，负债方境外金融机构同业存款增加 | 负债方各项存款减少，负债方境外存款增加 | 负债方各项存款减少，负债方境外存款增加 | |
| 基础货币的变化 | 减少 | 不变 | 不变 | 不变 | 不变 |
| 广义货币供应量的变化 | 减少 | 减少 | 不变 | 不变 | 不变 |

## （二）离岸市场上的存款货币信用创造

现在我们看到，境内的资金可以流到境外的离岸市场上，成为境外经济主体持有的人民币货币资金。一旦境外市场有了初始资金，就会在一定条件下形成信用创造活动。我们可以看出，不考虑中央银行之间的货币互换，境外持有的人民币资金有通过清算行模式持有的，有通过代理行模式持有的，也有通过NBR账户或专有账户、特种账户持有的，只有在清算行模式、代理行模式的情况下，境外商业银行才能拥有人民币资金，并可能进行信用创造。我们仍然按照前面的例子来描述这个过程。

假设在清算行模式下，境内A企业将100万元人民币资金支付给境外甲企业，甲企业将资金存在其开户行，也是人民币业务参加行阿尔法银行，阿尔法银行将其存在我人民银行允许的清算行中银海外。所以，初始状况如下：

单位：万元

| | 人民银行 | | 中银海外 | | 阿尔法银行 | | 甲企业 | |
|---|---|---|---|---|---|---|---|---|
| | 资产 | 负债 | 资产 | 负债 | 资产 | 负债 | 资产 | 负债 |
| 商行存款 | | | | | | 100 | 100 | |
| 央行存款 | | 100 | 100 | | | | | |
| 同业存款 | | | | 100 | 100 | | | |

阿尔法银行收到甲企业的人民币存款，现在只是转存在清算行中银海外，相当于资金闲置。所以阿尔法银行一定会想办法将其运用出去，假设乙企业刚好需要人民币资金，阿尔法银行可以将其闲置资金贷放给它。假设企业乙在贝塔银行开户，企业乙获得100万元人民币贷款后将资金全部转到贝塔账户上。对阿尔法银行来说，首先其资产负债都增加100万元，随后按企业乙的要求将资金转移到贝塔银行账户上。资金流动会有如下情况：

单位：万元

| | 中银海外 | | 阿尔法银行 | | 贝塔银行 | | 乙企业 | |
|---|---|---|---|---|---|---|---|---|
| | 资产 | 负债 | 资产 | 负债 | 资产 | 负债 | 资产 | 负债 |
| 商行存款 | | | | 100 | | 100 | 100 | |
| 央行存款 | 100 | | | | | | | |
| 同业存款 | | 100 | | | 100 | | | |
| 贷　款 | | | 100 | | | | | 100 |

我们可以看到，初始状态下，境外人民币资金的状况是：中银海外在人民银行有存款100万 元，阿尔法银行在贝塔银行有存款100万元，甲企业在阿尔法银行有存款100万元。现在由于阿尔法银行向乙企业贷款，阿尔法在贝塔银行的存款转到了贝塔银行的账上，同时企业乙在贝塔银行的账上增加了100万元的存款，银行体系总的负债增加了，货币信用创造发生了。

现在贝塔银行有了100万元人民币存款，并且只是以在中银海外同业存款的形式持有。如果我们假设贝塔银行也向丙企业发放贷款，并与上面情况一样出现资金流动，丙企业将资金转存在伽马银行。结果是，贝塔银行在中银海外的同业存款转为伽马银行的同业存款，同时伽马银行增加了丙企业的存款，境外人民币存款的总量就会再增加100万元。

上述过程，理论上可以继续发生，持续下去。这个过程就如同我们在研究境内银行业时不提取任何存款准备金情况下的信用创造过程，其结果是银行体系信用创造无限扩大，货币乘数无穷大。我们现在的这个描述显然有点脱离实际，因为任何一家银行都不会吸收多少存款就贷放出去多少存款。在欧洲货币市场上，虽然没有中央银行对其进行政策性的要求，但是银行自己在经营中也会考虑到客户使用资金和防范可能的流动性困难问题，所以它们都会或多或少地提取存款准备金或提存类似存款准备金的基金。如果我们假设，每家银行在贷款时提取10%的存款准备金，而且每家银行贷款后形成的存款都转移到另一家银行，我们可以将其信用创造过程表示如下：

单位：万元

| | 在中银海外存款 | 吸收企业存款 | 向企业贷款 |
|---|---|---|---|
| 阿尔法银行 | 10 | 100 | 90 |
| 贝塔银行 | 9 | 90 | 81 |
| 伽玛银行 | 8.1 | 81 | 72.9 |
| …… | …… | …… | …… |
| 合计 | 100 | 1000 | 900 |

我们看到非常有意思的现象是：中银海外就好像是一国的中央银行，其他各商业银行以其在贝塔银行的人民币同业存款为基础进行信用创造。中银海外就如同我人民银行在香港延伸出的机构。根据我们现在的规定，中银海外自己吸收企业存款也可以贷款，这时它像贝塔银行一样，作为参加行的身份进行人民币贷款活动。所以，在采用清算行模式的时候，清算行发挥了中央银行的作用，它保存"高能"货币，或是基础货币。境外商业银行将其人民币资金存放在清算行，效果就像存放在我人民银行的分支机构一样。阿尔法银行最初吸收的来自境内的100万元人民币存款，如同基础货币或者原始存款，以其为基础通过信用创造最终存款总量达到了1000万元。阿尔法银行的这笔企业存款，对应的则是清算行在人民银行的存款100万元。所以，我们可以说在清算行模式下，境外银行实际上是以在我人民银行的存款为基础进行信用创造的。

现在假设在代理行模式下，情况又会如何呢？我们从前面的分析中已经知道，代理行模式实际上是境外参加行在我境内符合条件的商业银行开立人民币同业存款账户，并将其资金存放在这些账户内。境外的各个银行可以分别有自己的选择，比如阿尔法银行可能选择中国工商银行作为其代理行，而贝塔银行可能选择中国银行作为代理行，等等。但我们可以将境内所有的代理行归并为商业银行体系，境外银行将其吸收的企业存款存放在国内的商业银行体系。因为有了这些存款，比如仍然像前面例子所说的企业甲的100万元存款，境外的这些商业银行同样可以开始信用创造过程。但所不同的是，在代理行模式下，境外商业银行持有的是境内商业银行的存款，所以在这种模式下，境外商业银行的信用创造是以在境内商业银行的同业存款为条件进行的信用创造。

我们在第一部分分析了以现金跨境流通为基础可能存在的信用创造。通常研究离岸市场可以不考虑现金问题，但在我国离岸人民币市场发展中，现金规模也相当可观，且一样具有重要意义。境外的商业银行可以吸收人民币现金存款，当然个人也可能从境外的商业银行提取现金。当境外商业银行吸收人民币现金存款时，如同补充了初始存款或基础货币的规模；反之则如同缩小了初始存款或基础货币的规模，就像我们分析国内的信用创造情况一样。

境外持有的人民币资金还有通过NRA模式持有的部分。这部分资金没有被境外的商业银行持有，所以它们不能成为境外商业银行进行信用创造的基础。同时，我们也可以想象，如果境外企业或商业银行持有的人民币存款被转入到这种账户内，境外商业银行可作为信用创造基础的高能货币的数量就会减少。这一点我们前面已经指出。

从上面的分析可以看出，在完全的存款货币市场中，境外银行实际上以境内整个银行体系为中央银行，境外银行在境内代理行和清算行的存款，以及境外机构在NRA账户上的存款，类似于整个离岸市场的基础货币。因为资金一旦进入NRA账户就不能为境外商业银行所利用，所以初始资金如果进入这类账户就如同境内银行体系发生“现金漏损”一样。境外银行以初始存款资金为基础进行信用创造，并且在境外形成了新的人民币资金增量。

### （三）人民币离岸市场的信用创造乘数

我们上面关于人民币离岸市场的信用创造很大程度上是从理论上做出的推导。究竟人民币离岸市场上信用能力有多强，还需要进一步分析，特别是实证的分析。这个问题在美国等发达国家，也是一个长期争论不休的问题。有人认为欧洲美元市场的信用创造乘数很大，有人认为微不足道。随着欧洲美元市场的发展，其数量远远超出了从美国流出的货币数量，欧洲美元市场上存在创造乘数得到确认。

研究离岸市场的创造乘数，首先要弄清楚这个货币市场的规模。到底哪些货币应当计入欧洲货币市场的范围？按照传统的解释，欧洲货币是指一国境外以该国货币为面值的定期存款。所以，欧洲货币市场的规模是用欧洲银行的外币负债来测量的。对一家欧洲银行来说，并不是所有的外币负债都是欧洲货币，该银行用外币对国内企业发放贷款，或者用本币对国外企业发放贷款，都不属于欧洲银行业务。欧洲银行的全部欧洲货币负债，构成欧洲货币的总额。其中又包括对非银行的负债和对其他欧洲银行的负债，即银行间的同业存款。通常，把欧洲银行对非银行的欧洲负债称为欧洲货币市场净额，如果将银行间存款也计算在内则称为欧洲货币市场总额。一般计算欧洲货币市场信用创造乘数时采用欧洲货币市场的净额数据。从国外的研究看，有两类估算离岸货币规模的办法。一种类似于直接调查法，直接建立起度量离岸货币规模的统计指标；一种是间接估量法，以计量经济学方法来测算离岸货币的规模。波特和朱特生（Porter 和 Judson，1996）曾经归纳出 10 种估量离岸货币规模的方法。

我们从信用创造理论可以知道，欧洲银行存款准备金率的高低是影响信用创造乘数的重要因素。怎样衡量欧洲银行的存款准备金率？学者们在这个问题上也存在很大分歧。邱连中（1987 年）曾经归纳说，有的以欧洲货币银行对美国的贷款代表欧洲美元存款的准备金，有的以美国银行对国外分行的短期负债作为欧洲美元存款的准备金，有的以外国银行在美国银行活期存款（不包括国外分行对母行的债权）作为欧洲银行美元存款的准备金。准备金外延越广，乘数越小；反之乘数越大。这些学者的测算结果，较低的水平在 2.3—5.5 倍之间，较高的结果甚至达 10.3 倍。

邱连中（1987 年）认为，准确计算欧洲货币市场信用创造的乘数十分困难，关键是从长期把握变化趋势。他将美国银行对外国银行的负债作为近似的准备金，与欧洲美元净额、欧洲银行对非银行公众负债来分别计算欧洲货币信用创造乘数。结果表明，按照欧洲美元净额为基础计算的信用扩张乘数呈现出逐步扩大的趋势。在 20 世纪 60 年代只有 1—2 倍，到 70 年代上升到 5—7 倍，80 年代有所下降，为 4—6 倍之间。而按照对非银行公众负债计算的信用创造乘数同样具有持续扩大的趋势，但基本处于 2—3 倍之间，变化相对平缓。

对人民币离岸市场的规模和信用创造乘数问题，国内学者也进行了大量研究，其中不少是以香港市场为基础的。香港最早建立离岸人民币市场。除了一些学者对香港人民币离岸市场规模直接进行估算外，沈光朗、谢波峰（2006 年）曾经采用多种计量经济学的方法，借鉴彭文生（Wensheng Peng，1990）的研究，将离岸货币与国内货币需求联系起来，认为 2003 年离岸货币的规模与境内基础货币的比例为 0.021，约 1000 亿元左右。现在，除了香港以外，新加坡、伦敦、纽约等地离岸人民币业务发展也很快，但香港仍然是目前最大的人民币离岸中心。截至 2014 年 3 月底，香港离岸人民币公司及个人存款为 9203 亿元，存款证余额 1776 亿元，香港认可经营人民币业务的机构数量超过 140 家。程元荣、王超（2015 年）根据香港金融管理局对香港离岸市场占全球 70% 市场份额的估计测算，截至 2014 年 3 月底，全球离岸人民币市场的规模约有 1.5 万亿元。

根据香港金融管理局的规定，人民币业务参加行所持下述 5 项资产的总额应经常保持在不低于其人民币客户存款的 25%：（1）人民币现金；（2）在人民币清算行的结算账户结余；（3）在托管账户的结余；（4）所持中国财政部在香港发行的人民币主权债券；（5）根据中国人民银行批准的安排，通过内地银行间债券市场持有的人民币债券。这实际上相当于对香港参加行提出的人民币业务流动性比例要求。显然，这个比例决定了香港离岸人民币市场的信用创造倍数的高限为4倍。由此我们可以认为，香港市场离岸人民币货币创造乘数应当介于1—4倍之间。

伍戈、杨凝（2016年）按照与邱连中类似的方法对香港离岸货币市场的货币创造乘数进行了估算。他们认为，境外人民币存款的总额包括四项：境外央行在我人民银行或商业银行的人民币存款、境外通过NRA账户持有的人民币存款、境外通过特种账户或专门账户持有的人民币存款以及境外的人民币存款扣除银行间同业存款后的净额。同时，具有基础货币作用的人民币存款也包括四项：境外央行在我人民银行或商业银行的人民币存款、境外通过NRA账户持有的人民币存款、境外通过特种账户或专门账户持有的人民币存款再加上境外银行通过清算行和代理行在我银行体系持有的人民币资金。两者的比例就是货币创造乘数。他们由此估算出2011年香港离岸人民币市场存款总额为7360亿元，基础货币数量为4800亿元，货币创造乘数为1.53倍，而同期境内的货币乘数为3.79倍。显然，香港离岸市场的货币创造乘数远低于境内。他们的计算结果，没有考虑现金的跨境流动问题，如果考虑现金，则乘数将会更小一些。其他不少学者的研究结果也表明，目前香港离岸人民币市场信用创造乘数稍大于1倍，也就是说，至少目前这个市场上的信用创造能力还不是很明显的。

为什么香港离岸人民币市场的信用创造乘数不高？原因至少有以下几个方面。

首先，离岸市场上人民币贷款需求有待挖掘。市场的形成很大程度依靠需求的力量，但在一国货币走向国际化的初期，面对已经形成的国际货币市场格局，新兴货币在竞争中处于劣势，往往面临不易被市场接受的压力。没有贷款需求，就谈不上信用创造。对新兴货币的需求，需要一个长时期培育的过程。这需要结合人民币国际化战略专门研究。

其次，从机制上看影响信用创造的存款准备金率和“漏损率”都不会低。虽然对离岸银行没有明确的存款准备金率要求，但从实际看，境外银行被动持有较高的准备金的情况是存在的，原因即在于人民币资金贷放不出去。其实，单纯从境外银行的准备金看不出其资金状况，资金状况的松紧从总体上是从流转的速度反映出来的。从准备金的漏损看，我们认为包括三个方面：一是由于境外持有人民币的收益低，使用受到约束，一些资金会从代理行、清算行的账户流入到NRA账户或其他特种账户，这直接形成了准备金的漏损。二是资金向境内回流，境外企业或个人获得人民币资金后投资于境内，从而减少了境外银行进行信用创造的基数。三是现金的大量使用，一些账户的存款转化为现金，造成准备金的漏损。我们从信用创造机制可以了解，这些最终都会导致信用创造的乘数缩小。

再次，境外人民币市场的深度广度不够。我们在分析境外人民币市场信用创造时，感到与贵金属货币制度下银行刚刚出现的情况类似。资本项目的全面开放、支付清算体系的建立和境外对人民币的接受，是一个循序渐进的过程。前面所引邱连中描述的欧洲美元货币乘数随着市场不断成熟日益增大的现象，在一定条件下具有普遍性。现在人民币各个使用区域相对狭小，规模化的效益和通用性显示不出来。马骏（2011年）的研究也表明，随着香港离岸市场人民币贷款更加活跃，货币乘数将会上升，创造能力将会提高。我们相信像欧洲美元市场一样，最初信用创造的能力较小，但却会随着市场的不断成熟逐步变大。

最后，人民币离岸市场处于流出流入基本均衡的阶段。在人民币国际化的初级阶段，人民币出现净流出是可以理解的。由于基数小，增长速度显得很高。但到一定阶段，达到一定存量后，必须形成有效的回流机制，才能不断加大境外市场的深度和广度。而在建立回流机制的初始阶段，则可能出现一个流出流入不平衡的阶段，流入的速度可能会高一些，结果在境外的市场上存量的增加相对缓慢。经过这个阶段，当境外货币存量达到一定规模，离岸市场将进入一个自我扩张的时期。当然，这些都是在人民币国际化能够得到顺利进行的情况下才可能出现的结果。

### （四）离岸市场创造存款的回流

我们上面的分析还遗留一个问题。当欧洲货币市场发展到一定程度，欧洲货币市场上将自我创造出大量的存款。当这些存款向在岸市场发生流动时，会发生什么结果？

为了简单起见，我们可以把境内银行体系合并起来，同时把境外银行体系合并起来，这样我们实际上只分析两个银行体系之间资金流动就可以得到答案。不过我们要注意，正如前面所分析的那样，离岸市场的货币创造是以在岸市场的货币为基础资产扩大起来的。我们可以做出下面的假设：

| 境内银行体系 | | 境外银行体系 | |
|---|---|---|---|
| 资产 | 负债 | 资产 | 负债 |
| 贷款 1000 | 存款 1000 万元<br>其中境外银行 100 万元 | 在境内银行存款 100<br>贷款 900 万元 | 存款 1000 万元 |

我们这个例子中没有现金，只有存款。境内银行体系和境外离岸货币银行资产都只有贷款，而负债都只有存款。国内银行体系存款 1000 万元中有 100 万元是境外银行体系的存款，这 100 万元对于境外银行体系如同基础货币，境外银行体系以这 100 万元为基础，创造了 1000 万元的存款，所以信用创造的乘数为 10 倍，实际的也是自愿的存款准备金率为 10%。

假设现在境外企业甲向境内企业 A 支付货款 10 万元。企业甲在境外银行体系开户，而企业 A 在境内银行体系开户，这是一笔典型的资金跨境流动。境外银行体系完成企业甲 10 万元的货币支付，一方面需要减少该企业在其账户上的存款 10 万元，另一方面则需要减少其在境内银行体系的存款 10 万元。

但我们知道，离岸市场上银行体系的存款准备金率为 10%。现在境外银行体系存款减少为 990 万元，而现在境内银行体系的存款减少为只有 90 万元，存款准备金的比率为 9.09%，尚不足 10% 的比例。在不存在境内外资金调剂的情况下，境外银行体系的出路是收缩贷款，进而减少存款，直到存款和与其在境内的存款达到 10% 的比例。

再看境内银行体系的变化。境内银行体系一方面增加其企业 A 存款 10 万元，另一方面减少境外银行的存款 10 万元。对境内银行体系而言，负债总量没有变化，变化在对境外机构的负债转化为了对境内机构的负债。当然，我们从前面的分析已经知道，目前境内外资金的流动还存在代理行、清算行等不同模式，同时货币供应量口径一般不包括银行同业存款。这样，当一笔资金流入时，在采用清算行模式时，境内的基础货币和货币供应量都会增加；在采用代理行模式时，基础货币数量不变，货币供应量等额增加。

从上面这个简单的例子可以得出以下推论：

一是离岸市场不论资金规模多大，但直接影响境内市场货币数量变化的归根结底是其在内地银行体系的存款，也就是在境外能够作为基础货币发挥作用的那部分货币的规模。我们首先应当关注的是这部分货币的变化。上面的例子中，离岸货币总量为 1000 万元，但直接影响在岸货币的是境外银行体系这 1000 万元对应的在境内银行体系的 100 万元。离岸市场能够发生信用创造，在境外形成新的货币供应，但与境内的货币供应没有直接联系。在流出货币数量一定的情况下，境内的货币供应量不因境外市场出现信用创造而变化。在这一点上，我们与许多学者的看法是一致的。

二是任何一笔离岸货币，如果要跨境流入，必须还原为在境内银行的存款。我们实际上分不出境外市场上的货币哪些是初始存款，哪些是派生存款，但要向境内支付，最终动用的都是境外银行体系在境内银行体系的存款。对境外来说，企业完成对境内的一笔支付，将会导致当地银行的存款和银行在我银行体系的存款等额同时消除。上面的例子中，境外企业甲对境内支付10万元的结果，不仅是该企业减少在银行的存款10万元，境外银行体系在境内银行体系的存款减少10万元也同时发生。当然，这会引起境内的货币数量的相应变化。

三是境外银行体系向境内银行体系支付一定数额的货币，由于存在信用创造乘数的影响，境外银行体系必须按乘数来缩减存款，压缩信贷。在货币条件不变的情况下，对境内一定数额的支付，需要以一定倍数减少境外货币的规模，因此从数量上看对境外市场的货币运行影响要更大。上面的例子中，当境外银行体系动用其在境内银行体系存款10万元完成支付后，其存款准备金率从10%下降到9.09%。境外银行要达到10%的存款准备金比率要求，在无其他解决办法的情况下，只能压缩贷款100万元后，使存款减少到900万元，才能达到10%的比例。这意味着最终境外银行体系的派生存款要减少900万元。

## 四、跨境资金流动与国内货币资金供应

离岸市场上的货币信用创造不会直接影响国内货币供应量，跨境资金流动则对离岸市场和在岸市场的资金规模同时产生影响，这是我们前面分析得出的一个重要结论。在离岸市场达到一定规模后，我们对跨境资金流动就不能不高度重视，并且必须在货币政策调控中加以考虑。

## （一）资金跨境流动下的货币政策困境

我们现在假定原来我国的货币供求处于均衡状态。根据我们前面的分析，如果出现一笔人民币的跨境流出，会产生以下结果。

当一笔现金流出，实体经济的货币供应减少，基础货币减少，由于基础货币减少，银行体系的信用创造能力将会下降。我国内的实体经济资金供应必然面对收缩的问题，货币供求均衡的格局被打破。在这种情况下，中央银行需要增加现金基础货币供应，才能使货币恢复均衡的状态。

当一笔存款货币流出，我们说过，实际上是存款货币的所有权转移，不影响银行负债的总量。但由于基础货币是中央银行负债的一部分，货币供应量是银行负债的一部分，所以不论采取清算行模式还是代理行模式，都会导致货币供应量的减少，在采用清算行模式时还会引起基础货币的减少。显然，货币供求将从原来的均衡状态转向非均衡的状态，中央银行需要增加基础货币并通过调节促使货币供应量增长，才能保证我们实体经济的资金供应不受影响。

当出现现金回流、存款货币回流的时候，或供求均衡的状况将再次被打破，中央银行的货币政策需要因应这些变化做出调整，促进货币均衡。

由上可以看出，如果人民币存在离岸、在岸两个市场，对资金的跨境流动不纳入货币政策进行考量，就不可能实现货币供求均衡。如果一国货币在国际化的进程中，则其货币有流出，也会有回流，但必然在一个阶段里平均处于净流出的状况。这也是当前人民币面临的现状。因此，在货币调控中，需要我们把人民币净流出境外的因素纳入到整个中央银行的货币调节框架里加以考虑。则有：

人民币货币供给 = 境内需求 + 净流出境外需求

根据我们前面的分析，净流出境外的人民币同样包括现金和存款货币两部分。现金表现为现金的物理流动，转移到境外所有者的手里。而存款货币净流出，最终体现为境外经济主体在我境内银行体系的存款，包括在中央银行的存款和在商业银行体系的存款两部分。我们用 MM 表示货币总供给，$M_2$ 表示境内广义货币供给，MF 表示净流出境外货币，$MF_0$ 表示境外持有的人民币现金，MFD 表示境外持有的在境内银行体系的所有存款，则有：

$$
\begin{aligned}
MM &= M_2 + MF \\
&= M_2 + MF_0 + MFD
\end{aligned}
$$

但我们知道，境外市场上也要实现人民币供求的均衡。而境外的人民币供求在信用创造机制下具有自我平衡的功能。MF 实际上是境外银行体系持有的具有信用创造能力的高能货币，假设离岸货币市场上乘数为 P，离岸市场的人民币供给实际上是：

$$MFS=MF\times P$$

我们从前面的分析可以看到，中央银行能够直接影响的是其负债即基础货币供应，间接影响的是基础货币通过信用创造形成银行体系的负债，主要组成了货币供应量。现在把净流出境外的货币也包括在内，这个逻辑仍然成立。问题是，中央银行虽然能够间接影响货币总供给，但却不能影响货币总供给的结构，即现金、活期存款、定期存款、流出境外，等等，因为这是由经济主体资产选择和活动的结果。换句话说，净流出境外的人民币 MF 是中央银行所不能控制的。不仅如此，流出境外的人民币成为境外银行持有的具有派生能力的货币，派生的乘数 P 也是本币发行者所不能控制的。所以，从数量调节看，一个简单的结论是：国内的央行并不能调节货币的境外货币信用创造和境外的货币供给量和需求量。

进一步看，在离岸市场发展到一定规模后，资金的跨境流动将导致境内资金供求的变化。离岸市场的发展加大了一国货币供应量的波动性，包括基础货币和广义货币，实体经济的资金变化也更大。同时，对中央银行来说，离岸市场使中央银行面对更加不确定的货币供给，对货币调控形成干扰，货币政策的有效性面临更大的考验。

在岸市场和离岸市场的资金流动实际上受汇率和利率的影响更为显著。当存在利差、汇差可套利时，资金将在在岸市场和离岸市场之间频繁流动。这将引起货币结构的变化，也将引起人民币资金在境内外的重新配置，进而引起境内外货币乘数的变化。从各国的实践看，在货币国际化的初期，由于离岸市场的约束条件少，一般都会引起资金的净流出。最后在货币乘数的作用下，境外市场出现膨胀。货币的流动使中央银行难以适应，最终导致在岸市场货币数量也出现一定程度的膨胀。

孟浩（2012 年）利用历史数据，运用状态空间模型，动态分析了现阶段香港人民币离岸市场对内地货币供应量的影响。他选取香港人民币存款总额代表香港离岸人民币市场规模，同时选取人民币广义货币供应量、外汇储备总额和国内信贷规模等指标，建立时变参数状态空间模型。研究结果表明，当前仅存在香港人民币离岸市场规模影响境内货币供应和外汇储备的单向格兰杰（Granger）原因，所以香港人民币市场对内地货币供应量存在影响的结论成立。不过，实证分析表明，香港人民币离岸市场对内地货币供应量的影响有限，其对 $M_2$ 的动态弹性在（-0.01,0.01）区间内。也就是说，香港人民币离岸市场规模出现 1% 的变化，将使内地货币供应量出现 -0.01%—0.01% 的变化。说明由于人民币离岸市场规模有限，加上外汇管制等方面的原因，香港人民币市场对内地金融市场的影响冲击程度还不明显。

尽管如此，我们认为，从理论上来说，跨境资本流动和离岸市场的发展对境内货币供应量能够产生一定的影响。境内中央银行在制定货币政策、确定货币供应量时，应当把离岸市场的货币因素一并加以考虑。这是毫无疑问的，也是理论界的一个共识。

补充一点，社会融资规模目前尚难以考虑离岸市场问题。

但随着资本项目开放的进程，境内经济主体可以从境外直接融通人民币资金，持有境外人民币资产。这时从货币供应量角度应当将境内居民持有的离岸人民币计入，从社会融资规模角度看也应当将境内居民从国外获得的人民币贷款等计入。

### （二）货币政策对离岸市场发展的适应

尽管我们上述的分析表明，现阶段香港人民币离岸市场的信用创造对内地货币供应的影响依然有限，对内地金融市场的冲击也可以得到有效的控制。但我们可以预见，随着我国经济的发展和国际地位的进一步提升，人民币离岸市场将会进一步发展，离岸市场人民币信贷业务将会不断扩大，离岸市场人民币规模必然持续增加。量变到一定程度必然带动和促发质变。在人民币逐步国际化的过程中，对内地货币供应量的影响将不断扩大，离岸市场对国内金融市场的影响和可能造成的风险不容小视。这就需要我们未雨绸缪，及早研究建立有效的调控监管体系和监测体系。

在继续发展离岸市场的同时，建立和完善境外银行存款准备金制度十分必要。我们前面指出，在离岸市场发展到一定规模，将离岸市场货币创造规模控制在一定水平，对中央银行货币调控就显得十分重要。美国在将货币供应量作为货币政策目标时，曾经对此问题进行过深入的探讨。普遍的观点是，对离岸货币存款实行存款准备金制度，有利于境内货币当局对货币总量的控制。我国对离岸市场实行存款准备金制度进行了尝试。从2015年起，人民银行就将存款类机构吸收的境外金融机构存放纳入各项存款统计，计入存款准备金缴存范围，但适用的存款准备金率暂定为零。2015年，随着国际经济环境的变化，我国汇率面临较大贬值压力，境内外人民币价差拉大，套利空间扩大，引起境外投机资本持续大量跨境流入，做空人民币，造成汇率、信贷、外汇储备方面的巨大压力，积累了金融风险。为有效应对，中国人民银行于2016年1月下发通知，对境外人民币业务参加行在境内代理行人民币存款和境外人民币业务清算行存放在境内母行人民币存款实行存款准备金制度，执行正常的存款准备金率。这项政策出台后，实现了对离岸市场人民币流动性的逆向调节，离岸人民币市场利率上升，提高了对冲基金等投机势力做空人民币的机会成本，收窄了在岸离岸汇差，稳定了市场预期。实践证明，存款准备金制度是完善对离岸市场调控的有效工具。不断总结完善存款准备金制度，是我们面临的一项重要任务。这是现阶段能够对离岸市场进行调节的有效工具。

需要指出的是，对离岸货币实行存款准备金制度也是有条件的。吴宇（2012年）曾经提出，由于欧洲货币之间存在替代，如果对单一欧洲货币征收存款准备金，可能引起在不同欧洲货币之间的通过远期交易等衍生工具进行风险规避。所以，投资者在市场上无法参与以本币对美元或者某种可自由兑换的第三方货币价差为标的的远期合约是存款准备金制度有效发挥作用的条件。

由于我国离岸市场的发展存在清算行和代理行的不同模式，在实行法定存款准备金制度后的影响需要引起重视。在清算行模式下，境外参加行缴纳法定存款准备金直接涉及中央银行负债即基础货币的变化。而在代理行模式下，缴纳法定存款准备金通过商业银行缴纳，可能导致商业银行基础货币的减少，从而造成商业银行信用的减少。这种替代现象我们在分析财务公司的情况时已经涉及到。

从我国情况看，即使目前存款准备金制度能够发挥一定的作用，也要看到以货币供应量为目标的货币政策框架的有效性正在下降。这也是美国等发达国家遇到的情况。离岸货币市场的发展，使境内外货币面临替代的问题，货币当局对于货币供应量的定义和计量都面临困难。这种高替代性在制度变化、利率汇率价差等因素的作用下的跨境流动，使离岸货币可以纳入非显著交易性账户并记入货币总量，如 $M_2$ 或 $M_3$。但离岸货币的数量难以统计，数据可得性极差，难以满足货币调控的需要。这就需要加快建立跨境人民币流动监测体系，建立人民币出入境统计系统。同时要适时改进国际收支统计申报系统，将以人民币进行的国际贸易纳入统计，并将人民币进行的借贷、投融资等纳入资本项目监测。不过，从长期看，数量调控难以适应人民币国际化的需要。加快推进利率、汇率市场化改革，建立价格型货币调控机制，是我们的必然选择。

面对离岸市场可能引发的风险，建立人民币跨境流动风险预警系统也非常必要。要建立有效的指标体系，准确反映人民币跨境流动可能存在的风险，形成有效的预警系统，及时发出风险提示并做出政策反应。特别要重视人民币离岸市场对内地利率、汇率的影响，防止造成过大的冲击，影响金融稳定，这需要制定必要的危机处置预案。与此同时，还要明确内地和境外人民币货币监管的责任，加强监管机构的协调，促进信息共享。加强反洗钱合作，加大对人民币资金非法跨境流动的打击力度。从严监管和查处境内商业银行不明用途和来源的巨额资金的汇出、汇入和划转，防止境外现钞业通过境内商业银行在境内划拨转账资金。严厉打击和查处地下钱庄、地下汇兑活动。资本管制的作用正在趋于减小，但在这个过渡过程中却又是必不可少的依靠。

## 五、小结

离岸市场信用创造问题在一国货币国际化的过程中尤其引人重视。大量的研究对离岸市场货币信用创造的机制和影响进行了分析。我们在这些研究的基础上着重结合人民币离岸市场的发展进行了一些探讨，力图探索人民币离岸市场自身信用创造的特点。

一是研究了现金跨境流动的影响和以现金为基础发生信用创造的可能性。现金跨境流动具有实物货币流动的特征，直接影响基础货币和货币供应量的多少。兑换店等机构在跨境金融活动中具有信用创造的能力，但这种能力受到支付网络难以形成、现金自身波动大等因素的制约而不能发挥出来。我们不排除这些机构进行信用创造的可能性。但即使存在信用创造，派生出来的货币性金融资产要对境内产生影响，必须还原为现金货币。

二是分析了完全存款货币跨境流动及在此基础上进行信用创造的机制。存款货币的跨境流动不会出现实物货币流动那样的情形，所谓货币跨境流动只是改变了存款货币的所有权，不影响境内银行体系的资产负债总量。但是由于我国采用清算行模式、代理行模式以及 NRA 模式等，货币的跨境流动产生的影响不尽相同，事实上对基础货币和货币供应量产生了影响。境外银行体系以持有的境内银行体系的债权为基础进行信用创造，但这种信用创造能力受到很大程度的制约。境外信用创造形成的货币不直接影响境内货币，它要流入境内必须还原为对境内银行体系的债权。

三是研究了跨境资金流动和境外信用创造对实体经济资金供给的影响和对货币政策的影响。资金的跨境流动对境内实体经济的资金产生了实质影响，可能直接影响实体经济的资金量，也可能制约信用创造能力间接影响实体经济的资金量。货币政策在出现资金跨境流动后面临困境，基础货币与货币供应量的数量关系乃至货币供应量的定义和统计，都发生很大的困难，造成货币政策有效性的下降。中央银行应当通过建立和完善存款准备金制度、加快利率汇率市场化改革、完善货币政策调控机制等加以应对。从长期看，实行价格型调控是必然趋势。

**参考文献：**

保罗·克鲁格曼、茅瑞思·奥伯斯法尔德：《国际经济学》，中国人民大学出版社 2000 年版。

陈雨露：《国际金融》，中国人民大学出版社 2011 年版。

李斌、伍戈：《信用创造、货币供求与经济结构》，中国金融出版社2015年版。

伍戈、杨凝：《人民币跨境流动与离岸市场货币创造：兼议对我国货币政策的影响》，载《中国人民银行货币政策二司研究论文》，2013年。

李艳丰、曹龙骐：《香港人民币离岸市场流动性影响因素与应对策略分析》，载《深圳大学学报》，2013年第3期。

邱连中：《欧洲货币市场的信用扩张机制及对通货膨胀的影响》，载《世界经济文汇》，1987年第3期。

张文朗：《略论欧洲货币市场的货币供求与信用膨胀》，载《世界经济文汇》，1996年第2期。

陈浪南：《有关欧洲货币市场的几个理论问题》，载《世界经济》，1993年第2期。

孟浩：《香港人民币离岸市场对内地货币供应量的影响——基于状态空间模型的时变参数分析》，载《吉林金融研究》，2012年第1期。

王敬花：《谈离岸货币市场的扩张机制》，载《金融教学与研究》，2004年第2期。

李颖：《试析离岸人民币中心人民币供给与回流模式》，载《时代经贸》，2006年第4期。

沈光朗、谢波峰：《人民币离岸货币规模的计量估计方法研究》，载《新金融》，2006年第5期。

吴宇：《离岸货币市场发展与货币政策中介目标的选择》，载《上海金融》，2012年第3期。

Peter M. Garber：《什么决定了人民币离岸市场均衡》，载《金融发展评论》，2012年第3期。

Clendenning E.W.,1971, Euro-currency and Credit Creation,International Currency Review，Vol.3，4-14.

第八章

# 结论和启示

对于信用创造问题的研究具有重要意义，与分析金融体系和实体经济的资金关系，改进金融宏观调控和完善金融监管，都存在密切联系。我们在本书中初步分析了我国经济运行中存在哪些信用创造机制，怎样创造了货币和类货币高流动性金融资产，怎样影响货币供应量和社会融资规模，这些对金融宏观调控和金融监管都富有启发意义。现举其要者加以综述，并为进一步的研究提供一些思路和看法。

## 一、关于信用创造体系问题

我们研究的信用创造不是一般的信用活动，而是能够创造货币和类货币高流动性资产的信用活动。在现代信用货币制度下，纷繁复杂的信用活动创造出无数金融工具，其中的高流动性金融工具很容易成为类货币工具，使货币的边界变得模糊不清。进行货币数量调控，首先需要弄清楚经济运行中存在的信用活动哪些能够创造货币和类货币高流动性金融工具以及创造的机制。

我们的分析表明，货币和类货币信用创造机制表现出一些类似的特征，即经济主体以自身资产运用创造具有购买力的负债，并在一定范围内发挥支付手段作用，当不具有十足准备且形成支付清算网络时，这种经济主体的负债就成为货币性金融工具，并因具有乘数效应而扩大购买力。除中央银行代表了国家信用具有特殊性之外，其他信用创造活动一般都以中央银行发行的基础货币或其他具有高流动性的资产为条件，要么以其为保证，要么与其可以相互转换，以便在必要时实现信用转换，为一种资产发挥货币作用提供最后的信用支撑。既有的货币总是可以作为新的货币信用创造的基础，从而打破原来的货币界限，催生新的类货币、准货币的出现。货币发展史实际上就是“货币—类货币—新的货币—新的类货币”螺旋上升、循环发展的过程。

结合我国的情况观察，目前货币和类货币信用创造活动的主要形式至少可以概括为以下几种。[1]

第一种，中央银行的信用创造。中央银行依靠国家信用，可以通过自身资产业务无限制地创造基础货币，即中央银行负债。最初中央银行的信用创造以贵金属为基础资产，现在中央银行完全“无中生有”进行信用创造，彻底摆脱了贵金属的制约。当然，中央银行信用创造受货币供求规律和货币政策目标的制约，并非完全不受约束地创造信用（黄达，2012 年）。现代经济中中央银行信用代表了国家信用，由其创造的基础货币构成了整个信用创造体系的基础。

1　理论上中央财政是货币创造主体，但我们不讨论中央财政的货币创造问题。

第二种，以中央银行基础货币为条件的信用创造。由于基础货币的国家信用特征，任何信用活动都可以建立在基础货币基础上，最典型的是商业银行体系的信用创造。商业银行的信用创造与中央银行一样，当且仅当资产业务引起存款负债产生之时。只是由于法定存款准备金制度的建立，要求商业银行在进行信用创造时，必须以持有一定的中央银行基础货币为条件，使商业银行成为以中央银行基础货币为基础资产进行信用创造的机构。在我国，类似的机构还有信用合作社等存款性金融机构。目前，世界各国银行体系信用创造都构成了货币供应的主体部分。麦克鲁德、纽科姆、菲利蒡斯、哈恩等最早系统分析了银行信用创造的机制，并论证了存款派生和原始存款与派生存款的乘数关系。根据盛松成（2015年）的测算，2012—2014年6月，我国$M_2$的货币乘数由3.86倍上升到4.32倍。

第三种，主要以商业银行存款为条件的信用创造。最典型的是我国的财务公司，它具有两个特征：一是面向所在的企业集团提供存款、贷款和结算等金融服务；二是不直接参加银行体系支付清算体系。这两个特征使其像商业银行一样具有类似的信用创造机制，同时其信用创造的存款仅仅在企业集团内部发挥货币作用，与商业银行创造的存款不具有等同支付能力（胡志成，2010年）。财务公司主要以其集中的在商业银行的存款为基础进行信用创造，并不受中央银行的约束，我国要求财务公司向中央银行缴纳法定存款准备金，但并没有改变财务公司以商业银行存款为条件、以自身信用为基础进行信用创造的性质，只是增加了信用创造活动的成本而已。经我们测算，我国财务公司的存款创造乘数仅为 1.53 倍。

第四种，离岸市场上的货币信用创造。离岸市场发展到一定规模，境外银行体系以其在境内银行体系的本币为基础，可以形成信用创造，使境外产生一个自发的本币市场。最典型的是欧洲美元市场，一些学者对其存款创造乘数估算结果差异很大，较低的水平在 0.5—0.9 倍之间（Klopstock，1968），而较高的结果甚至达 18.45 倍（Makin，1972）。我国人民币在境外已经有一定规模，境外市场上的信用创造已经产生。未来境内居民将持有境外的人民币，形成新的货币资产形式。伍戈、杨凝（2016 年）曾做出估算，2011 年我国人民币离岸市场上存款创造乘数为 1.53 倍。

第五种，互联网金融中的货币信用创造。第三方支付机构可以形成完整的账户体系，不仅可以替代商业银行的功能，甚至在一定条件下可以替代中央银行的功能。以银行负债为基础，这类机构完全具有信用创造的能力。互联网金融中出现的各种货币形式如果与第三方支付机构结合起来，将具有与银行信用创造同样的功能。由于我国目前监管措施的限制，这些信用创造机制尚没有完全发挥出来。互联网金融还创造出了大量可以替代银行体系货币的金融产品，电子货币等也完全可能存在货币信用创造的现象（靳超、冷燕华，2004 年）。目前不少电子虚拟货币可以与法定货币直接兑换，并渗透到了实体经济中。

第六种，独立于银行体系之外的货币信用创造。最典型的是比特币。[1] 比特币有独立的支付清算体系，有独立且不确定的

1 有的学者认为比特币是电子商品而不是货币，更不是信用货币。我们认为比特币的价值并不取决于其作为所谓商品的价值，仍然可以纳入信用货币的范畴。

创造主体，数量多少取决于自身的创造规模，完全不依附于现有的银行体系。在一些国家和地区也出现了服务于实体经济并且不直接以法定货币为信用保证的社区货币，如台湾的花币、日本的R币等（孙国锋，2014年）。虽因其信用接受度有限只能在小的范围流通，但也构成了新的货币信用创造活动。我国事实上也存在类似的类货币形式。

除了上述货币和类货币信用创造机制之外，发达国家金融市场还不断形成新的货币信用创造机制。货币市场基金份额和回购协议在美国等已经纳入货币供应量统计。在分析这次国际金融危机成因时，不少经济学家深入分析了货币市场基金和回购协议等金融产品的货币性质。Pozsar（2014）曾指出，货币可以划分为四个层次：通货和准备金、存款、回购工具、货币市场基金份额。Gorton和Metric（2009）将回购协议等金融工具视为影子银行体系内的货币，他们还分析了“证券化银行体系”（securitization banking system）的信用创造机制，认为美国影子银行中存在以抵押品为基础的信用创造机制，抵押品的折扣率类似于法定存款准备金率，其倒数犹如存款派生乘数。

我们还看到，在发达国家金融市场上，一些机构作为单个机构分解了银行中介的不同职能，分别就单个机构而言不具有货币信用创造机制的特点，同时又相互联系，通过市场激励分工合作，作为一个整体能够完成期限转换、流动性转换、信用转换和杠杆化，形成创造高流动性资产的功能和机制。这些高流动性资产在金融体系信用活动中发挥一定的货币作用，如一些高信用的商业票据和短期债券。这些金融工具的信用创造规律还需要进一步研究和探索。但可以肯定的是，发达且具有深度的金融市场可以在特定条件下自己为自己创造“货币”，这些金融产品的流动性、货币性及其创造机制具有很强的顺周期性，从而加剧了金融运行的不稳定性和宏观经济的波动性。

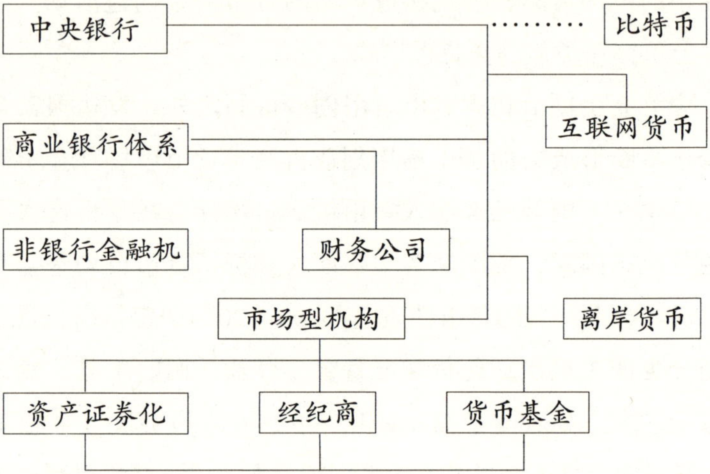


因此，经济中不光有银行信用创造，也不只有银行可以创造货币等高流动性资产。在全部信用活动中，这些能够创造货币和类货币高流动性资产的金融机构和金融活动都应当受到重视，它们相互关联，成为一个体系。[1] 从与银行体系的关系看，有的是“并联”关系，有的是“串联”关系，有的没有直接关系。从上图可以看到，货币政策和金融管理面对的已不是传统

1 有的学者认为，认定货币可以从货币的不同职能出发，只要发挥支付手段、流通手段职能的金融工具都应当作为货币。但有的学者认为，那些仅仅是具有货币部分职能的金融工具不应纳入货币，只是影响货币的流通速度。我们认为其结果是一样的，有必要同时将这些具有流通手段职能的金融工具纳入货币分析。

的银行体系一元信用创造的格局，而是多元化、多主体的信用创造局面。货币政策和金融管理面对的已不是传统的银行体系，而应当覆盖整个具有信用创造功能的领域和范围。

## 二、关于实体经济货币资金供应问题

我们以历史和逻辑相统一的方法，分析了从简单到复杂的金融体系的演变，从信用创造发展角度大致反映了金融体系演变的基本脉络。在完全的信用货币制度形成后，中央银行创造基础货币，商业银行创造存款货币，这构成了货币供应量的基本内容。但随着金融体系的不断发展，财务公司等非银行金融机构、金融市场上的各种中介机构以及互联网上的金融机构和活动，也都创造类货币的高流动性资产，离岸市场上也可以创造货币资产。金融体系的发展提高了整个经济运行的流动性水平。如下图所示：

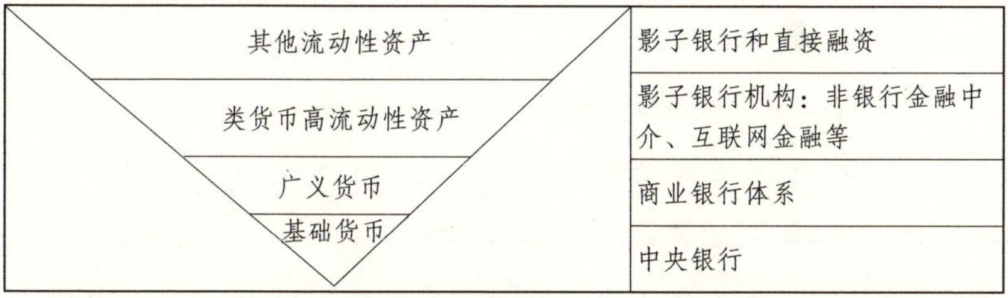


面对多元化货币信用创造的格局，研究金融体系对于实体经济资金供应和货币问题，事实上出现了两条思路：一是完善货币统计；二是建立和完善社会融资规模统计。对此，我们在不同的信用创造格局下同步进行了分析。

## （一）关于完善货币统计指标体系

在现代经济中，所谓货币资金其实就是金融体系为实体经济部门和主体提供的可发挥货币作用的高流动性金融资产。我们一再强调，只有实体经济主体持有的金融体系的货币性的债权才能构成对实体经济的资金供应，即货币供应量。但货币和高流动性资产之间并非泾渭分明，金融体系的分野也并非一清二楚。根据货币数量论的基本等式 MV=PT，我们需要把那些直接影响实体经济运行（PT）的高流动性资产界定为货币供应量，用于表示金融体系对实体经济的货币资金供应。显然，能够被实体经济主体掌握、影响其支出活动、发挥货币和类货币作用的金融工具，都应当包括在内。界定货币既是一个规范经济学问题，又是一个实证经济学问题。我国从 1994 年起开始统计货币供应量，1996 年正式将货币供应量作为货币政策的中间目标。以我国的货币供应量统计为例：

$M_0$= 流通中的现金

$M_1$=$M_0$+ 单位活期存款

$M_2$=$M_1$+ 储蓄存款 + 单位定期存款

1996 年后，我国曾先后三次修订了货币供应量的口径。第一次是 2001 年 6 月，为消除股票申购冻结资金对货币供应量的影响，将证券公司客户保证金存款计入了 $M_2$；第二次是 2002 年初，为应对外资、合资金融机构人民币存款的快速增长，将在中国的外资、合资金融机构的人民币存款计入货币供应量；第三次是 2011 年 10 月，为应对快速发展的住房公积金、代客理财业务的发展对货币供应量的影响，将住房公积金存款和非存款类金融机构在存款类金融机构的存款计入 $M_2$。显然，这仍然是将银行体系作为唯一的货币信用创造体系的思路。

结合我国货币信用创造格局从一元向多元的变化，既有的货币供应量统计尚有待进一步优化。直观而简捷的考虑是，将所有货币信用创造形式形成的高流动性资产都纳入到货币供应量统计，以更准确地反映金融体系对实体经济的资金供应，这也正是西方国家所曾采用的办法。从我国经济金融的发展看，货币供应量统计有待进一步优化。我们的分析表明，至少还有以下需要考虑之处：一是应区分不同金融机构货币信用创造的基础资产和创造资产的流动性、适用范围，合理确定货币供应量层次划分。例如，我国财务公司创造的存款具有企业集团内部货币的特征，似不应与商业银行存款放在同一层次。二是货币市场基金和回购协议等是类货币高流动性资产，在一定条件下也具有自我创造能力，不少国家已经将其纳入货币供应量，我国目前尚未纳入。我国的理财产品特别是银行面向储蓄者发售的短期理财产品，具有银行高流动性短期债券性质，也属于类货币高流动性资产范围。实体经济主体持有这些金融工具，相当于持有了货币，也应当纳入到货币的范围（盛松成，2015 年）。三是随着人民币国际化和资本项目对外开放，境内居民持有离岸市场人民币资金也是必然趋势，对离岸货币如何纳入货币供应量需要研究。四是互联网金融中出现的一些电子货币、虚拟货币应当研究计入货币供应量，只是对如何纳入货币统计存在不同的意见（陈雨露、边为红，2002年；万建华，2014年）。这里顺便提出，期限和面额关系到货币的流动性。国外大多只将面额小、期限短的储蓄存款、定期存款纳入货币供应量，因其流动性相对较高。而我国对储蓄存款、企业定期存款不加区分全部纳入货币供应量，也是需要研究改进之处。

问题是，在多元化货币信用创造格局下，按照上述思路完善货币供应量指标、进行货币调控，存在两个重要的关系难以协调处理。

第一，实体经济与金融体系的关系。信用创造形成的货币和类货币高流动性资产，不仅服务于实体经济部门，也服务于金融体系自身。即使在只有银行体系一元货币信用创造的情况下，也是如此。特别是当金融体系发展到一定规模和深度，大量货币资金被金融体系占用，服务于信用创造活动。例如，非银行金融机构持有的货币资金等流动性资产实际上它维持与其流动性负债平衡的需要。再如，回购协议主要是金融机构之间的“货币”，实体经济主体很少持有回购协议。但是，国际货币基金组织《货币与金融统计手册》（2000年版）规定，货币持有部门一般包括存款性公司和中央政府以外的所有居民部门，这意味着存款性公司以外的所有非存款性金融机构都纳入了实体经济部门，中央银行—商业银行等存款性金融机构对其资金供应也都纳入了实体经济货币供应。在这种情况下，货币供应量并非金融体系对实体经济的资金供应，而是包含了很大部分金融体系持有的货币。用等式表示即：

货币供应量 = 非银行经济主体持有的货币性金融资产
= 实体经济主体持有的货币性金融资产 +

非银行

金融机构持有的货币性金融资产

我国和美国、欧盟、加拿大都是按照基金组织的方法进行处理。但是，这样做夸大了实体经济的范围，模糊了金融业务与实体经济业务的界限，忽视了实体经济主体与金融主体持有货币性金融资产的差异和影响，虚增了对实体经济资金供应，也使货币供应量的统计意义违背初衷（即统计的 M 越来越难以聚焦于与 P、T 的关系上）。如果不加区分地将所有新的货币信用创造形式纳入货币供应量统计，这个问题势必更加突出。以美国为例，正是由于看到了经济运行中不只银行体系存在信用创造机制，为了更准确地反映对实体经济的资金供给情况，货币供应量的统计范围不断扩大，从原来的现金加活期存款，扩大到广义货币，进而又将货币市场基金、回购协议、欧洲美元等纳入到货币供应量的范围。其他国家也都经历了大致类似的过程。也正是因为这个原因，在货币供应量基础上逐步产生了流动性、总流动性、广义信贷、信用总量等指标和概念。但问题是，货币供应量的范围越大，衡量资金供应的标准越宽泛，这个指标与中央银行能够直接调控的关系就越加疏远，与基础货币之间的关联机制也越加松散，从而意味着货币政策的有效性打了折扣。所以，在扩大统计范围力图准确反映对实体经济资金供应的同时，货币供应量的可控性问题会越来越突出。

更重要的是，按此统计的货币供应量将使货币调控面临困难，货币政策应当怎样将金融体系对货币资金的需要纳入调控并协调好与实体经济货币资金需要的关系是一个极大的挑战。在大量金融机构持有的货币被计入货币供应量后，货币供应量已经不能很好地反映金融体系对实体经济的资金供应，同时对金融体系资金供应状况也不能得到反馈。现在通常认为，货币政策应当考虑资产价格问题，但对资产价格的关注不能代替对实体经济交易和金融交易的货币供求问题。而且矛盾还在于，资产价格的变化与实体经济中物价的变化、经济增长和就业等存在明显的难以协调的地方，甚至不可协调的地方，从而将可能使货币政策限于两难困境：从实体经济看经济增长不振、物价疲软；从金融体系看资金过剩、资产泡沫丛生，系统性风险积累。我国现在面对的情况是：一方面“资金池子里的水已经太多了”，金融机构之间资金自我循环，资产价格泡沫明显；另一方面企业融资难、融资贵的问题突出。在这种情况下，货币供应量统计对于货币政策和金融宏观调控的意义难以显现。

第二，银行信用与非银行信用的关系。在原有的货币供应量中把非银行信用创造活动纳入的结果是：

货币供应量 = 非银行经济主体持有的银行体系货币性金融资产 + 其他信用创造形成的货币性金融资产

虽然可以把不同的信用创造结果根据其性质都称之为货币，

但纳入同一统计指标的信用活动在性质上出现差异会产生新的问题。银行对实体经济的贷款形成存款，不同于财务公司的信用，不同于货币市场基金，也不同于回购协议。它们的使用范围、流动性等都明显不同，更不用说比特币和那些社区货币了。这就使怎样处理具有“普适性”的银行信用货币与其他“货币”之间的关系成为一个问题。银行信用货币以外的“货币”侵蚀着银行的领地，但它们又是分散的、“各自为政”的、互不通用的，似乎各有领地，同时在银行货币与它们之间又存在一种主从关系，通过银行货币可以实现它们之间的价值的统一。有时可能面对的情况是，一方面总的“货币”量很大，货币总量显示的与GDP的关系已经到了临界点，但另一方面在银行货币与其他“货币”之间比例不协调，如果银行货币供应偏少，同样会出现令人困惑不解的货币供应量很多但经济中资金紧张并存的局面。

如何处理这个问题？我们认为：一是既要重视对实体经济货币供应，又要重视对金融体系货币供应。金融体系货币与实体经济货币相互交叉，难以区分。金融体系的正常运转是经济正常运行的必要条件，通过资产负债表效应、财富效应直接影响实体经济运行，这些也正是货币政策传导途径的重要组成部分。传统上对于金融体系本身的货币资金供应不够重视，主要是基于金融体系持有的货币和类货币不直接影响实体经济运行（杜金富，2013年）。但美国在这次危机中暴露出金融体系内部存在的回购协议、货币基金挤兑等问题（高顿，2009，2014年），从金融稳定角度凸显了关注金融体系货币和类货币资产供应的重要性。新的货币信用创造更多出现在金融体系内。在金融体系日益复杂、金融交易链条不断延长、金融市场交叉影响的情况下，我国也应把对金融体系货币和类货币金融资产的供给和监测提上议事日程。二是正确区分实体经济部门和金融体系。金融交易与实物交易存在本质区别，金融部门持有货币与实体经济主体持有货币存在差异，不应再沿用国际货币基金组织对于货币持有机构的简单划分。事实上很多国家已经不按国际货币基金组织的方法处理，英国仅将部分非存款性金融机构作为实体经济货币持有部门，日本和澳大利亚对非存款类金融机构都不作为实体经济货币持有机构。这些国家实际上都是把非银行金融机构从不同程度上与实体经济机构区分开来。我国应当借鉴这些国家的做法，对金融机构从功能性质、业务规模、服务范围等加以区别，更准确地划分实体经济与金融体系的边界，更科学地反映对实体经济和金融体系的资金供应。三是在完善货币总量指标的同时，更加注重结构性指标，包括根据信用创造的性质完善对货币层次的划分。

鉴于这些因素，货币指标体系应在原有的货币供应量（M）基础上，增加货币性资产总量（MA）指标，同时调整实体经济和金融体系机构主体，更加科学地区分实体经济持有的货币性资产和金融体系持有的货币性资产，使货币供应量回归反映金融体系对实体经济资金供应的定位。用等式表示为：

货币性资产总量＝所有货币信用创造形成的货币性金融资产

=实体经济持有的货币性金融资产+金融体系持有的货币性金融资产

=货币供应量+金融体系持有的货币性金融资产

从理论上说，货币性资产总量（MA）可以界定为实体经济和金融体系内货币和类货币金融资产总量，而货币供应量（M）则是更加规范意义上的实体经济持有的货币性金融资产总量，金融体系持有的货币性金融资产为（MA-M）。这样可更全面地反映经济体系中的货币性金融资产状况，使货币供应量和货币性金融资产总量指标各有分工，更准确地反映实体经济和金融体系的关系，并为货币调控提供依据。

### （二）关于社会融资规模统计

信用是债权债务关系的载体。反映对实体经济货币资金供应既然可以从负债方反映，当然也可以从资产方反映。在负债方体现为货币供应量，在资产方体现为社会融资规模。我国已经开始统计和公布社会融资规模指标，这无疑是适应多元化货币信用创造格局，研究经济金融资金关系方面的一个重要实践创新（盛松成，2014年）。因为任何信用创造活动形成的货币性金融资产都作为对实体经济资金供应的一部分，纳入了社会融资规模。社会融资规模被认为是全面反映金融与经济关系以及金融对实体经济资金支持的总量指标，是指一定时期内（每月、每季或每年）实体经济（企业和居民），从境内金融体系获得的资金总额。我们认为，如果不考虑政府如何纳入实体经济这个问题，从概念界定上看，采用货币供应量和社会融资规模研究的是同一对象，即金融体系对实体经济的货币资金供应，从货币供应角度看衡量的是货币和类货币金融资产的具体内容，从社会融资规模角度看是获取这些货币和类货币金融资产的具体途径。两者在理论上和统计上具有一致性，即使因数据可得性而存在差异也不应造成实质性的区别。

但是，目前的社会融资规模指标在统计上存在三个突出问题：一是在内容上包括人民币贷款、外币贷款、委托贷款、信托贷款、未贴现的商业银行票据、企业债券、非金融企业境内股票融资、保险公司赔偿、金融机构投资性房地产以及其他融资。这样就把所有的金融活动都进行简单加总，甚至属于分配范畴的保险公司赔偿、属于支出范畴的房地产投资、属于或有债务的未贴现票据等性质不一的项目也进行简单加总，结果必然造成与货币供应量反映出信息的不同。而金融体系购买外汇形成外汇占款是货币供应的重要渠道，社会融资规模中却未加考虑。二是未对统计项目的金融交易性质进行区分。信用活动分为金融体系内部的信用活动、实体经济内部的信用活动、金融体系与实体经济之间的信用活动三类。在原有的货币创造基础上，只有金融体系与实体经济之间的信用活动可以提供新的货币资金供应，实体经济内部和金融体系内部的信用活动不增加实体经济的资金供应。不加区分地将各种融资项目加总，并不反映实体经济资金的实际状况。三是贷款、发债等并非资金本身，而是资金来源的渠道。由金融体系以各种方式获取资金后，实体经济主体还将以持有非货币金融资产的形式运用资金，只有获得资金占用在货币和类货币的资产上，才能增加实体经济的资金供应。所以，对实体经济的贷款、债券、股票融资等，都只应将金融体系对实体经济交易的净额计入，否则将导致社会融资规模的重复计算。这些说明，社会融资规模作为一个科学的指标还需要进一步加以改进和完善。

## 三、关于完善货币调控问题

货币调控包括数量调控和价格调控两种模式，价格调控以调节利率为主，数量调控以调节货币数量为主。但即便以价格调控为主的国家，对货币数量也同样高度重视。传统的货币数量调控的理论基础集中体现在两个方面：一是根据货币数量论（MV=PT），货币供应量（M）在经济运行中具有重要作用，直接影响经济增长（T）和价格（P）。这说明中央银行可以通过调节货币供应量调节宏观经济运行。二是根据传统货币供给理论（M=m·BB），货币供应量（M）取决于中央银行基础货币供应（BB）和货币乘数（m），而货币乘数（m）取决于中央银行可以调节的法定存款准备金率等因素。这说明中央银行能够通过货币政策工具影响基础货币供应和货币乘数，调节货币供应量，进而达到调节经济运行的目的。从实践看，各国的货币政策和金融管理都受到这两个理论基础的深远影响。

我们的分析表明，上述理论是建立在货币信用创造集中在银行体系基础上的。传统的货币银行学理论认为，通过法定存款准备金制度将商业银行的信贷活动与中央银行的基础货币供应联系起来，中央银行和商业银行共同完成货币信用创造，所有的货币供应都来源于银行体系，货币供应可测、可控并与经济运行高度相关。这体现在货币调控上，就是对银行体系生成的货币供应量的统计、监测和调控居于核心地位，并相应构造货币政策框架体系；体现在金融管理上，就是银行管理占据了金融管理的主要内容，并构成了货币政策框架的微观支撑。

现实情况则是，不仅有银行体系创造货币，还有各种非银行金融机构和金融活动创造类货币；经济运行中不仅有货币，还有各种各样货币的近似品、替代品。万建华（2013年）甚至提出，随着货币的电子化，货币发行者的结构也在多元化，银行体系不再是唯一的货币发行者，货币似乎已经是谁都可以创造了。多种多样的货币和类货币金融资产的创造机制，直接作用于经济运行，不受目前中央银行货币政策框架的制约和调节，从而改变了现有货币调控赖以成立的基础条件。这是当前和今后货币政策和货币调控面临的一个现实而又突出的问题。具体表现在：一是诸多货币和类货币资产的创造活动要么以商业银行存款为基础，要么以其他信用为基础，与中央银行信用没有直接关联，切断了货币和类货币资产创造与中央银行基础货币的关系。特别是在互联网作用下，一些信用创造活动不直接受中央银行基础货币调节的影响。二是脱离中央银行调节的类货币资产的创造，使原有的货币层次的界限变得模糊不定，基本的趋势是新的类货币的金融资产的创造替代了现金和活期存款的作用，可能提升了货币乘数，但同时也导致货币乘数的不确定性和无规律性。三是多元化的信用创造机制下，实体经济能够获得的发挥货币作用的资产种类繁多，随经济周期波动性增强，影响因素增多，变化增大，货币流通速度更加无序多变，使统计的货币供应量与实体经济运行的主要指标关联性下降。显然，这些将导致货币政策和金融宏观调控有效性的下降。

我们的分析导致的必然结论是，货币调控的基本框架需要重构。在多元化货币信用创造格局下，金融体系和实体经济构成经济两个不可分割的组成部分，都需要货币性资产 的作用才能正常运转。原来那种金融体系单纯为实体经济供应货币的分析框架难以解释金融体系现在所发挥的作用及其对实体经济的影响。货币数量论的公式应当回归到费雪提出时的状态，即货币是所有交易的媒介物，而不单纯是实物交易以及收入的媒介物。假设 S 表示金融资产价格水平，Q 表示金融交易的数量，则可将原有的货币数量等式改写为：

$$MV=PT+SQ$$

这就是说，货币供求不仅是实体经济的货币供求，也包括金融体系的货币供求；在货币总量一定的情况下，实体经济中的货币量与金融体系中的货币量存在此消彼长的关系；货币政策不仅要关注实体经济的价格水平（P），而且要关注金融体系内资产价格（S）的水平。后者又是保持金融稳定、防范系统性金融风险的核心内容。当然，这需要货币政策协调好实体经济货币供求与金融体系货币供求之间的关系，两者之间经常存在不易兼顾的矛盾需要进行平衡处理。

我们看到，在多元化信用创造格局下，中央银行面对的是多种货币信用创造主体供应货币性金融资产的局面，货币不再简单地取决于中央银行基础货币（BB）和货币乘数（m）。事实上，不同的货币信用创造赖以存在的基础资产不同，创造的乘数受不同因素影响且大小不一。假设经济运行中有i个货币信用创造主体，分别创造货币性金融资产 $M_i$，则货币性金融资产总量（MA）由i个货币信用创造主体创造的货币性金融资产组成，即：

$$MA=\sum_{i=0}^{n} M_i=\sum_{i=0}^{n} m_i BB_i$$

从货币政策角度看，金融体系划分为具有货币信用创造能力的部分和不具有货币信用创造能力的部分。中央银行关注和监测的金融机构不应当是一般的金融机构，而应当是具有货币信用创造能力的那些金融机构。中央银行需要通过有效的政策手段和机制，将货币信用创造主体纳入调节范围。目前中央银行对于银行体系的信用创造具有一定的调节能力，但由于新的货币或类货币信用创造活动与中央银行没有直接业务联系，传统的以调节基础货币为主要对象的数量型货币政策工具大多难以发挥作用，需要中央银行创新主动性的货币政策工具。欧美国家在国际金融危机爆发后，中央银行扩大公开市场业务交易对象的范围，国际货币基金组织和有关专家也提出应当将货币市场基金等纳入中央银行基础货币的调节范围，在必要的时候给予流动性支持，同样反映了这个趋势和要求。

一个更简单而普遍被接受的思路是，将所有具备条件和一定规模的货币信用创造形式都纳入法定存款准备金制度的约束，以实现中央银行对这些信用创造形式的控制，达到调节货币资产总量的目的。需要注意的是，假设在一定的基础货币供应下，对非银行信用实行法定存款准备金制度，必然导致非银行信用活动对基础货币的占用，结果只能是减少银行体系的基础货币并引起银行信用的萎缩。这说明，对银行体系以外的信用创造主体实行法定存款准备金制度，可能引起更大程度的非银行信用创造对银行信用创造的替代，而且会引起更加严重的货币信用总量中的结构性矛盾。当然，不同的货币信用创造作用范围、数量、影响也都不同，对货币供求影响也不同，说明不应排斥差异化的调节办法和制度。

从长远来看，解决这个问题的关键在于加快实现从货币数量型调控向货币价格型调控的根本转变。由于利率作为价格信号是金融市场运行的结果，新的信用创造活动增强了金融市场的效率，提高了市场的竞争水平，必然会提高利率的敏感度，提高市场信号的质量。因此，利率必然将成为最主要的货币政策中介目标，实现价格型调控是必然选择，加快推进利率市场化改革仍然是我们面临的艰巨任务。[1]

---

1　在我们看来，利率市场化是一个长期的过程，与微观基础的构造特别是要素价格的改革紧密相关。目前我们已经“放开”存款利率的控制，但距离完成利率市场化改革目标仍然十分遥远。如果说现在的利率是供求决定的利率，那也是在微观主体、微观市场机制不完善基础上的供求决定的利率。

## 四、关于改进金融管理问题

我们在分析中认识到，信用创造问题关系到实体经济与金融发展的关系，关系到系统性金融风险的防范与控制，关系到微观金融活动的监管。因此，通过信用创造问题的研究可以更深入地把握金融管理的内在规律，特别是货币政策、金融稳定、金融监管的关系。货币政策职能正是为了协调金融体系与实体经济的关系，金融稳定职能的核心则是通过实施宏观审慎管理防范和化解系统性金融风险，而金融监管的目的是通过强化单体审慎管理建立健康的微观基础。

在金融体系简单、融资链条短的情况下，完成对实体经济的资金供应只需要创造较少的金融资产，随着金融体系的复杂化、金融链条不断拉长、直接融资与间接融资交织，完成同样的一笔资金融通，就需要比原来创造多得多的金融资产才能实现。我们由此也看到，在经济金融发展过程中，金融资产的积累有加速增长的趋势，所以金融资产存量与一国国内生产总值的比重上升是必然的。这最终又很大程度地改变了整个经济资金环流的性质和状况以及金融体系与实体经济之间的关系。

金融体系凭借多样化的信用创造活动提高了金融体系自身的功能，创造出了更多的金融工具，促进了自身的发展，使金融体系日益庞大，技术不断提升，分工愈益细密，吸纳就业增加，创造的产值在整个国民经济中的比重不断提升。但这种发展趋势也使金融从完全服务于实体经济、依赖于实体经济发展的一个服务行业，转变为在特定条件下可以自我发展、自我服务、自我膨胀的一个经济门类。但金融不仅是一个行业，同时是宏观调控的重要依托。金融服务主要是通过信用创造实现期限转换、流动性转换、信用转换等，但因此“生产”出的金融资产的积累必须与实体经济的积累相匹配，创造的货币和类货币的高流动性资产必须与货币需求相适应，否则将造成风险的叠加，货币供求的失衡。由这个角度出发考虑，必须使金融发展与实体经济发展保持平衡，而为此就必须平衡实体经济信用创造和金融体系自身信用创造的关系，让信用创造更好地为实体经济服务。对金融的管理需要控制和压缩金融内部的信用创造的空间。如果我们过度强调金融的产业属性，为金融领域提供过多的套利空间，信用创造就会在金融领域范围内自我繁殖，金融产品日益复杂，金融链条不断加长，金融业陷入自娱自乐，催生资产价格膨胀，而同时实体经济领域必然出现融资难、融资贵的现象。不仅如此，金融资本与产业资本的关系失调，将对产业资本产生“虹吸效应”，使实体经济的资金倒流到金融体系内自我循环。由此看来，坚持金融为实体经济发展服务的基本定位，就要更好地从宏观层面平衡实体经济与金融体系的利益关系，处理好金融发展与实体经济发展的关系。当然我们也不否认，金融对经济具有极强的反作用，不仅要注意防止金融压抑现象，在必要时我们需要灵活处理，以金融的活跃和发展促进经济增强的活力。

金融管理面临的突出问题是系统性风险，这是宏观审慎管理的对象。系统性风险的一个重要来源是过度的信用创造，特别是货币和类货币高流动性资产的过度创造。这将造成经济系统中流动性的过剩。我们对影子银行信用创造机制的研究表明，大量的金融机构在正常情况下进行各有分工的金融活动，但形成一个整体时在一定条件下就会转化为高流动性资产的信用创造机制。各种信用创造机制的一个共同特点是具有明显的顺周期性，在经济高涨时信用创造难以控制，在经济低谷时信用创造难以启动。信用创造任由其自生自灭、自我发展几乎必然诱发和加剧金融和经济的波动性。我们还看到，各种信用创造机制之间存在相互关联，在中央银行信用创造基础上发生商业银行信用创造，在银行信用基础上又形成各种信用创造机制，以与类货币高流动性资产的互换为保证产生了独立于银行体系的信用创造机制，新的信用创造机制还在不断产生。这在整个经济体系中形成了一个以银行信用为基础的庞大的信用创造体系，创造了以货币和类货币为基础的庞大的金融资产体系，维系这个庞大体系的一个根本保证则是稳定的预期，预期稳定的保证恰恰是信用本身。在越过临界点之后，所有信用创造的产品都向基础资产回归，庞大的金融资产体系向它的底层即基础货币回归，这在有的时候造成了人们所说的“流动性黑洞”，原来过剩的流动性仿佛瞬间蒸发。而这个过程中则是各类信用创造的萎缩，各种金融机构经营状况的恶化，金融风险的暴露，从个体风险向系统性风险的转化，其原因即在于信用创造是相互关联和彼此叠加的。虽然大多数经济学家不赞同中央银行代替金融监管当局对金融市场上的非银行金融机构进行监管（Dodge，2008），但实施宏观审慎管理，必须将各种货币信用创造纳入视野，否则防范系统性风险就无从谈起。

对信用创造的分析表明，货币政策职能、金融稳定职能必须与金融监管职能协调衔接。平衡货币与实体经济（PT）和金融体系（SQ）之间的关系，以实现经济增长和金融稳定，这又取决于两个领域信用创造活动的比较和平衡。信用创造的核心是创造金融资产，实现在不同资产之间进行期限转换和流动性转换等（李扬、周莉萍，2014 年）。金融机构和经济主体将在实体经济与金融市场上进行各种套利，各种货币信用创造实际上处于相互竞争的局面。只有套利机会不存在或基本消除，才会形成均衡的信用创造局面。其内在要求是，金融体系"生产"出的金融资产的积累必须与实体经济生产形成的物质积累相匹配，创造的货币和类货币的高流动性资产必须与货币需求相适应，金融资本的收益与产业资本的收益应当保持制衡。否则，将造成金融资产（即负债）的过度积累，金融风险的持续叠加，货币供求的失衡，金融发展不可持续。

信用创造是金融宏观问题与微观问题的结合部（黄达，2015 年）。实现宏观层面金融体系与实体经济信用创造的平衡，需要微观金融监管与货币政策及金融稳定职能有机地衔接起来，特别是从信用创造机制上与中央银行调控手段挂钩。微观监管的内涵宽泛，但与信用创造相关的内容必须与货币政策、金融稳定职能进行衔接。例如微观监管的一个关键是控制信用创造的杠杆率，不同的杠杆率从某种意义上说也是一种激励机制。信用创造的杠杆具有多种表现形式。这个特点本身也为监管和控制信用创造提供了基本的思路。可以从负债方入手，可以从资产方入手，可以从抵押品入手，也可以从风险分担入手，资本管理、流动性管理、资产风险保证金管理、抵押品折扣率等都是可供选择的手段，更多更有效的手段依赖于新的实践创新。如果微观上的监管措施与货币政策不能相容，货币政策调控就失去了发挥作用的基础。针对不同信用创造的监管措施应当大致平衡，以避免由于竞争和套利而导致货币性金融资产总量和结构的失控。

我们应当进一步从高流动性资产信用创造的机制和特点出发研究对这种金融活动的监管，而不是从金融机构本身；更加关注具有高流动性信用创造能力的机构和活动，特别要注意哪些单个看信用创造功能不明显，而相互协作具有信用创造乘数效应的情况，避免形成监管的盲区；对信用创造活动探索形成一致性的监管标准，实行穿透式的管理。

从货币调控的角度看，对金融市场上通过各个金融机构分别发挥金融中介职能，并从总体上整合形成货币信用创造的机制，应当引起重视。由之形成的一些货币信用创造活动具有不确定性，也难以监测统计，其明显的顺周期性更进一步加大了中央银行调节货币资产总量的难度。中央银行货币政策工具不仅要与银行、非银行金融中介机构建立联系，也需要与这类金融市场信用活动建立联系，以提高货币政策的有效性。经验说明，防止金融市场活动出现更为明显、更大范围和更大数量的期限错配、流动性错配等在调控过程中十分重要。在这些方面，我们还需要进行持续不断的探索。

有效的货币调控需要有效的基础条件。我们一再强调，货币信用创造的前提之一是能够形成支付清算体系。因此，由支付清算角度入手既是控制货币信用创造机制形成的途径，也是有效调节和管理货币信用创造的途径。必要时，可以将具有一定影响的货币信用创造形式都纳入到支付清算体系中。建立有效的统计监测体系，同样是提高货币调控和货币政策有效性的迫切需要，包括更为完善的资产负债账户和资金流量账户。现在我国的统计基础太过薄弱，不足以为有效的货币监管和金融管理提供支撑。

**参考文献：**

黄达：《金融学》，中国人民大学出版社 2012 年版。

黄达：《宏观调控与货币供给（修订版）》，中国人民大学出版社 1999 年版。

杜金富：《货币与金融统计学》，中国金融出版社 2013 年版。

饶余庆：《现代货币银行学》，中国社会科学出版社 1983 年版。

盛松成：《社会融资规模理论与实践》，中国金融出版社 2014 年版。

盛松成：《中央银行与货币供给》，中国金融出版社 2015 年版。

张健华：《中国金融体系》，中国金融出版社 2010 年版。

贝尔纳德·列特尔：《货币的未来》，新华出版社 2003 年版。

大卫·弗里德曼：《货币与银行》，中国计划出版社 2001 年版。

中国人民银行：《中国人民银行统计季报 2016—1》，中国金融出版社 2016 年版。

万建华：《金融 e 时代——数字化时代的金融变局》，中信出版社 2013 年版。

谢平、邹传伟、刘海二：《互联网金融手册》，中国人民大学出版社 2014 年版。

陈雨露、边为红：《电子货币发展与中央银行面临的风险分析》，载《国际金融研究》，2002 年第 1 期。

靳超、冷燕华：《电子化货币、电子货币与货币供给》，载《上海金融》，2004 年第 9 期。

胡志成：《存款准备金政策对财务公司行业的影响分析》，载《中南财经政法大学学报》，2010 年第 5 期。

孙国锋、贾君怡：《中国影子银行界定及其规模测算——基于信用货币创造的视角》，载《中国社会科学》，2015 年第 11 期。

国家统计局国民经济核算司、中国人民银行调查统计司编：《中国资金流量核算与分析》，中国统计出版社 1996 年版。

刘成：《多元化货币信用创造格局下货币调控初探》，载《管理世界》，2016 年第 12 期。

John Sloman , Essentials of Economics,Pretice Hall Europe,1998.

Zoltan Pozsar, "Shadow Banking: The Money View," The Office of Financial Research（OFR）Working Paper,July2,2014.

Gary B. Gorton, Andrew Metric, Securityzed Banking and the Run on Repo, working paper 15223，2009，http://www.nber.org/papers/w15223.

Makin J.H., Demand and Supply Functions for Stocks of Euro-dollar Deposits: An Empirical Study, Review of Economics and Statistics, 54, 1972.

Clendenning E.W., 1971, Euro-currency and Credit

Creation,International Currency Review，Vol.3，4-14.

Paul Tucker. Shadow Banking, Financing Markets and Financial Stability[R].Report at Bemie Gerald Cantor, 2010.

Dodge,D.,Monetary Policy Forty Years On ,The Eric Hanson Memorial Lecture Draft Remarks,2008.